珍藏版

鬼谷子全鉴

【战国】鬼谷子◎著
东篱子◎解译

中国纺织出版社

内 容 提 要

《鬼谷子》一书是战国时期纵横家鼻祖王诩所著，通篇所言皆为权谋策略及口才技巧。“智用于众人之所不能用，用于众人之所不能见”是《鬼谷子》思想的精髓。该书是中国古代作品中少有的成功学著作，是运筹帷幄的智慧宝典、决胜千里的实用指南。

图书在版编目（CIP）数据

鬼谷子全鉴：珍藏版 /（战国）鬼谷子著；东篱子解译．-- 北京：中国纺织出版社，2016.8（2025.5重印）

ISBN 978－7－5180－2642－5

Ⅰ．鬼…　Ⅱ．①鬼…　②东…　Ⅲ．①纵横家②《鬼谷子》—通俗读物　Ⅳ．①B228－49

中国版本图书馆 CIP 数据核字（2016）第 114729 号

策划编辑：关　礼　　　　　　　　责任印制：储志伟

中国纺织出版社出版发行

地址：北京市朝阳区百子湾东里 A407 号楼　邮政编码：100124

销售电话：010—67004422　传真：010—87155801

http：//www. c-textilep. com

E-mail：faxing@ c-textilep. com

中国纺织出版社天猫旗舰店

官方微博 http：//weibo. com/2119887771

金世嘉元（唐山）印务有限公司印刷　各地新华书店经销

2016 年 8 月第 1 版　2025 年 5 月第 11 次印刷

开本：710×1000　1/16　印张：20

字数：258 千字　定价：68.00 元

前言

鬼谷子，姓王名诩，是战国时期的思想家、军事家、教育家。因隐居清溪之鬼谷，故自号鬼谷先生。在中国文化史上，鬼谷子是一个充满了神秘色彩的人物。他是先秦诸子之一，被后人称为“王禅老祖”；他是纵横家之鼻祖，又兼有阴阳家的祖宗衣钵，预言家的江湖神算，被世人传说为命理师的祖师爷；他也是中国历史上最成功的老师，据史料记载，战国时期的军事家孙膑、庞涓，外交家苏秦，为秦统一中国打下基础的张仪以及危难之际自荐出使楚国的毛遂等，都出自鬼谷子门下，作为他们的老师，鬼谷子的学问、谋略实在高深莫测，令人神往，不愧世人称其是一位奇才、全才。

《鬼谷子》又名《捭阖策》，据传是由鬼谷先生后学者根据其言论整理而成。全书共有十四篇，其中第十三篇、第十四篇已失传，前十二篇则完整地保留了下来。这本传世之书是一座谋略的宝库，其中阐述的关于反应、内楗、抵巇、飞钳、揣情、摩意、权量等一系列谋略，对现实有很高的借鉴价值和广泛的适用性。它系统地总结了游说之术，从确定游说的基本方针、基本策略，到游说的过程中揣摩对象的心理动态，再到抓住对象的心理活动，最后完成游说主张的实施，构成了一个游说之术的理论系统。《鬼谷子》中那些充满智慧的谋略术和诡辩术，不仅适用于烽烟弥漫的战国，在社会竞争日趋激烈的今天，也具有很重要的指导意义。

《鬼谷子》一书文字玄奥，思想深邃，堪称我国古文之林中的一朵奇葩。为了便于读者阅读和理解，更好地参悟运用鬼谷子的大智慧，本书在对《鬼谷子》原典进行细致分析的基础上，提炼出一个个具有时代感、实用性的主题，同时，辅以精确的解析文字，用大量耐人寻味的寓言、故事呈现出鬼谷子的智慧谋略，增强了《鬼谷子》原文的可读性和趣味性。

本书平装本自出版以来，广受读者欢迎和喜爱。为满足大家的收藏、馈赠需要，现特以精装形式推出，敬请品鉴。

编著者

2016 年 2 月

目录

捭阖第一

“捭阖”是《鬼谷子》的开篇。在本篇中，鬼谷子洋洋洒洒，反复铺陈，证明“捭阖之术”不仅是世间万物的根本道理，也是解决一切矛盾的钥匙。“捭”意为开启，“阖”意为闭藏，两者是对门户施加的一组相互对立的动作。在鬼谷子的思想体系中，“捭阖”是一对极为重要的哲学概念，既是万事万物发展变化的规律，也是纵横家游说活动的根本方法。鬼谷子总结出的捭阖之道旨在告诉人们：何时应敞开心扉，直言陈辞；何时应冷静观察，沉默不语。通过捭与阖的密切配合，把握事物发展的关键，从而达到知人、御人的目的。这正是本篇所赋予我们的智慧。

反应第二

在本篇中，鬼谷子集中讲解了反应术，并讲到言辞在反应术中的重要地位。鬼谷子认为，在论辩或游说时，要“重之、袭之、反之、复之”，这样才能更准确地把握对方的真实意图，从而说服对方。这种方法能使人更接近事物本身，更有效地把握整体局势的进展，从而以逸待劳，以静制动。此法的关键在于掌握“反”的诀窍。反观历史，才能更好地了解今天；反观自己，才能更好地了解他人；知己知彼，才能立于不败之地。运用“反”的方法，前提是自己要“静”，要冷静地观察和分析对方。在此基础上，再运用所谓的“钓言之道”，让对方说出真话，从而在论辩中立于不败之地。

内楗第三

本篇是论及如何处理人际关系的内楗术。所谓“内楗”，指人的内心清静自守、不为外物所困的一种状态。本篇旨在指导人们在内楗的前提下，维持好上下级之间的正常关系。该篇首先指出，君臣上下之间的关系十分微妙，如表面上很亲近的，内心却很疏远；表面上很疏远的，内心却很亲近。“内楗”之法，要求人臣善于揣摩君主的心思，拥有一种进退自如的关系。在现代的人际关系中，亦可借鉴内楗之法，创造出一种和谐的工作环境。

抵巇第四

在本篇中，鬼谷子讲到了发现、消除裂痕的重要性及方法。这里所说的“巇”，本意为缝隙，可引申为隐藏的矛盾、细微的漏洞，或者各种不易察觉而又深受其困扰的问题。鬼谷子认为，“物有自然，事有合离”，在事物“合离”运动的过程中，不可避免有“巇”的存在。在“巇”的萌芽时期，能预测到它的发展，及时铲除恶的种子，这就是“抵巇”。古代圣贤大都深得抵巇之道，他们能准确抓住“抵巇”的时机，实施谋略，以避免乱世所带来的大灾难。当天下太平时，他们就隐居以待时。可见，抵巇之道的核心就是能够审时度势、防微杜渐，并且抓住有利时机，使矛盾迎刃而解。

飞钳第五

本篇中，鬼谷子讲述了引人、服人的“飞钳术”。所谓“飞钳”，其意犹如“捭阖”，不过这里侧重于笼络人才之意。“飞”者，指使人敞开心扉、自由言论的方法；“钳”者，本意指夹住，引申为“控制”，指使人不能自由活动的方法。飞钳之术，即先用动听诱人的话套住对方，从其言谈中察知真实意图，最后使对方为我所用或制服对方。古往今来，一个人要成就大业，就必须有人才辅佐。选用人才的关键，就在于能准确权衡人的智能、才干和气质，并坚持正确的用人方法。

忤合第六

本篇讲了“以忤求合”的忤合术。忤合，本意指违背一方的意愿，而合于另一方的意愿。忤合的实质是指在处事、论辩或游说中，要准确判定形势，当进则进，当退则退，灵活决定自己的立场，以求实现自己的目标。鬼谷子认为，万物皆在变化中，变化才有发展，正所谓“世无常贵，事无常师”。运用忤合之术，首先要认清自己的目标，知道该联合谁、反对谁，同时有针对性地研究具体事物，做到知己知彼。这样才能进退自如、游刃有余，将主动权牢牢掌握在自己手上。

揣篇第七

在本篇中鬼谷子讲到了“揣术”,“揣”即揣度,鬼谷子的“揣术”实际上是揣情术,是忖度人情、事理,权衡事物的利弊、得失,从中发现隐藏的真相。鬼谷子认为,要施大政于天下,必须善于“量天下之权,而揣诸侯之情”,即要全面衡量一个国家的国情,据此决定自己的施政方案。即使是圣人,倘若不知揣的道理,也必将一事无成。因此,揣是一切计谋的基础,也是论辩和游说的根本方法。在现代商业活动中,我方为了达到某一目标,也必须预先准确判断对方的心理,由表及里地发掘其内心的想法,为说服对方做好充分的准备。

摩篇第八

本篇"摩术"是上一篇"揣术"的姊妹篇。上篇讲了揣测的重要性,本篇针对上篇,具体提出了如何去"摩"。摩,本意为揉擦,这里指通过适当的言论刺激对方,以获知其真实意图。因此,摩可视为揣的一种具体运用。本篇列举了不少摩的具体方法,如责以正义、诱以利益、施以威吓等。我方通过"揣情",明确了对方的意图之后,即可择法而行之,称为"摩意"。善于摩意者,必具有超强的思维能力,他们能根据同气相求的规律,将心比心,将事比事,从而准确察知对方的内心欲求。

权篇第九

纵横家以审时度势、游说他人为己任，而鬼谷子作为先秦纵横家的开山祖师，更是精于游说之道。“权”者，是度量权衡的意思，这是游说活动的根本方法之一。在本篇中，鬼谷子全面阐释了“权”术的原则和方法。他认为，对游说对象的度量乃是游说之本。通过对方的言谈，可权衡出对方的智能、品性和欲望，找出其弱点作为游说的突破口，以实现自己的游说意图。要做到这一点并不容易，游说者不仅要耳聪目明、智慧超人，还要拥有杰出的语言表达能力。

谋篇第十

本篇是紧承上篇“权术”而来的，是一对姊妹篇。“权”是“权衡”；“谋”是“计谋”。本篇集中讨论了计谋在游说中的实际意义及具体运用。简单地说，谋术就是动用一切手段，调动任何可加以利用的资源，以达到预期的目的。鬼谷子认为，谋术有两个重要原则，一是要立足实际，即所谓“谋生于事”，因此在设置计谋之前，必须详细掌握事情的真相和规则，并处理好“欹”与“正”的关系；二是要行事隐蔽，即所谓“圣人之道，在隐与匿”，智者用计无不追求隐而不露，只有愚人才会将所谋之事大肆张扬。

决篇第十一

在本篇中，鬼谷子讲述了面临危机时，采取决策的重要性和如何采取决策的一些方法。这里的“决”，指的是决疑、决断、决策。“谋”能取得什么效果，都要由“决”来决定，因此将决篇置于谋篇之后。鬼谷子提出“决情定疑，万事之机”，从谋士的角度出发，论述如何帮助统帅进行决断。决的形式，或是对疑点进行分析，或是对利弊进行权衡，或是对方案进行取舍，其目的都是为了廓清思路，以展开下一步的行动。决的前提是认清事物的性质，杜绝偏见，以使决断无误。一个善于决断的人，在慎重的原则之下，应能做到当机立断，绝不拖延。

符言第十二

符，本指我国古代朝廷调兵遣将所用的特殊凭证，具有很高的权威。这里的"符言"，可引申为执政者(或身居要位的人)明察秋毫、奖惩分明必须奉行的准则。这些准则共有九条：一是位，即遵循安详、从容等原则；二是明，即对事物做充分的考察；三是听，即充分听取别人的意见；四是赏，即赏罚要讲求信用和公正；五是问，即要多方询问，以免偏听偏信；六是因，即遵循天理和人情；七是周，即要周到细密；八是恭，即要借助参照物以洞察幽微；九是名，即要做到名实相符。这些准则也可为现代管理者所遵循和借鉴。

捭阖第一

“捭阖”是《鬼谷子》的开篇。在本篇中，鬼谷子洋洋洒洒，反复铺陈，证明“捭阖之术”不仅是世间万物的根本道理，也是解决一切矛盾的钥匙。“捭”意为开启，“阖”意为闭藏，两者是对门户施加的一组相互对立的动作。在鬼谷子的思想体系中，“捭阖”是一对极为重要的哲学概念，既是万事万物发展变化的规律，也是纵横家游说活动的根本方法。鬼谷子总结出的捭阖之道旨在告诉人们：何时应敞开心扉，直言陈辞；何时应冷静观察，沉默不语。通过捭与阖的密切配合，把握事物发展的关键，从而达到知人、御人的目的。这正是本篇所赋予我们的智慧。

1 分析形势，顺势而为

【原典】

粤若稽古[①]，圣人之在天地间也，为众生之先。观阴阳之开阖[②]以名命物，知存亡之门户，筹策万类之终始，达人心之理，见变化之朕[③]焉，而守司其门户。故圣人之在天下也，自古及今，其道一也。

【注释】

①粤若稽古，粤，语助词。若，顺；稽，考察。意为按着一定的规律考察历史。②阖：关。③朕：征兆，迹象。

【译文】

纵观上古历史，可知圣人生活在天地之间，乃是众人的先导。通过观察阴阳两类现象的变化来对事物作出判断，并进一步了解事物存亡的关键因素。计算和预测事物的发展进程，通晓人们思想变化的关键，揭示事物变化的征兆，从而把握事物发展变化的关键。所以，自古至今，处于天地间的圣人分析事物的思路，都能统一到阴阳的变化之中。

解读

顺应大势就能有所作为

在鬼谷子看来，圣人之所以为圣人，最根本的就是要“守司其门户”。用现代话来说，就是分析且顺应时代发展的大趋势。

商汤征伐夏桀之前，曾作了一篇“汤誓”，以鼓舞军队的士气。这篇短文后来收录在《尚书》一书中。在文中，商汤说：“来吧，你们各位！都来听我说。不是我敢于贸然进攻夏朝！实在是因为夏王犯下大罪，上天命令我去讨伐他。现在你们大家会说：‘我们的国君不体恤我们，不让我们种庄稼，却去攻打夏王。’这样的话我早就听过。夏王剥削他的人民，大家都说：‘这个太阳什么时候才能落下？我们宁可和你一起灭亡。’夏桀的德行败坏到这种程度，现在我一定要去讨伐他。”

果然，商汤打败了人民痛恨的夏桀，建立了商朝。商朝末年，王位落到了纣王的手中，政治黑暗，民不聊生，而西边的周族逐渐兴起，在周文王的领导下，实力已足以与商相抗衡。然而，深通易理的周文王并没有贸然兴兵东进，而是对内施以仁政，对外铲除商纣的帮凶，同时扩大自己的势力范围。周武王即位后，认为伐商的准备工作尚未完成，仍然韬光养晦，耐心地等待时机。据司马迁在《史记·周本纪》中所说，周武王曾率兵东进至孟津，天下诸侯纷纷响应，但周武王认为商朝气数未尽，于是果断退兵。在吕尚等一班贤臣良将的辅佐之下，周族的实力得以迅速增长。与此同时，商朝统治集团内部的矛盾却在激化，商纣王饰过拒谏，肆意胡为，残杀王族重臣比干，囚禁箕子，逼走微子。周武王、吕尚等人于是把握这一有利战机，大举伐纣，经过牧野一役之胜，结束了商朝的统治。

商汤伐桀和武王伐纣都充分展现了知势顺势之道，在中国古代政治、军事史上，具有开创性的意义。后来世人企图推翻一个政权的时候，也都标榜自己是在行“汤武之事”。然而，不同的动机和方式，往往产生不同的结果。

近代，孙中山先生领导辛亥革命，推翻了在中国延续两千多年的封建帝制，但胜利的果实最终被袁世凯篡夺。袁世凯表面上支持革命，其实是别有用心。等他一朝大权在握，就不顾革命派的一致反对，大搞复辟帝制的活动，结果仅仅当了83天的皇帝，就在举国上下的唾骂声中被迫下台，最后抑郁而死。

从上述例子可以看出，所谓“分析形势”的势就是历史的大势，“顺势而为”的顺就是民心的向背，这里的“势”和“顺”再加上领导的贤德，直接决定着战争以及一切事业的成败。

在现代商业领域，同样也要遵循这一道理。一个企业，如果能顺应时代发展的需要，立足于服务社会，坚持自己的品牌战略，并由卓越的领导带领，就大有可能迈向辉煌。以电脑软件业巨头——微软公司为例，该公司引领着全球信息化的浪潮，倾力发展小型家用电脑，给人们的生产和生活带来了巨大便利。作为微软创始人之一的比尔·盖茨，即便除去“世界首富”的炫目光环，我们依然能感受到他的执着与睿智。在一次接受《金融时报》采访时，比尔·盖茨诚恳地说：“我也曾有过颓废和虚怯。微软公司在起飞过程中遇到的困难和阻力一次比一次大，从技术难关，竞争对手的围攻到政府的指控，如果我不是最终以勇气和毅力战胜颓废和虚怯，把难关变成发展的机会，恐怕早就被市场竞争的浪潮淹没了。”

由此可见，只有分析且顺应时代发展的大趋势，才能取得胜利。

2 掌握事物的规律，把握行动的关键

【原典】

变化无穷，各有所归[①]，或阴或阳，或柔或刚，或开或闭，或弛或张。是故圣人一守司其门户，审察其所先后，度权量能[②]，校其伎巧短长。夫贤、不肖、智、愚、勇、怯有差[③]。乃可捭，乃可阖；乃可进，乃可退；乃可贱，乃可贵；无为以牧[④]之。

【注释】

①归：归宿。②度权量能：指测度权衡、比较才能。③有差：指各有不同，有差别。④以牧：用来掌握。

【译文】

事物的变化虽然无穷无尽，但各自都有自己的归宿；或者属阴，或者归阳；或者柔弱，或者刚强；或者开放，或者封闭；或者松弛，或者紧张。所以，圣人要始终把握事物发展变化的关键，观察事物的来龙去脉和先后顺序，度量对方的智谋，测量对方的能力，再比较技巧方面的长处和短处。至于贤良和不肖，智慧和愚蠢，勇敢和怯懦，都是有区别的。所有这些，可以开放，也可以封闭；可以晋升，也可以辞退；可以轻视，也可以敬重，要靠无为来掌握这些。

解读

认清事物的关键再行动

中国有句俗话："牵牛要牵牛鼻子。"意思是说，一头壮硕的水牛，要驱使它去耕田，自古以来都是刺穿它的鼻子，系上鼻环，用绳子牵着鼻环，牛因鼻痛会乖乖地听人使唤。西方的哲学家也说过："给我一个支点，我可以撬动地球。"说的都是一个意思，即万事万物都存在着起决定作用的关键点，这就像鬼谷子说的"圣人一守司其门户，审察其所先后，度权量能，校其伎巧短长"。

牛懒，我们就牵它的鼻子，驴犟我们又该如何？驴子的犟世人皆知，常常是拉它拉不动，打也打不走。其实，人们之所以很难制服驴子，是因为很少有人知道驴子的"死穴"。找不到要害，一般的抽打根本起不了太大的作用。常干农活的人，有不少人知道驯服犟驴的妙法，也就是找到了它的"死穴"。这个"死穴"的具体位置不太好描述，通俗地说，就是在驴子肚皮中点至脊柱中点这条弧线的左侧方约五分之一处，农村的人称之为驴子的“肚绷子”。在驴子不听话时，你只要对准它的“肚绷子”踢上一脚，它立刻如触电般几乎僵在那里，什么脾气都没有了，乖乖地任你摆布。

我们在办事的时候，常常也有不知从何处下手的时候。其实，每个事物都有各自的特点，这就是所谓的突破口。我们应该学会寻找这个突破口，把握其关键，解决事情就会变得容易多了。我们来看看下面这个例子。

刘邦得了天下，定都洛阳。到了论功行赏的时候，各个文臣武将议论纷纷，都希望自己有个好结果。不少人已等不及了，早就开始争论功劳大小了。

可是，分封毕竟是一件比较重要的事情。刘邦先从功劳比较大的文臣武将开始封侯，对接下来如何进行分封还在考虑之中。

一天，刘邦在洛阳南宫边走边观望，只见一群武将在宫内不远的水池边，有的坐着，有的站着，交头接耳，在议论些什么，见到他都不吭声了。刘邦很奇怪，就把张良找来问道：“你知道他们在谈论些什么吗？”张良答道：“他们这是要聚众谋反呢！”刘邦大吃一惊：“他们为什么要谋反呢？”张良平静地说：“陛下从一个布衣平民起家，与众将共取天下，现在所封的都是以前的老朋友和自家的亲族，所诛杀的是平生自己最恨的人，这怎么不令人望而生畏呢？若是不得受封，以后难免被杀，朝不保夕，患得患失，当然要头脑发热，聚众谋反了。”刘邦大吃一惊地说：“那怎么办呢？”张良想了一阵子对刘邦说：“陛下平日在众将中有没有对谁特别不满？”刘邦说：“我最恨的就是雍齿。我起兵时，他无故降魏，以后又自魏降赵，再自赵投降张耳。张耳来投降我时，顺便也带了他。现在灭楚不久，像这种朝三暮四的家伙又不能无故杀他，真让人憋气。”张良一听，立即就说：“好！立即把他封为侯，才可能解决眼下的人心浮动。”刘邦想了想，张良的话是极有道理的，虽说不愿意，但为了稳定局面，也只有这样了。

没过几天，刘邦在南宫设宴招待群臣。在宴席快散时，传出诏令：“封雍齿为甚邡侯。”雍齿听到宣诏后，简直不敢相信自己的耳朵，当他确信无疑后，才上前拜谢。雍齿被封侯这件事，立刻在众将领中产生了轰动，使得他们一个个喜出望外：“雍齿都能封侯，我们还有什么好顾虑的？”

这一事件显示了张良计谋的高明。因为这一做法抓住了关键，解决了所有人心中的疑虑。如果没有抓住这样的突破口，恐怕再分封十几人也达不到稳定人心的目的。

3

察言观色，因人而异

【原典】

审定有无，与其虚实，随其嗜欲①以见其志意。微排其言而捭反之，以求其实，实得其指②。阖而捭之③，以求其利④。或开而示之，或阖而闭之。开而示之者，同其情也；阖而闭之者，异其诚也。可与不可，审明其计谋，以原其同异。离合⑤有守，先从其志。

【注释】

①嗜欲：喜欢，特殊的爱好。②指：意同宗旨。③阖而捭之：先封闭，然后再打开。④求其利：获取对方的善恶利害。⑤离合：离，离开，不一致；合，闭合，合拢与“开”相对。

【译文】

审定对方才干的有无和思想的虚实，可以先观察他的嗜好和欲望，便可看出他的志向和意志。在和对方辩论时，可以先略微驳斥他的观点，诱使他开启话语之后再加以反驳，这样可以得到对方的实际情况，更可贵的是可以得到他的行动意图。明白对方的实际情况后我们应该闭藏自己，隐瞒自己的真实计谋，不让对方察觉，然后再开启自己的思路，以从中获取有利于自己的信息。或者开启自己，让对方知道自己的真实想法；或者闭藏自己，不暴露自己的真实想法。让对方知道自己的真实想法，是因为要获得共同的情感，相互间的信任；不暴露自己的真实想法，则是要考虑彼此的诚意。计谋的可行与不可行，我们必须先观察分析清楚对方的思路，才能比较彼此相同与不同之处。计谋有与自己不相同的和相同的，对此，应该在尊重对方意愿的前提下把握好自己的主张。

解读

测得风向好使舵

树上没有两片完全相同的树叶，世界上也不可能存在两个完全相同的人。据此，鬼谷子认为，我们说话、办事都要因人而异。只有全面而深刻地了解别人，才能“得其指”，更好地实现“求其利”的目标。

柯达公司的老板伊斯特曼发明了胶片以后，摄制电影才得以实现。他获得了一笔可观的财富，并且成为世界最著名的商人之一。

为了纪念他的母亲，伊斯特曼在洛加斯达城出资捐建了伊斯特曼音乐学校及凯伯恩剧院。纽约某座椅制造公司的经理艾特森，想获取该剧院座椅的订单，于是他和伊斯特曼约会见面。

艾特森到了那里，一位工程师对他说道：“我晓得你是想得到座椅的订单，但是我要告诉你，伊斯特曼的工作非常忙，你若是打搅他的时间超过五分钟，便不会有好处，他的脾气很大，事情很多，所以我劝你赶快说完你的来意后就出来。”事实上，艾特森也准备那样做。

等了一会儿，艾特森被引进总裁办公室时，伊斯特曼正埋头于桌上堆积的文件之中，伊斯特曼听见有人进来，抬起头，取下眼镜，向工程师及艾特森走来的方向说道："早安，先生，我可以帮你做点什么?"

这时，艾特森忽然打算改变原来想的那样，用别的方法试试看。工程师介绍了之后，艾特森便说道："伊斯特曼先生，当我在外边等着见你的时候，我很羡慕你的办公室，假如我有这样的办公室，我一定也很高兴地在里面工作。你知道我是一个本分商人，从来不曾见过这么漂亮的办公室。"

伊斯特曼答道："你使我想起一件几乎忘记了的事。这房子很漂亮是不是？当初才盖好的时候我极喜爱它，但是现在，因为有许多事忙得我甚至几个星期坐在这里也无暇看它一眼。"

艾特森走过去用手摸摸壁板，说道："这是英国橡木做的，是吗？和意大利橡木稍有不同。"

伊斯特曼答道："对了，那是从英国运来的橡木。我的一个朋友懂得木料的好坏，他为我挑选的。"随后伊斯特曼领着艾特森参观他自己当初帮助设计的房间配置、油漆颜色及雕刻工艺等。

当他们在室内夸奖木工时，伊斯特曼走到窗前站住了脚，然后亲切地表明要捐助洛加斯达大学及市立医院等一些钱，以尽点心意，艾特森热诚地赞许他这种慈善义举的古道热肠。

艾特森又问他当初是怎样开始在商场上奋斗的，伊斯特曼很感慨地述说他幼年的困苦。

艾特森从上午十点一刻走进伊斯特曼的办公室，那位工程师曾警告他最多只能停留五分钟，但是一点、两点都过去了，他们还在滔滔不绝地谈着。

最后伊斯特曼对艾特森说："上次我去日本，在那里买了几张椅子回来，我把它们放在阳台上。日子一久阳光就把漆给晒掉了，于是我到商店买了漆回家自己动手油漆那椅子，你想看我自己油漆的成绩吗？好极了，就同我到舍下去吃中饭吧，我给你看看。”

饭后，伊斯特曼把从日本带回来的椅子指给艾特森看。那椅子每把不过1.5美元，但是伊斯特曼虽富有千万，对那椅子却异常满意，因为那是他自己动手油漆的。

凯伯恩剧院的座椅订货总额共计9万美元，你猜是谁得到了这份订单？当然非艾特森莫属了。

与人谈话，要先揣摩、体会他的心意，知道他喜欢什么、讨厌什么，然后在谈话时趋利避害，以便让他把你当做知己。在他心花怒放之际，引你为知己之时，再适时地提出自己的要求，以达成一致意见，也就是我们常说的“测得风向好使舵”。

在上述这场谈判之中，艾特森先是初步了解对方，从伊斯特曼的经历入手，赞扬他取得的成就和独具匠心，从而使伊斯特曼的自尊心得到了极大的满足，以致引艾特森为自己的知己。

如此，这笔生意被艾特森做成也就顺理成章了。

4 考虑需周全，处事要缜密

【原典】

即欲捭之贵周①；即欲阖之贵密。周密之贵微，而与道相追②。捭之者，料其情③也。阖之者，结其诚也。皆见其权衡轻重④，乃为之度数，圣人因而为之虑。其不中权衡度数，圣人因而自为之虑。故捭者，或捭而出之，或捭而内之⑤。阖者，或阖而取之，或阖而去之。

【注释】

①欲捭之贵周：周，不遗漏。当要采取行动时，必须作周详的考虑。

②与道相追：道，道理、规律。这里指与规律相近的道理。③料其情：就是检查实情。④权衡轻重：指权衡、比较孰轻孰重。⑤或捭而出之，或捭而内之：出之，指出去。内之，收容、接纳。意思是或开放，让自己出去；或开放，使别人进来。

【译文】

如果要捭开对方的门户，最重要的是考虑周详；如果要关闭自己的门户，最重要的是处事缜密。要达到周密，最重要的是做得微妙，合乎事物发展的规律和道理。捭开对方门户，目的是侦察其实情；让对方封闭，是为了坚定他的诚心。这些都是为了彻底摸清对方的底细，以便探测其各方面的表现。若据此足以做出分析和预测，圣人就可为其谋划。若分析和预测的结果不理想，圣人就会想办法另行谋划。因此，所谓开放，或者是要自己出去；或者是让别人进来。所谓封闭，或者是通过封闭来自我约束；或者是通过封闭迫使别人离开。

解读

高调与低调

鬼谷子强调应用捭阖之术要确保周详缜密，攻守兼备。若捭阖得不好，反而会让自己门户大开，一败涂地。其术最关键之处，在于应“闭”时确保能自守门户，韬光养晦，渡过难关，从而占据先机，一役而胜。在历史上，凡能建功立业者，无不深谙此道。魏大将军司马懿、明成祖朱棣等人，都曾以周密的捭阖之策反败为胜，纵横天下。

魏文帝以后，太尉司马懿掌握兵权，势力日渐膨胀。曹氏宗族对司马懿戒备之心日重，矛盾日益暴露。大将军曹爽用明升暗降的手段剥夺了司马懿的兵权。司马懿立过赫赫战功，如今却大权旁落，心中十分怨恨，但他看到曹爽现在势力强大，一时恐怕斗他不过。为了躲避曹氏宗族的锋芒，司马懿称病在家，多年不朝。当曹爽派亲信李胜去司马懿家探察病情时，司马懿装出一副病重的样子，头发散乱，躺在床上。李胜说："好久没来拜望，不知您病得这么严重。现在我被任命为荆州刺史，特来向您辞行。"司马懿故意说："并州是要地，一定要抓好防务。"李胜说："是荆州，不是并州。"司马懿还是装糊涂。这时，侍女来给他喂药，他吞得很艰难，汤水从口中流出。李胜回去向曹爽做了汇报，打消了曹爽的疑问。不久，司马懿乘曹爽放弃戒备、外出祭祖的机会发动政变，等到曹爽闻讯回城，大势已去。司马懿以篡逆的罪名诛杀曹爽一家，之后的曹魏政权虽有其名而却已无其实了。

司马懿通过伪装自己，博取敌人的信任甚至是同情，尔后突施冷箭，"毕其功于一役"，真可谓老谋深算，难怪当初诸葛亮将他视为平生劲敌。反观曹爽，此人在人才济济的曹魏政权内官拜大将军，虽非平庸无能之辈，但他缺少心机、麻痹大意，正如缺少了牙齿的猛虎，被人玩弄于股掌之上。两人这一胜一负，一生一死，一荣一辱，并不仅仅取决于实力，而更是取决于心思的缜密程度。

司马懿装病麻痹政敌的伎俩，也曾被后世的明成祖朱棣效仿过。明太祖朱元璋死后，皇太孙朱允炆即位，称为建文帝。建文帝鉴于藩王势力太大，威胁君权，因此决意削藩，燕王朱棣自然成为他的眼中钉。朱棣是明太祖的第四个儿子，一向带兵驻守在北平一带，战功赫赫，在朝廷上下都很有威望。为了麻痹建文帝，朱棣假装得了精神病。建文帝派使臣去探病，那时候正是大热天，燕王却坐在火炉边烤火，嘴里还不停地叫冷。建文帝也就相信燕王真的病了，但是他的心腹大臣齐泰和黄子澄却怀疑朱棣装病，他们想秘密逮捕朱棣。朱棣得到这个消息，立刻借清除奸臣黄子澄、齐泰的名义，举兵南下。这场内战打了三年多，最后燕军攻占了都城应天府。建文帝下令放火烧宫，最后和皇后一起跳到大火里自杀了。朱棣如愿以偿地登上了皇位。

可见，捭阖之术用于政治斗争，能使强弱形势相互转化。弱者通过自守门户，能使强者不自觉地打开门户，放松警惕，从而达到以弱胜强的目的。在国家间的交往中，捭阖之术更能产生巨大的威力。

西夏的开国君主元昊是一位杰出的政治家、军事家，他统治着地少人稀的小国，周旋于辽、宋两个大国之间，却能安然生存，这都得益于元昊采取了灵活多变的外交政策，即根据宋辽实力的消长，不断调整与两国的亲疏关系。元昊即位伊始，宋朝在与辽朝的斗争中落于下风，被迫议和纳贡。于是元昊采取了“联辽抗宋”的方针，同辽国联姻，同时也接受宋朝的封号，却对宋使怠慢不恭。当时，宋夏边境小规模冲突不断。元昊依靠与辽朝的联盟，不时出兵骚扰，使宋朝难于应付。当西夏几次大败宋朝，自身实力也受损的时候，辽朝乘虚而入，在边境上收留了党项族叛民。元昊不甘示弱，也诱降了辽国边境部族，导致了辽夏关系的恶化。辽国打算兴兵问罪，元昊为避免两线作战，立即见风使舵，同宋朝签订了合约，在一些虚名的问题上作了让步。同时，他派人入辽搞破坏，焚毁了辽军粮草，延缓了辽朝的出兵计划。后来，元昊在贺兰山一战中大败辽军，却高姿态地同辽议和，照常纳贡。就这样，元昊以外交为主，军事为辅，多次在胜后议和，使宋、辽、夏三国长期处于鼎立之势，充分证明了他纵横捭阖的能力。

在现代商业领域，一个成熟而有谋略的企业，当它面临同行的竞争时，往往能采取有效的措施加以应对，在加强自身实力的同时又能削弱对方。这也是捭阖之术所发挥作用之处。

某市有一家大型眼镜批零店，曾一度垄断着当地的眼镜销售市场。很快，在其周围冒出众多个体眼镜店，对批零店的生意造成很大影响。面对“围攻”，该眼镜店冷静地分析了市场形势，认为个体户的优势是本小灵活、进退自如，但他们一般缺乏过硬的技术，配镜质量无保证，也无力造成经营上的声势。针对这些情况，该店制订和实施了“扬长避短、强化服务”的战略。他们缩减了低档眼镜的销售量，增加了中、高档眼镜的花色、品种，以避开个体户定价灵活的优势。他们还在报纸、电视上展开了宣传攻势，一是宣传配镜的基本知识，使顾客了解到配镜不适给眼睛造成的损害；二是宣传本企业的信誉及提供的优质服务。此外，他们还聘请了三位眼科专家全天候门诊，为儿童提供免费的配镜咨询，保证儿童配上适宜的眼镜。这一系列措施，安排得细致、周密，一环紧扣着一环，让其他个体眼镜店根本无力招架，只好一个个另谋出路。该眼镜批零店不但扩大了知名度，提高了销售量，还培养了一批未来的顾客——儿童，在这场市场营销突围之战中大获全胜。

可见，古往今来的胜者，不仅要有开创大局的雄伟气魄，也要有处理细节的缜密心思。自诩“力拔山兮气盖世”的楚霸王，虽被称为名垂后世的英雄，却未能成为最后的胜者，是因为他不懂得“欲捭之贵周，欲阖之贵密”的道理。真正能成就大事业的人，一要胆大，二要心细，两者缺一不可。

5 处事灵活，善于变通

【原典】

捭阖者，天地之道。捭阖者，以变动阴阳，四时开闭以化万物①。纵横②、反出、反复、反忤③必由此矣。

【注释】

①四时开闭以化万物：就像春、夏、秋、冬的开始与结束一样，来促使万物发展变化。②纵横：自由自在地变化。③反出、反复、反忤：或离开，或返回，或复归，或反抗。

【译文】

捭阖是世间万物变化发展的规律。捭阖是事物发展的动力，使事物阴阳对立的各方面发生变化，就像春、夏、秋、冬四时的交替一样，来促使万物发生变化。世间出现的纵横、离开、归复、反抗等现象，都是通过捭阖来实现的。

解读

不变则痛，善变则通

“捭阖者，天地之道。”鬼谷子认为，捭阖普遍存在于世间，促进万物发生变化。春生、夏长、秋收、冬藏，在这个不断变化的世界里，没有永恒不变的事物。一位西方哲人曾说：“人不能两次踏入同一条河流。”在奔腾不息的历史长河之中，那些拘泥于传统、不求变革的人，就会显得很可笑。

有这样两则古代笑话。

有个叫卜子的人，让他的妻子做一条新裤子。他的妻子说：“把新裤子做成什么样呢?”卜子说：“就像我的旧裤子一样。”于是，妻子把新裤子弄脏，让它和旧的一样破旧。

有个小孩向老师学认字。老师第一天教他认“一”字，第二天教他认“二”字，第三天教他认“三”字。于是，这个小孩就说：“哈！认字这么容易，我已经学会认字了。”过了几天，他父亲要请一位姓万的客人吃饭，就叫儿子写张请帖。小孩满口答应，就跑到书房去写。他父亲等了老半天，还没见儿子出来，走到书房一看，只见儿子正满头大汗地画着横。他看见父亲来了，就说：“这个客人真是的，干吗非姓万呀，我才写了几百呢!”

显然，这两则笑话讽刺的都是那些因循守旧、不肯变通的人。这些人片面地凭着以往的经验去办事，费了很大的力气，结果换来的却是失败。世界是不断变化的，如果仅以一时一地的经验作为行动的指南，或者总以过时的经验作为行动的依据，那就不符合鬼谷子所说的捭阖之道了。

古代能够做出巨大业绩的，是那些深明变通之道而不拘泥于祖先之法的人，而商王盘庚正是这样的人。盘庚是商朝的第二十代王，他是个有才干的君主，为了改变当时王族内部的混乱及社会不安定局面，决心迁都于殷。但是，大多数贵族都因循守旧或贪图安逸，反对迁都。一些贵族甚至还煽动平民起来反对，闹得人心惶惶。在困难面前，盘庚没有动摇迁都的决心，最终挫败了反对势力的阻挠，带着平民和奴隶渡过黄河，迁都到殷（今河南安阳小屯村）。在那里，盘庚整顿朝政，发展经济，使得人民生活逐渐殷实起来。“盘庚迁都”是一项备受称赞的壮举，也被视为中国古代历史上一次经典的改革行动。

世界上没有什么是一成不变的。通过盘庚迁殷这次变革，商朝从衰落走向复兴，创造了辉煌灿烂的文化。可见，在人类社会发展的过程中，变革是不可避免的，也是非常必要的。

提起关于变革的事例，不能不提赵武灵王的“胡服骑射”。春秋战国时期，中原的军队作战一般使用兵车，人们还不习惯于骑马，在善于骑射的游牧民族骑兵面前，车战有着不够灵活机动的明显缺陷。赵武灵王目光远大，为了达到北御匈奴、南防秦国的目的，决定实行“胡服骑射”的改革，以增强国家的军事实力。这个改革想法一传开去，就有不少大臣反对。赵武灵王有个叔叔叫公子成，是赵国很有影响的老臣，但是头脑十分顽固，他听说赵武灵王要让大家都改穿胡服，就干脆装病不上朝了。赵武灵王知道，要推行改革，首先要说服公子成，于是亲自上门找公子成，反复地讲穿胡服、学骑射的好处，终于使公子成同意穿胡服。大臣们一见公子成都穿胡服了，没有办法，也只好跟着穿了。赵武灵王见条件成熟，就正式下令在全国范围内改变服装样式，让所有的人都穿胡服。有的人刚开始觉得不习惯，后来觉得穿了胡服，做事行动实在方便得多。接着，赵武灵王又命令大家学习骑马射箭。不到一年，赵国就训练出了一支强大的骑兵队伍。到实行“胡服骑射”的第七年，赵国就已收服了中山、林胡、楼烦等国，向北方开辟了上千里的疆域，成为当时的“七雄”之一。

赵武灵王可以说是中国历史上军事改革的第一人，他没有以中原大国自居，而是勇于学习胡人先进的东西，为我所用，所以才成就了独霸一方的大业。

还有一则这样的故事：彼得曾是一位勤奋的淘金者，他以很低的价格在一座金矿附近买了一块没人要的土地，辛苦地寻找金子。但他翻遍了整块土地，连金子的影子都没有看见。几个月后，他连面包都快买不起了，于是决定离开这儿，到别的地方去谋生。就在他出发前的一个晚上，下起了雨，使他没有成行。雨停之后，彼得走出木屋，赫然发现眼前的土地发生了变化，

原本坑坑洼洼的地已经被雨水冲刷平整，松软的土地上长出了一层绿油油的小草，煞是好看。看着眼前的一切，彼得忽然领悟到："虽然我在这块土地上没有找到金子，但这块土地很肥沃，我可以用来种花。镇上那些富人肯定愿意拿花儿来装扮他们华丽的客厅。"于是，彼得留了下来，精心培育花苗。不久之后，田地里长满了各种美丽的鲜花。他把花拿到镇上去卖，很受富人们的欢迎。几年后，彼得终于实现了自己的目标，成为一个富人。

我们应该明白，困则思变是一种积极、科学的态度。处于困境，要有所行动，不可坐以待毙。要认真地考虑一下，重新制订行动方案，并认真地实施，这才能如陆游所说的"山重水复疑无路，柳暗花明又一村"那样转危为安，走出困境。什么是成功者？那些善于变通，将不如意化解为如意，由困境进入顺境的人，便是成功者。

6 三思而言，说话谨慎

【原典】

捭阖者，道之大化，说之变也[①]，必豫审其变化。吉凶大命系焉。口者，心之门户也；心者，神之主也。志意、喜欲、思虑、智谋，此皆由门户出入。故关之以捭阖，制之以出入。捭之者，开也，言也，阳也；阖之者，闭也，默也，阴也。

【注释】

①道之大化，说之变也：道的变化规律，说的变化形态。

【译文】

开放和封闭是万物运行的现象，是游说活动的一种形态。人们必须首先慎重地考察万物的变化，事情的吉凶，因为人们的命运都系于此。语言是心灵的门窗，心是精神的主宰。意志、情欲、思想和智谋都要由口出入。因此，要用开放和封闭法来把守这个关口，以控制出入。所谓“捭之”，就是使之开放、发言、公开；所谓“阖之”，就是封闭、缄默、隐匿。

解读

说话要讲究分寸与技巧

生活中，总有人掌握不好说话的分寸，不该说的话说个没完，该说的话反倒惜语如金。鬼谷子认为，嘴巴是一个人宣泄情感的门户，要注意开合，把有益的话、动听的话说出来，把有害的话、得罪人的话关在肚子里。不会说话、行事鲁莽的人，很难处理好人际关系，就像我们从下面这则“刘七请客”的故事里所看到的那样。

有个名叫刘七的人过生日，邀请了张三、李四、王五、赵六来家里吃晚饭。傍晚的时候，张三、李四、王五都陆续来了，可是快到开席时，还不见赵六的踪影。刘七在门口翘首等待，有点着急，就自言自语说：“唉，该来的咋还不来呢？”这话被旁边的张三听见了，心里犯嘀咕：那我是不该来的了？于是，他找了个理由，气愤地走了。李四问刘七：“张三咋走了呢？”刘七也感到莫名其妙，就说：“唉，不该走的走了！”李四一听也不高兴了，心想我大概是该走了的，于是不辞而别。刘七不明所以，就委屈地对王五说：“你看，我又不是说他俩！”王五一听，也起了疑心：那他说的肯定是我了？便也站起来走了。这时，赵六刚好进来，正生着闷气的刘七就向他抱怨：“你呀，来得真不是时候!”赵六一听，气得转身就走。刘七怔怔地看着满桌的酒菜，自语道：“唉，我的话哪儿说错了?”

故事中的刘七虽然不是有意要得罪朋友，但他说的话却极易让人产生误会，最终把朋友一个个都得罪了，自己还蒙在鼓里，真是可怜得让人同情。所以我们在说话之前一定要“过脑子”，不该说的话千万不能随口乱说。

打工妹小玉找到了一份在饭店做服务员的工作，却只上了一天班就被老板辞退了。其实她的条件并不是很差，也没有做错什么事，只是不小心问了一句不该问的话。

那天，小玉刚一上班，店里就进来了三位客人，她随即拿出菜单，让这三位客人点菜，第一位客人点的是糖醋里脊，第二位客人点的是宫保鸡丁，第三位客人点的是京酱肉丝，但是，他特别强调要用干净一点的杯子倒啤酒。

很快，小玉将这三位客人所点的菜，用盘子端了出来，一边朝他们坐着的方向走来，一边还大声地向这三位客人问道：“你们谁要用干净一点的杯子盛酒……”

就凭小玉的这一句话，老板当然就毫不客气地辞退了她，因为她的问话使老板脸上很无光。

不恰当的话一出口所造成的影响，是再用几百句、几千句话也弥补不了的。不注意言语的轻重对错，往往会给自己带来无尽的烦恼，甚至带来生命或财产的损失。

西汉有一位将军叫灌夫，他勇猛善战，很受大将军窦婴的赏识。但是，灌夫是个鲁莽的人，性格过于急躁。有一次，丞相田蚡举办婚宴，满朝大臣都去贺喜。宴会上，灌夫向田蚡敬酒，田蚡不喝。灌夫忍着气，又向灌贤敬酒，灌贤正跟将军程不识交头接耳地说话。灌夫的怒火正无处发泄，便大骂道：“我平日看程不识一钱不值，你居然还咬着他的耳朵说话!”田蚡见灌夫骂人，立即下令把他逮捕。有人劝灌夫向田蚡磕头赔罪，他不肯，反而大骂田蚡。田蚡是皇帝的舅舅，岂能善罢甘休。不久，灌夫就被他罗织罪名处死了。

灌夫“醉而生嗔”，痛骂小人田蚡，确实是图了一时之快，但也因此招来杀身之祸。语言是人与人之间沟通的桥梁，不同的说话水平和说话方式，给对方带来的感受就会有所不同，所获得的效果和回报也会大不相同。

还有这样一则故事：一个理发师傅带了个徒弟。徒弟学艺3个月后，便开始正式上岗。他给第一位顾客理完发，顾客照照镜子说："头发留得太长。"徒弟不语。师傅在一旁笑着解释："头发长，使您显得含蓄，这叫藏而不露，很符合您的身份。"顾客听罢，高兴而去。

徒弟给第二位顾客理完发，顾客照照镜子说："头发剪得太短。"徒弟无语。师傅笑着解释："头发短，使您显得精神、朴实、厚道，让人感到亲切。"顾客听了，欣喜而去。

徒弟给第三位顾客理完发，顾客一边交钱一边笑道："花的时间太长。"徒弟无言。师傅笑着解释："为'首脑'多花点时间很有必要，您没听说：进门苍头秀士，出门白面书生？"顾客听罢，大笑而去。

徒弟给第四位顾客理完发，顾客一边付款一边笑道："动作挺利索，20分钟就解决问题。"徒弟不知所措，沉默不语。师傅笑着对顾客说："如今，时间就是金钱，'顶上功夫'速战速决，为您赢得了时间和金钱，您何乐而不为？"顾客听了，欢笑告辞。

晚上打烊后，徒弟怯怯地问师傅："您为什么处处替我说话？反过来，我没一次做对过。"师傅宽厚地笑道："不错，每一件事都包含着两重性，有对有错，有利有弊。我之所以在顾客面前鼓励你，作用有二：对顾客来说，是讨人家喜欢，因为谁都爱听吉言；对你而言，既是鼓励又是鞭策，因为万事开头难，我希望你以后把活做得更加漂亮。"徒弟很受感动，从此，他越发刻苦学艺。日复一日，徒弟的技艺变得日益精湛。

良好的说话技巧，不仅能够为你赢得更好的人缘和更多的机会，同时也能让你感受到更多的轻松和愉悦。

7 注重协调，把握分寸

【原典】

阴阳其和，终始其义①。故言长生、安乐、富贵、尊荣、显名、爱好、财利、得意、喜欲为“阳”，曰“始”。故言死亡、忧患、贫贱、苦辱、弃损、亡利、失意、有害、刑戮、诛罚，为“阴”，曰“终”。诸言法阳之类者，皆曰“始”；言善以始其事。诸言法阴之类者，皆曰“终”；言恶以终其谋。

【注释】

①终始其义：指始终保持的义理，即善始善终。

【译文】

阴阳两方相谐调，开放与封闭才能有节度，从而得以善始善终。所以说长生、安乐、富贵、尊荣、显名、嗜好、财货、得意、情欲等，属于“阳”的一类事物，叫作“开始”。而死亡、忧患、贫贱、羞辱、毁弃、损伤、失意、灾害、刑戮、诛罚等，属于“阴”的一类事物，叫作“终止”。凡是那些遵循“阳道”的一派，都可以称为“新生派”，

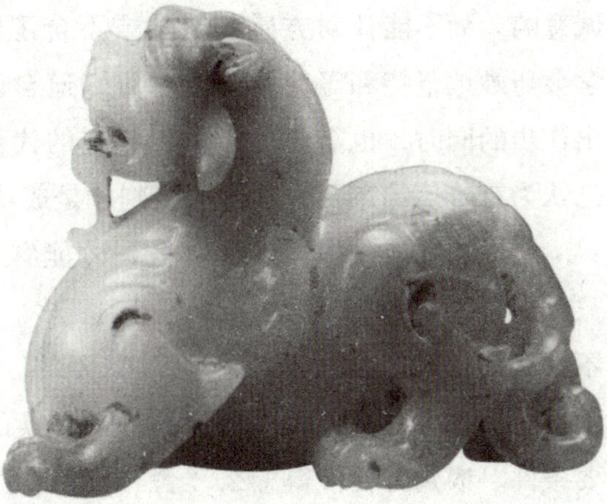

他们以谈论“善”来开始游说；凡是那些遵循“阴道”的一派，都可以称为“没落派”，他们以谈论“恶”来终止施展计谋。

解读

进退有尺度，有“舍”能“得”方成功

鬼谷子认为，懂得开放与节制才能善始善终，何时开放、何时节制，需要考察万物。其考察的实质就是寻找事物的关键点，并找出解决或应对问题的最恰当方法。比如我们用谈判来举例说明，就是要把握“进攻和退却”的时机，及时进退。要根据谈判形势的细微变化，灵活地运用积极进取和消极防御这两种基本策略。

谈判的过程，实质上就是利益的博弈，就是原则性和灵活性的平衡，就是双方寻求妥协的过程。谈判要取得成功，达成协议，取决于双方的诚意，各自都有必要让步和妥协。当然，这种让步和妥协不是对等的。过早提出让步和妥协，会被对方认为是软弱可欺，致使对方得寸进尺，不利于谈判的成功。让步要根据双方的情况和谈判形势灵活决定。有时候需要一步到位，有时候需要分段让步。

总之，采取的方式要使对方感到你的妥协是通情达理的，对谈判是诚心诚意的，而不能让对方感到突然或不合逻辑。同时，要有一定的忍耐力，要学会巧妙地坚持和等待。要让对方知道自己做出让步是不容易的，而且在做出让步的同时，也需要对方付出相应的代价或者做出相应的让步，以获得自己认为有价值的东西，这样的谈判才是成功的。

所以，在谈判中，只有“舍”才能有“得”，也就是先“阴”后“阳”。只有懂得先“舍”，才能够最终得到更多。谈判中，付出的一定是我方所认为不太重要，而谈判对手认为非常需要的。这就是谈判中的“舍”和“得”，不“舍”就不能“得”。谈判是一个交换的过程，而舍得也是谈判的一个必要条件。谈判时要懂得怎么“舍”，然后才能够“得”。

为了做到这一点，可以在准备谈判的时候列出目标的优先顺序，分清哪些是可以让步的，哪些是不能让步的，同时要简要、清楚地用一句话来描述。因为谈判是一个十分注重时效的过程，如果写得很长就需要对方花很多的时间去理解，比较麻烦，也容易在不应该让步的地方做了让步，而该让的地方却没让步，使谈判陷入僵局。

明确什么是自己需要的之后，接下来要明确谈判对手需要的内容。例如，如果给街上的乞丐一张演出芭蕾舞的门票，他是不会要的。他最需要解决的是什么？他需要一碗粥，一床棉被，因为只有解决了温饱之后他才可能考虑其他的需要。

所以在确定谈判目标的时候，一定要分清自己想要的和需要的内容，把它们罗列出来。谈判中有很多常见的问题都会出现，包括价格、数量、质量、交货期、付款、折扣、培训、售后服务等。在谈判前，先列出自己谈判的目标，按优先级分出来，再列一个竞争对手的目标，考虑对方可能关心的内容，把它们一一地列出来。对待不同的客户，不同的谈判对手，所列出的目标也是有差别的。设定目标时，作为卖方，可能最关注的首先是价格、时间，然后是能够卖多少东西，卖何种质量、档次的产品给客户。客户买东西时，最关注的不一定是价格，也可能是售后服务、产品质量等。

但不管怎么样，谈判对手所列出的目标和自己所列出的目标一定是有差距的。这就需要通过双方的交流和谈判，使彼此的目标都尽可能最大限度地达成。作为卖方希望买方能够按照自己的目标来做，买方肯定也希望卖方按照他的要求来做，怎样才能达成共识呢？这需要双方沟通和交流，在沟通和交流时坚持原则性和一定的灵活性相结合，不能让的坚决不让，要坚守住自己的底线，而能够让步的不妨妥协，这样才能使谈判获得成功。

大家知道，日本商人深谙谈判之真谛，在谈判场上，他们手法多变，谋略高超，其谈判高手素有“圆桌武士”之称。

在上海著名的国际大厦，中国某公司正是面对这样一些“圆桌武士”，围绕进口农业加工机械设备，进行了一场斗智斗勇的谈判，迫使日商逐步退让，最终达成了交易。

日本生产的农业加工机械设备，是国内几家企业都急需的关键性设备。

中国某公司正是基于这一需求，与日商进行购买谈判。

谈判开始时，按照国际惯例，由卖方首先报价。日方首次报价即为1000万日元，这一报价比实际卖价高出很多。

日方之所以这样做，是因为他们以前的确卖过这个价格。如果中方不了解市场行情，以此为谈判的基础，那么日方就可能赢得主动；如果中方拒不接受，日方也能自圆其说，有台阶可下。可谓进可攻，退可守。

由于中方事前已摸清了市场行情的变化，深知日方是在放“试探气球”，于是便单刀直入，明确指出：这个报价不能作为谈判的基础。

对此，日方分析，中方可能对国际市场行情的变化有所了解，因而己方的高目标恐难实现。于是日方便转移话题，介绍其产品的质量特点和优越性，采取迂回前进的方法来支持己方的报价。

这种做法既回避了正面被点破的危险，又宣传了自己的产品，还说明了报价偏高的理由，可谓一举三得。

但是，中方一眼就看穿了对方计谋。因为谈判之前，中方不仅摸清了行情，而且还研究了日方产品的性能、质量、特点以及其他同类产品的有关情况。于是中方明知故问：“不知贵国生产此种产品的公司有几家？贵公司的产品优于A国、C国的依据是什么？”

中方貌似请教，实则点明了对方两点。其一，中方非常了解所有此类产品的有关情况；其二，此类产品绝非对方公司一家独有，中方是有其他选择权的。中方点到为止的问话，彻底摧毁了对方“筑高台”的企图。

中方话未说完，日方便领会了其中含义，顿时陷入答也不是、不答也不是的窘境。但他们毕竟是生意场上的老手，其主谈人为避免难堪局面借故离席，副主谈也装作找材料，埋头不语。

一会儿，日方主谈人神色泰然地回到桌前，他已利用离席这段时间，想好了对策。他一到谈判桌前，就问其助手：“这个报价是什么时候定的?”

他的助手早有准备，对此问话自然心领神会，便不假思索地答道：“以前定的。”

于是日方主谈人笑道说：“唔！时间太久了，不知这个价格是否有变动，我们只好回去请示总经理了。”老练的主谈人“踢起了皮球”，一下找到了退路。

中方主谈人自然深悟此种手段，便主动提出休会，给对方让步的余地。中方深知此轮谈判不会再有什么结果了，如果追得紧，有可能导致谈判的失败。

第二轮谈判开始后，双方首先漫谈了一阵，调节了情绪，融洽了感情。之后日方再次报价：“我们请示了总经理，又核实了一下成本，同意削价100万日元。”同时，他们夸张地表示：这个削价的幅度是相当大的。

中方认为日方削价的步子是不小，但离中方的要价仍有较大的距离，马上还盘还有些难。为了慎重起见，中方一面电话联系，再次核实该产品在国际市场的最新价格，一面对日方的二次报价进行分析，认为日方虽表明这个价格是总经理批准的，但根据情况来看，此次降价是谈判者自行决定的。由此可见，对方的报价水分仍然不少。鉴于此，中方确定还盘价格为750万日元。

日方立即回绝，断定这个价格不可能成交。中方与日方探讨了几次，讨价还价的高潮已经过去。中方认为该是展示自己实力，积极进攻的时候了。于是中方开诚布公地指出：“这次引进，我们从几家公司中选中了贵公司，说明了我们成交的诚意。此价虽比贵公司销往C国的价格低一点，但由于运往上海口岸比运往C国的运费低，所以你们的利润并未减少。

另外一点，诸位也知道我国的外汇政策，这笔生意允许我们使用的外汇只有这些。要增加，需再审批。那只好等待，改日再谈。”

这是一种欲进先退的手法，但中方仍觉这一招分量还不够，又使用了类似“竞卖会”的高招，把对方推向了一个与“第三者”竞争的境地。

中方主谈人接着说：“A 国、C 国还等着我们的邀请。”说到这里，中方主谈人把一直捏在手里的“王牌”摊了出来，把中国的外汇使用批文和 A 国、C 国的电传递给了日方主谈人。

日方看后大为震惊，他们坚持继续讨价还价的决心被摧毁了，陷入必须竞卖的困境：要么压价成交，要么谈判告吹。日方一时举棋不定。握手成交吧，利润微薄，有失所望；就此回国吧，跋山涉水，兴师动众，谈判经费和精力投入不少，最后空手而归，难以向公司交代。

这时，中方抓住有利时机，运用心理学知识，称赞日方此次谈判的确精明强干，已付出了很大的努力，但限于中方政策，不可能再有伸缩余地，如日方放弃了这次机会，中方就只能选择 A 国或 C 国的产品了。

日方掂量再三，还是认为成交可以获利，告吹只能赔本。中日双方最终以 750 万日元的价格签订了成交合同。

8

准确洞察他人的心理

【原典】

捭阖之道，以阴阳试之[①]，故与阳言者依崇高，与阴言者依卑小。以下求小，以高求大。由此言之，无所不出，无所不入，无所不可[②]。可以说人，可以说家，可以说国，可以说天下[③]。为小无内，为大无外[④]。

【注释】

①捭阖之道，以阴阳试之：或开启或闭藏，都以阴阳之道试行。②无所不入，无所不可：入，进入，与“出”相对。可，可以。这里指没有不可以的地方，没有不成功的事情。③可以说天下：可以说服天下。④为小无内，为大无外：做小事不限其小，做大事无限其大。

【译文】

关于捭阖之道，要从阴阳两方面来试探对方。因此，对于积极进取者，应谈论崇高奋进之事来加以引导；而对消极保守者，应谈论卑微求全之事来加以引导。卑微求全之事，易得到志小者采纳；崇高奋进之事，易得到志大者采纳。若能从人物心理出发去游说，则无所不出，无所不入，无所不可，达到无往而不胜的境界。这种游说方法，可以游说人，可以游说家，可以游说国，可以游说天下。做小事，可进入无限微妙的境地；做大事，可进入无限广大的境界。

解读

心理与志向决定一个人的成就

在这里，鬼谷子提出了“与阳言者依崇高，与阴言者依卑小”的论点。他把人总地分为两类，一类是“阳言者”，即积极进取者；一类是“阴言者”，即消极保守者。我们在与人共事或交谈之前，不妨也先给对方归一下类，然后决定用什么样的言行来对待他。

《庄子·秋水》中讲述了一个故事：庄子的朋友惠施担任梁惠王宰相的时候，庄子打算前去看望他。有人在惠施面前挑唆说，庄子到梁国，是夺你的宰相之位来了。惠施慌忙派人在城里四处搜寻庄子。庄子无奈，只好坦然去见惠施，并给惠施讲了一个寓言：“南方有一种鸟，名叫宛刍，你知道吗？宛刍从南海飞往北海，途中非梧桐树不栖，非竹子的果实不吃，非甜美的泉水不饮。有一只猫头鹰找到一只死耗子，宛刍刚好从空中飞过，猫头鹰便仰起头喊道：‘啊，不要抢走我的死耗子啊’。”最后，庄子问惠施，现在你也想用梁国这只死老鼠来吓我吗？庄子借此表明：你惠施虽身居宰相的高位，但在我的眼中，也不过是那只找到死耗子的猫头鹰罢了，你就不要以小人之心度君子之腹了。对于庄子来说，他的志向乃是“独与天地精神往来”，相比之下，浮名与富贵都不值得一提。因此，他曾拒绝楚王请他为宰相的聘任，表示自己宁肯做一只在泥水里曳尾而行的活龟，也不愿成为供奉在庙堂上的死龟。

一个人能取得多大的成就，很大程度上取决于他的志向。有人问鹰：“你为什么到高空去教育你的孩子？”鹰回答说：“如果我贴着地面去教育它们，那么它们长大后哪有勇气去接近太阳呢？”一个有所作为的人，不会惮于把自己置身险境。在胸怀上博大宽厚，光明磊落；在细节上，点滴积累；在大事上，眼光长远；再加上坚强的意志，完善的人格，就可以为自己事业的成功奠定厚实的基石。大石拦路，弱者视为障碍，对于勇者却是前进的阶梯。

项羽是楚国名将项燕的后代，他的叔父项梁从小就培养他，希望他将来能够成为栋梁之才。项羽最初学习诗书，但不久就厌倦了；后来又学习剑术，也半途而废。项梁看侄子学无所成，非常生气，就严厉地训斥他。可是项羽理直气壮地说："读书不过是记个名姓罢了，剑术学得再好，也只能对抗一个人。我不愿学习这些，我要学习的是领兵打仗的本领！"项梁听了，觉得这个孩子有大志，就教他学习兵法。一次，秦始皇南巡会稽，当他的车马仪仗浩浩荡荡地经过时，人们都在大路两旁驻足观看，项羽和项梁也在其中。就在这时，项羽忽然指着威风凛凛的秦始皇对他的叔父说："我可以取代他的地位！"项梁听了，急忙捂住项羽的嘴，心里却暗暗赞赏侄子的胆识。自从这件事情之后，项梁就更加用心地栽培项羽。后来，陈胜、吴广在大泽乡揭竿而起，项梁和项羽也在会稽杀死当地太守，举旗响应。最后，项羽自立为西楚霸王，真的取代了秦始皇的地位。

项羽是将门之后，生性勇敢顽强，而且立志成为"万人之首"，对诗书、剑术不感兴趣，唯独喜欢学习兵法。倘若当年项梁不了解项羽之志，而照着书生的标准培养他，也就不会有后来的西楚霸王。与志大者论小，就不可能契合其意；而与志小者论大，却很可能带来灾难性的后果。

对现代人而言，更应该提倡的是树立远大志向，为社会作出尽可能大的贡献。不同的人生追求、不同的价值取向，带来的很可能是完全不同的结果。下面的这则故事，便形象地说明了这一点。

年轻的小提琴手谭盾，背井离乡来到美国，寻求更好的发展。初到美国时，为了解决生计问题，他就在街头拉小提琴赚钱。事实上，在街头卖艺也要争抢人流量大的好地盘才会赚到钱。一个幸运的机会，谭盾认识了一个黑人琴手，并与他一起争到一个最能赚钱的好地盘，那里的人流非常大。谭盾赚了一些钱以后，就告别了黑人琴手。他进入大学，将全部的精力投入到提升音乐素养和琴艺上。在大学里，他只打一些小零工维持生活所需，不像以前在街头拉琴卖艺一样能赚到很多钱，但他一直没有放弃自己的理想。

十年之后，谭盾有一次在街上碰到了昔日一起卖艺的黑人琴手，那位黑人琴手仍然在"最赚钱的地盘"拉琴，他跟以前一样陶醉于自己的琴艺，对于自己争到的好地盘感到得意。黑人琴手看见谭盾，高兴地招呼道："兄弟，很久没见啦，你现在在哪里拉琴啊？”谭盾回答了一个有名的音乐厅的名字。黑人琴手就说：“那家音乐厅门前确实是个好地盘，你能抢到真是不错！”其实，黑人琴手不知道的是，当时的谭盾已是一位国际知名的音乐家，早就不在门口拉琴卖艺了。

为人处世，要想拥有和谐的人际关系，使别人对你推心置腹，你就要充分了解别人，尤其要了解对方的志向。否则，你就难免遭遇曲高和寡的悲凉或对牛弹琴的尴尬。“与阳言者依崇高，与阴言者依卑小”，这实在是一条亘古不变的交际法则。

9 懂阴阳之理，知进退之术

【原典】

益损、去就、倍反①，皆以阴阳御其事。阳动而行，阴止而藏；阳动而出，阴随而入。阳还终始，阴极反阳②。以阳动者，德相生也；以阴静者，形相成也。以阳求阴，苞以德也；以阴结阳，施以力也；阴阳相求，由捭阖也。此天地阴阳之道，而说人之法也，为万事之先，是谓“圆方之门户”。

【注释】

①倍反：背叛或复归。②阳还终始，阴极反阳：阴阳相生，它们之间是可以相互转化的。

【译文】

所有的损害和补益、离去和接近、背叛和归附等行为，都是运用阴、阳的变化来实行的。阳的方面，运动前进；阴的方面，静止隐藏。阳的方面，活动显出；阴的方面，随行潜入。阳的方面，环行于终点和开端；阴的方面，到了极点就反归为阳。凡是凭阳气行动的人，道德就与之相生；凡是凭阴气而静止的人，开拓势就与之相成。用阳气来追求阴气，要靠道德来包容；用阴气结纳阳气，要施用力量。阴阳之气相追求，是依据开启和关闭的原则，这是天地阴阳之道理，又是说服人的方法，是各种事物的发端，是天地的门户。

解读

阴阳相结合方能成功

《鬼谷子》中说："以阳求阴，苞以德也；以阴结阳，施以力也；阴阳相求，由捭阖也。"就是说用阳气来追求阴气，要靠道德来包容；用阴气结纳阳气，要施用力量。阴阳之气相追求，是依据开启和关闭的原则。

东汉末年，魏、蜀、吴三分天下。蜀国丞相诸葛亮受先帝刘备托孤遗诏，立志北伐，以重兴汉室。就在这时，蜀国南方的南蛮又来犯蜀，诸葛亮当即点兵南征。到了南蛮之地，双方首战，诸葛亮就大获全胜，擒住了南蛮的首领孟获。但孟获却不服气，说什么胜败乃兵家常事。孔明得知一笑，下令放了孟获。放走孟获后，孔明找来他的副将，故意说孟获将此次叛乱的罪名都推到了他的头上。副将听了十分生气，大声喊冤，于是孔明将他也放了回去。副将回营后，心里一直愤愤不平。一天，他将孟获请入自己帐内，将孟获捆绑后送至了汉营。孔明用计二次擒获了孟获，孟获却还是不服，诸葛亮便又放了他。这次，汉营大将们都有些想不通。他们认为大家远道而来，这么轻易地放走敌人简直是像开玩笑一样。孔明却自有道理：只有以德服人才能真的让人心服；以力服人则难免产生后患。孟获再次回到洞中，他的弟弟孟优给他献了个计谋。半夜时分，孟优带人来到汉营诈降，孔明一眼就识破了他，于是下令赏了大量的美酒给南蛮之兵，使孟优带来的人喝得酩酊大醉。这时孟获按计划前来劫营，却不料自投罗网，被再次擒获。这回孟获仍是不甘心，孔明便第三次放虎归山。孟获回到大营，立即着手整顿军队，以伺机而动。一天，忽有探子来报：孔明正独自在阵前察看地形。孟获听后大喜，立即带了人赶去捉拿诸葛亮。不料这次他又中了诸葛亮的圈套，第四次成了瓮中之鳖。孔明知他这次肯定还是不会服气，于是再次放了他。孟获带兵回到营中。他营中一员大将带来洞主杨锋，因跟随孟获亦数次被擒，数次被放，心里十分感激诸葛亮。为了报恩，他与夫人一起将孟获灌醉后押到汉营。孟获五次被擒仍是不服，大呼是内贼陷害。孔明便第五次放了他，命他再来战。第二天，孔明正要分兵缉擒孟获，忽得报，说孟获的妻弟将孟获带往孔明寨中投降，孔明知道是假降，一声令下全部拿下，并搜出每人身上的兵器。孟获不服，说假如能擒他七次，他才真服。孔明于是又放了他。

孟获又请来乌戈国的藤甲军，与孔明决战。孔明用油车火药烧死了无数蛮兵，孟获第七次被擒，这才真心投降。

诸葛亮率大军回到成都，后主刘禅出城三十里迎接。刘禅与孔明并车而行，设太平筵，重赏三军。从此每年有三百多个邻邦向蜀国进贡。

通过这个历史故事，我们可以看出阴阳结合的重要性和合理性。这个道理在太极图中表现得最为形象。在一个圆圈中有一条白色的阳鱼和一条黑色的阴鱼，阳鱼头抱阴鱼尾，阴鱼头抱阳鱼尾，互相纠结，浑融婉转，恰成一圆形，无始无终，无头无尾，无前无后，无高无下。最妙的是阴鱼当中有阳眼，阳鱼当中有阴眼，相互包容，相互蕴含，相互激发，相互转化而又相互促生。这正是阴阳相生的哲理。

反应第二

在本篇中，鬼谷子集中讲解了反应术，并讲到言辞在反应术中的重要地位。鬼谷子认为，在论辩或游说时，要“重之、袭之、反之、复之”，这样才能更准确地把握对方的真实意图，从而说服对方。这种方法能使人更接近事物本身，更有效地把握整体局势的进展，从而以逸待劳，以静制动。此法的关键在于掌握“反”的诀窍。反观历史，才能更好地了解今天；反观自己，才能更好地了解他人；知己知彼，才能立于不败之地。运用“反”的方法，前提是自己要“静”，要冷静地观察和分析对方。在此基础上，再运用所谓的“钓言之道”，让对方说出真话，从而在论辩中立于不败之地。

1 前事不忘，后事之师

【原典】

古之大化者①，乃与无形俱生。反以观往，复以验来②；反以知古，复以知今；反以知彼，复以知己。动静③虚实之理不合于今，反古而求之。事有反而得复④者，圣人之意也，不可不察⑤。

【注释】

①古之大化者：化，教化指导。大化者是指圣人。②反以观往，复以验来：反和复都是返回、重复的意思。追溯过去的事情和经验，再察验未来。③动静：指移动与静止，“动”与“静”是相对而言的。④反而得复：调查过去，反复研究现在与将来的对策，以便掌握其中的道理。⑤圣人之意也，不可不察：察，仔细观察研究。此句是说，对圣人的见解不可不悉心研究思考。

【译文】

古代以大道教化众生的圣人，总能遵循自然和社会发展的规律。反观以往，可察验未来；反观古代，可洞察今天；反观他人，可了解自己。若对事物动静与虚实的判断，在现在与未来得不到实践，不应怀疑鉴古知今的方法，而应更深入地研究历史，求得符合规律的认识。有些事情要反复探索才能把握，这是圣人的见解，不可不悉心研究思考。

解读

以史为鉴方知今，以人为鉴方知己

古人云：以铜为鉴，可以正衣冠；以人为鉴，可以明得失；以史为鉴，可以知兴替。在这里，鬼谷子以一个纵横家的视角，阐明了“反以观往，复以验来；反以知古，复以知今；反以知彼，复以知己”的方法论。

有一则寓言，讲的是狮子、驴子和狐狸共同去打猎，它们收获很丰厚。狮子要求驴子分配猎物，驴子把猎物平均分成三份，请狮子自己挑选一份。狮子恼怒了，它觉得自己得到的太少了。于是，它突然过去把驴子吃掉了。这回，狮子又让狐狸来分配猎物。狐狸把大部分的猎物分给狮子，自己仅留下很少的一点点。狮子问狐狸，是谁教它这样分配的。狐狸回答：“是驴子的不幸。”

他人的实践经验有时候可以作为自己的借鉴。生命有涯而知无涯，有限的生命不可能体验所有的事物。直接经验是宝贵的，但却是有限的。人的伟大之处，就在于能从间接经验中获得智慧。借鉴别人成功的经验和失败的教训，是自己获得智慧的路径之一。

秦末农民起义中，刘邦领兵攻破武关以后，长驱直入，歼灭了秦朝的主要兵力。秦王子婴迫不得已，只好捧着传国玉玺，开城投降。刘邦入咸阳城，进了秦宫，见宫室帷帐富丽堂皇，美女珍宝不计其数，顿起羡慕之意，想全部留下自己享受。武将樊哙极力劝阻，使刘邦很不高兴。谋臣张良对他说：

“只因秦王残暴，不得人心，您才能得到今天的胜利。我们既然为天下除去了暴君，就该改变奢侈淫逸之风，提倡俭朴风气。现在您刚入秦宫，就想像秦王一样享乐，岂不等于‘助纣为虐’？樊哙将军的话虽然说得有一点激烈，但是他总是为了您着想，所以还是希望您能接受樊将军的建议。”刘邦认为张良的话有道理，于是撤出咸阳，把军队驻扎在灞上。张良劝说刘邦，巧妙地点出了秦朝奢侈淫逸导致灭亡的教训，使刘邦认识到了自己的错误。

“以史为鉴，可以知兴替。”一般情况下，借用历史人物和事件去劝说别人，更能令对方肃然警醒，收到良好的说服效果。中外历史上不乏这样巧妙说服的例子，如美国最早决定研制原子弹，就是罗斯福总统“以史为鉴”的结果。

1937 年，爱因斯坦等科学家委托美国总统罗斯福的私人顾问萨克斯约见罗斯福，要求美国抢在纳粹德国之前造出原子弹。不料，罗斯福听了萨克斯的建议，冷淡地说：“我听不懂什么核裂变的理论，现在政府无力投巨资研制这种新炸弹，你最好不要管这件事情了！”事后，罗斯福觉得自己的态度有点过火，为表歉意，他邀请萨克斯共进一次早餐。萨克斯冥思苦想，准备利用这个机会说服总统。第二天清晨，萨克斯与罗斯福一起来到餐厅。刚一落座，罗斯福便说：“那天我的态度不好，抱歉！科学家们老爱异想天开。今天可不许你再提原子弹的事了！”

“那我就谈一点历史，好吗？”萨克斯平心静气地讲了起来，“当年拿破仑横扫欧洲，不可一世。但是他虽然在陆地作战时总是旗开得胜，在海战中却不尽如人意。有一次，一个叫富尔顿的美国人来见他，建议他砍断法国战舰的桅杆，安装上蒸汽机，把船板换上钢板，并说这样就会所向无敌，很快占领英伦三岛。拿破仑心想：船没了帆就无法行驶，船板换上钢板肯定会沉没。他认为富尔顿是个疯子，竟然把他赶走了。今天的历史学家们说：如果拿破仑当时采用了富尔顿的建议，那么整个欧洲的历史就会被改写。”罗斯福听罢，脸色变得严肃起来，他沉思片刻，然后对萨克斯说：“你赢了，我们马上着手研制原子弹！”

聪明的萨克斯不直接对罗斯福总统谈研制原子弹的问题，而是以拿破仑拒绝技术革新的重大失误为例，使自称听不懂核裂变理论的罗斯福总统很快接受了科学家们的建议，做出了研制原子弹的重大决定，从而在反法西斯的战争中占据了先机，也改变了整个世界现代史的进程。

“以人为鉴，可以明得失。”借用自己或别人过往的经验，方能以更稳健的步子走过今天，迈向未来。“老马识途”的故事，就充分证明了这一点。

春秋时代，齐桓公亲率大军进攻山戎，将其击溃。当齐军要返回时，却在深山中迷了路。当时已是冬天，白雪皑皑，山路弯曲多变，走着走着就辨不清方向了。这时，管仲说：“不要紧，老马可以作我们的向导，它们认得路。”齐桓公立刻让人挑选了几匹老马，放开缰绳，让它们在前面随意地走，军队跟在马的后边。没多久，在几匹老马的带领下，齐军果然走出了山谷，找到了回齐国的路。

管仲知道老马识途，得益于他早年的经历。年轻的时候，管仲和鲍叔牙一起做生意，两人乘骑的都是宝马。一次，两人住在一家客店，遭遇盗贼，两匹马都被偷了。两人报了官，然而等了两天，毫无音讯。到了第三天，管仲、鲍叔牙正闷坐店中，忽听附近有“咴、咴”的马叫声，两人出门一看，竟是被盗的马自己回来了。管仲、鲍叔牙回到家中，就把宝马失而复得的事告诉了鲍父，并问是何原因。老人见多识广，对他俩说：“这有什么奇怪的，俗话说，‘猫记千，狗记万，老母鸡还记二里半’，何况是宝马良驹。”

管仲像

齐桓公是幸运的，因为他有了管仲。管仲也是幸运的，因为他曾有一段那样的人生经历。老马识途，短短四个字道出了经验的重要性。人们在实际的摸爬滚打中所学到的东西，有时要比单纯从书本上学到的东西更具现实的指导意义。赵括“纸上谈兵”就是很好的例子。人们经常说“失败乃成功之母”，失败并不一定是坏事，从失败中我们能积累经验和教训，这就是失败的好处。

在人的一生中，不可能是一帆风顺的，多少总会有一些坎坷和波折。聪明人经历过波折、坎坷之后，“吃一堑长一智”，总能得到一些经验和启示，不会第二次犯同样的错误。但是，在现实生活中，被狗咬过的人又被狗咬，这也不是什么新鲜的事情！被狗咬过，再次看到狗的时候，第一种人采取大呼小叫，拔腿逃跑的办法，结果适得其反，助长了狗的嚣张气焰，再次被狗咬就在所难免；第二种人看见狗来了，只是弯了弯腰，装出从地上拾块砖头的样子，狗马上夹着尾巴溜之大吉。第一种人曾经付出过代价，但他没有从付出的代价中得到什么启示和有益的东西。而第二种人则从第一次被狗咬的经历中吸取了教训，避免了再次被狗咬到。

曾经付出的代价，是人生的一笔宝贵财富。珍惜它们，会让我们的人生之路越走越宽，越走越顺。

2

耳听心受，善用大脑

【原典】

人言者，动也；己默者，静也。因其言，听其辞①。言有不合②者，反而求之，其应③必出。言有象，事有比。其有象比④，以观其次。象者象其事，比者比其辞也。

【注释】

①辞：言辞。②言有不合：所说的话不合理。③应：答应。④象比：象，仿效形象和原形。比：比较。指按照形象进行比较。

【译文】

让别人说话，使其处于动态之中；我沉默不言，是处于静态之中。我静听别人说话，了解他的辞意内涵。如果发现对方言辞有矛盾，不合乎实情，要反复地追问、诘难他，从对方的答辞中，可以进一步了解他。言谈之中，会用到象形、比喻、类比等修辞方法。听了对方的原话，要体会藏在其中的含义。所谓象，是指用象形法说其事；所谓比，是指用比喻或类比法述其意。

解读

听话要听音，说话要有据

鬼谷子教导我们，要耐心倾听别人说话，如果别人话里有话，要搞清楚隐含的意思。同时要抓住机会提问，从对方的回答中了解真情。

有这么一则寓言：一只从潮湿的洼地里蹦出来的青蛙，对所有的野兽宣称：“我是一个医生，医术高明、见多识广，什么病都能治好！”野兽听了都非常高兴。只有一只狐狸疑惑地问道：“你连自己的跛足和皱皮都没有办法，怎么还说能给别人治病呢？”青蛙听后无言以对，气得呱呱直叫。

对一个聪明人来说，空话、大话是不起作用的。因此，即使别人说得天花乱坠，我们也要保持理智，绝不轻信。有时，可以通过有效的诘难，了解事情的真相。轮到自己说话的时候，则尽量做到简洁有力，最好使言语生动形象。

一次，齐国靖郭君田婴准备在薛地筑城，谋士们都来劝阻。田婴对通报的下人说：“那些人来了不要通报。”有个人前来拜见，说：“在下就说三个字。多一个字，甘愿受烹煮之刑。”田婴很好奇，于是接见了他。那人进来说：“海大鱼！”说完掉头就走。田婴说：“你先留下把话说完！”那人说：“我可不敢拿性命当儿戏！”田婴说：“不碍事，先生请讲！”客人这才回答道：“你没听说过海里的大鱼吗？渔网钓钩对它无能为力，但一旦因为得意忘形离开了水域，那么蝼蚁也能随意摆布它。相比之下，齐国也就像殿下的‘水’，如果你永远拥有齐国，要了薛地有什么用呢？而你如果失去了齐国，即使将薛地的城墙筑得跟天一样高，又有什么用呢？”田婴称赞说：“对。”于是停止了筑城的事。

这个齐人用富有诱惑力的惊人之语制造悬念，勾起了田婴的好奇心，诱使他继续听下去，然后用“海大鱼”这样一个形象的比喻，表达了“龙游浅滩遭鱼戏”的意思，使田婴立刻认识到自己思虑不周的错误。

还有一个例子，战国时，魏文侯吞并了中山国，把它分封给自己的儿子。一天，魏文侯问群臣：“我是个怎样的君主？”众臣答道：“仁君。”唯独大臣任座表示异议，说：“您得了中山国后，不封给您的弟弟，而封给您的儿子，这哪里是仁君所为呢？”魏文侯听罢大怒，任座见状离座而去。魏文侯又问翟璜。翟璜答：“您是仁君。”魏文侯问：“你为什么这样认为？”翟璜说：“我听说先有仁君，而后才有耿直的大臣。任座是耿直的大臣，所以我认为您是仁君。”文侯听了又心喜又惭愧，赶快让人把任座请了回来，并将他奉为上宾。

现实生活中，有些人说话喜欢直截了当，而有些人说话就很委婉。虽然这都无所谓对错，但有时候，当直截了当地说不太方便或抹不开面子的时候，就需要使用一些隐语，这样反而能起到很好的效果。不过，使用这种方式，一定要确保对方能够听明白，否则就是白费心思。

北宋文学家范仲淹任杭州知府时，提拔了许多过去的手下，只要是有才能的都得到了重用。只有一个叫苏麟的，当时正好被派到外县巡察去了，所以没有得到什么照顾。等他回来以后，看到自己的一些朋友都升官了，他又不好意思直接向范仲淹求官，于是就写了一首诗，托人送给范仲淹。诗中写道：“近水楼台先得月，向阳花木易为春。”范仲淹一看，心中会意，又觉得苏麟确实是个人才，于是马上为苏麟写了一封推荐信。没多久，苏麟就升官了。

听一个人说话，不同的人能听出不同的意思。有些人善于借题发挥，通过巧妙的设计，达到自己的目的。曾经，美国有一个出版商为仓库里堆积如山的滞销图书而发愁。有一天，他想到一个促销的好办法——通过朋友送给美国总统一本样书。总统浏览一番以后，漫不经心地说："这本书不错！"出版商闻讯，利用总统这句话大做广告，一个月内把积压的书全部卖光了。过了一段时间，又有一批图书积压。这个出版商因为之前尝到了甜头，于是又给总统寄了一本样书。这一回总统不给面子，说了句"这本书糟透了！"于是，出版商在广告里大肆宣传："本公司有一本总统认为很糟糕的书出售！"不久，该书又销售一空。几个月后，这个出版商又遇到了图书积压的难题，他像上两次一样如法炮制，寄给总统一本样书。这一回总统学聪明了，对他的书一言不发。于是，出版商在广告里写道："这里有一本总统难以评价的书出售！"结果，积压图书全部售罄。

如果说眼睛是心灵的窗户，那么嘴巴就是心灵的大门。看一个人是善良还是邪恶，要看他的眼神；而要看一个人是智慧还是愚蠢，则要听他的言语。一个会听话也会说话的人，在人生的博弈中将获得更多的机会。

3

善用“钓语”，以探真情

【原典】

以无形求有声，其钓语①合事，得人实也。其犹张置网而取兽也，多张其会②而司之。道合其事，彼自出之，此钓人之网也。常持其网驱之，其言无比③，乃为之变④。以象动之，以报其心，见其情，随而牧之。己反往，彼复来，言有象比，因而定基。重之袭之，反之复之，万事不失其辞。圣人所诱愚智⑤，事皆不疑。

【注释】

①钓语：像钓鱼投饵一样，在发言时给对方以诱饵，以便引出对方的话头。②会：会合，聚会。③其言无比：比，可比的规范。指言辞无可比较。④乃为之变：于是就为此改变方向。⑤愚智：愚者和智者。

【译文】

要用巧妙无形的方法引诱对方说话，只要“钓语”合乎人情事理，就不难从其话语中窥测内心的实情。以张网逮兽为例，若多张置一些网，并加以密切关注，就能多捕获一些野兽。这个方法用于人事上，只要方案合宜，对方自然会被你网住，这就是钓人的“网”。经常拿着这张“网”与人周旋，可使对方向你推心置腹。如果你用的比喻对方不明白，就要改变方法，用形象的事物来打动对方，从而去探知其真情实感，以便加以控制。若能你一言我一语地进行交流，且双方言辞均有形象、比喻，这就有了沟通的基础。若双方言语投机，你来我往，则世间万物没有说不清楚的。无论对方是愚人还是智者，圣人都有办法诱使他说出真情。

解读

蜘蛛捕虫，张网以待

“以无形求有声，其钓语合事，得人实也。其犹张置网而取兽也，多张其会而司之。”

这是鬼谷子对如何在说话中从对方那里“钓”到自己需要的东西的一段精彩论述。

第二次世界大战期间，法国反间谍机关收审了一位自称来自比利时北部农村的流浪汉，法国反间谍军官吉姆斯认定他是德国纳粹间谍，可是缺少有力的证据。审讯开始了。吉姆斯用法语提问：“会数数吗？”这个问题很简单，流浪汉用法语流利地数数，没有露出一丝儿破绽，甚至在说德语的人容易说漏嘴的地方，他也能说得极其熟练。于是，他被押回小屋去了。过了一会儿，有人在屋外燃起火来，哨兵用德语大声喊：“着火啦！”流浪汉无动于衷，照样睡他的觉。后来，吉姆斯又找来一位农民，和流浪汉谈论种庄稼的事，他谈得居然也不外行。看来吉姆斯凭外观判断的第一印象是不能成立的。第二天，流浪汉被押进审讯室的时候，吉姆斯正在审阅一份文件，在上面签完字，抬起头突然说："好啦，你可以走了，你自由了。"流浪汉长长地松了一口气，愉快地呼吸着自由的空气。然而，他刚想转身，忽然发现吉姆斯的脸上露出了胜利者的微笑，顿时恍然大悟。原来，吉姆斯在说上面那句话时用的是德语，而他表示听懂了。这个德国纳粹间谍的真实身份也因此暴露了。

吉姆斯之前使用的一系列方法，表面上看都是失败的，其实不然。这些就像张开的一张大网，为最后的收网做好了准备。德国间谍百密一疏，最终露出了狐狸尾巴。

需要说明的是，鬼谷子用"钓人之网"这样的字眼，难免会引起后人的猜疑，以为这位"智圣"在鼓励行奸使诈的行为，其实这是一种误解。所谓的"钓人之网"，我们可以把它理解为一种交际之法而借鉴之。

4 欲取先予，欲擒故纵

【原典】

故善反听者，乃变鬼神①以得其情。其变当也，而牧之审也。牧之不审，得情不明；得情不明，定基不审。变象比，必有反辞，以还听之。欲闻其声反默，欲张反敛②，欲高反下，欲取反与。

【注释】

①鬼神：鬼，隐秘不测。指死者的灵魂和山川的神明。②敛：收敛。

【译文】

因此，凡是善于从反面听人言论者，为了能刺探到实情，总是像鬼神一样多变。他们变化很得当，也能驾驭住对方。若驾驭不住对方，得到的信息就不明了。信息不明了，交谈的基调就不确实。言谈中，我们若能灵活运用形象、类比之法，说反话刺激对方，通过观察对方的反应，即可探测到实情。想要听对方讲话，我们应保持沉默；想要对方敞开心扉，我们应暂且收敛；想要使对方高傲起来，我们应表现得谦恭一些；想要从对方处获取什么，我们就要先给予点什么。

解读

反弹琵琶，逆道而行

所谓“反弹琵琶，逆道而行”，是利用一种非常规的思维来指导自己的言谈和行动。在做事情时，走一走与目标相反的道路，就像鬼谷子说的“欲闻其声反默，欲张反敛，欲高反下，欲取反与”，往往能够收到良好的效果。

《三国演义》中，诸葛亮智激孙权的故事，就充分体现了这一方法。三国时，曹操吞并荆州，打败刘备，然后企图一举吞并江东。诸葛亮为推行联吴抗曹的战略，来到东吴面见孙权。舌战群儒一番之后，由鲁肃带着他去见孙权。鲁肃叮嘱他，千万不能和孙权说曹操兵多势大，诸葛亮微笑着答应了。哪料见了孙权，诸葛亮即大谈曹军的兵力之雄，他说：“曹军骑兵、步兵、水军，合起来不下百万之多！”孙权大吃一惊，忙问：“这里有诈吧？”鲁肃在旁边一个劲给诸葛亮使眼色，诸葛亮装作没看见，又具体分析了一番，得出的结果是曹兵超过了百万，最后他说：“我只讲百万，是怕吓到江东人士呀！”孙权又问：“那么我是战还是不战，请先生帮我决断吧！”诸葛亮说：“您应根据自己的力量来决断，如果自认为能与曹操抗衡，那就该及早和他断绝往来；如果自认为敌不过，不如听从众谋士的意见，投降曹操。”孙权有点生气地反问：“照您这么说，刘皇叔为什么不投降呢？”诸葛亮等的就是这句话，他说：“田横，齐国的一个壮士而已，尚且能守节不辱，何况刘皇叔是皇室后代，盖世英才，怎么能甘心投降呢！”诸葛亮这句话显然小看了孙权，孙权立刻脸色大变，怒道：“刘皇叔败军尚不投降，我堂堂东吴怎肯受人控制呢！”至此，孙权被诸葛亮的反话“激”了起来，下定决心抵抗。不久，孙、刘联盟共同抗曹的局面就正式形成了。

诸葛亮知道孙权是个有为之主，所以故意把曹操说得十分强大，然后一步步激起孙权的斗志，最终达到了联吴抗曹的目的。

“反弹琵琶，逆道而行”的谋略，在现代商业竞争中也屡见不鲜。

甲市某橡胶厂进口一整套现代化胶鞋生产设备，由于技术力量跟不上，搁置三年无法使用。后来，新任厂长决定将这套设备转卖给乙市的一家橡胶厂。

正式谈判前，甲方了解到乙方两个重要情况：一是该厂经济实力雄厚，但基本上都投入了再生产，要马上拿出200万元现金添置设备，困难很大；二是该厂厂长年轻气盛，几乎在任何情况下都不甘示弱，甚至经常以拿破仑自喻。对乙方的内情有所了解后，甲方厂长决定亲自与乙方厂长谈判。

甲方厂长：“昨天在贵厂转了一整天，详细了解了贵厂的生产情况。你们的管理水平确实令人信服。你年轻有为，能力非凡，也使我很钦佩。可以断言，贵厂在您这位精明厂长的领导下，不久一定可以成为我国橡胶行业的一颗明星！”

乙方厂长：“哪里哪里，老兄过奖了！我年轻识浅，恳切希望得到老兄的指教！”

甲方厂长：“我向来不会奉承人，实事求是嘛。贵厂今天办得好，我就说好；明天办得不好，就会说不好。”

乙方厂长：“老兄对我厂的设备印象如何？不是说打算把你们进口的那套现代化胶鞋生产设备卖给我们吗？”

甲方厂长：“贵厂现有生产设备，在国内看，是可以的，至少三五年不会有什么大的问题。关于转卖设备之事，昨天透露过这个想法，但是在贵厂转了一天后，想法有所改变了。”

乙方厂长：“有何高见?”

甲方厂长：“高见谈不上。只是有两个疑问：第一，我怀疑贵厂是否真有经济实力购买这样的设备；第二，我怀疑贵厂是否有或者说能否招聘到管理操作这套设备的技术人员。所以，我并不像原先考虑的那样，确信将设备转卖给贵厂，能使贵厂三年之内青云直上。”

乙方厂长听到这些，觉得受到了甲方厂长的轻视，十分不悦。于是，不无炫耀地向甲方厂长介绍了本厂的经济实力和技术力量，表明本厂有能力购进并操作管理这套价值200万元的设备。经过一番周旋，甲方成功地将“休养”了三年的设备转卖给了乙方。

还有一则故事，说的是一个名叫约瑟夫的富商1835年投资了一家保火灾险的保险公司，这种投资并不需要马上出钱，需要的是投资者的承诺。然而不久，纽约发生了一场大火灾。不少投资者慌了，觉得这种投资亏大了，纷纷愿意以低价转让自己的股份。这时候，约瑟夫却反其道而行之，把其他股东的股份统统买下。为此他把自己经营的旅馆卖了，算是一场大赌。随后，约瑟夫派代理人去纽约，如数赔偿了客户，因此信誉大增。虽然约瑟夫把保险金额提高了一倍，但还是有很多新的客户投保，因此出现了这样的“怪事”：他从纽约带回来的钱比他带去赔付的钱还要多。这次火灾让约瑟夫净赚了15万美元。这个故事告诉我们，逆道而行，往往可以把危机转化为良机。

在现代社会中，企业总是习惯于把自己的产品夸耀得完美无缺，以此博取消费者的信任。可是，有一些企业却逆道而行，通过“自曝家丑”的方式获得了超乎想象的成功。

一天，日本各大报刊同时刊出了明治糕点股份公司的“致歉声明”，大意是这样：因操作疏忽，本公司最近生产的一批巧克力豆中，碳酸钙的含量超过规定标准，请购买者向销售点退货，公司将统一收回处理，特表歉意。据这家公司事后统计，为区区这点小事来公司或向公司各销售点退货的顾客并不多，但明治公司却因此而声名鹊起，顾客更愿意购买它的产品了。其实许多人都知道，碳酸钙多一点对人体并没有多大影响，所以顾客都不愿为此劳神。明治公司对这件事如此认真，兴师动众，无非是在表白企业对待产品的求实态度，并借此提高产品的可信度。

与此相类似的另一个例子，发生在日本的美津浓体育用品公司的身上。在该公司生产的运动衣口袋里，无一例外都有一张这样的说明书："这件运动衣在日本是用最优秀的染料、最优秀的技术染色，但是我们仍觉得遗憾的是，茶色的染色还没达到完全不褪色的程度，还是会稍微褪色的。"在日本，"美津浓"一度成为体育用品的代名词，可想而知该公司是享有怎样的盛名了。

在铺天盖地的产品广告都在大肆宣扬产品优点的时候，上述两家日本公司却自曝缺点，反而赢得了顾客对企业和产品的更加信赖，使企业扩大了产品销路，大幅度地提高了效益。

记得有一则令人印象深刻的广告词是这样的：左、左，向左，当世界都向右的时候，向左……为什么世界都向右的时候，我却偏偏要向左呢？这看起来是多么荒唐，多么不合情理。而实际上，这种"反弹琵琶，逆道而行"的思想，富含辩证法的道理，在现实中往往能取得出奇制胜的效果。

5 引起共鸣，以成其事

【原典】

欲开情①者，象而比之，以牧其辞②。同声相呼，实理同归。或因此，或因彼③，或以事上，或以牧下④。此听真伪，知同异，得其情诈⑤也。

【注释】

①开情：情，感情、情绪。这里是说敞开心灵的大门。②象而比之，以牧其辞：象，模仿。比，类比。用象比的方法把握对方的言辞。③或因此，

或因彼：因，原因。此，这里。彼，那里。或这个原因，或那个原因。④或以事上，或以牧下：事，侍奉。牧，统治人民。意思是说或用来侍奉君主，或用来观察民情。⑤情诈：真情和虚伪。

【译文】

如果想了解对方的内情，可用象形和比喻的方法，以便把握对方的言辞。同类的声音可引起共鸣，切实的道理会有共同的结果。或因此共鸣，或因彼共鸣，或以共鸣法来侍奉上司，或以共鸣法来管理下属。这也是分辨真伪、了解异同，以分辨对手是真情还是诡诈的有效方法。

解读

声情并茂，引起共鸣

鬼谷子阐述了迅速俘获人心的基本原则，即说话要声情并茂，善于借助象形、比喻的修辞方法，引起对方内心的共鸣。这样，才更容易了解对方的真实情况，以决定下一步的行动。

东汉顺帝时，外戚专权，百姓生活艰难。广陵人张婴不堪忍受暴政，聚众起义，纵横扬州、徐州一带数年，劫富济贫，朝廷屡剿无功，深感头疼。当时朝中有一名叫张纲的御史，此人廉洁刚正，得罪不少权贵。于是，掌权的外戚梁冀便上奏顺帝，任张纲为广陵太守，让他平息暴动，企图借刀杀人。张纲到了广陵，单车独行直入张婴大营。张婴十分惊讶，便出来相见。

张婴冷冷地问道："太守大人屈尊来到贼营，不知有何见教？"张纲站起身来，施礼说：“将军何出此言？下官办事不周，不恤民情，以至陷民于水火之中。俗话说，‘官逼民反’，将军清廉自律、行侠仗义之举，实令下官敬佩不已。”张纲这番话出乎张婴的意料，他急忙站起来赔礼，激动地说：“太守早来十年，我张婴何至于此？我是个草莽之人，不知礼仪，更无法结交朝廷。我也知道自己是釜底游鱼，苟延残喘而已，哪里活得长久？今天大人到此，就给我指点迷津吧！”就这样，张纲用安抚的办法，不动一兵一卒，经过与张婴反复协商，妥善处置，终于平息了广陵的暴乱。

张纲说服张婴，不是靠威压，也不是靠利诱，而是采取了攻心之法。他首先承认自己的失职，将责任揽到自己身上，然后称赞张婴为民赴险，成功地打动了张婴，也攻破了张婴的心理防线。这正符合古人所说的“攻心为上”的原则，因而才能不费一兵一卒，就平息了暴乱。

“共鸣法”同样适用于规谏失足之人。人的心中都有善念，只是有些人的善念已经沉睡，需要用别人的善行去唤醒。对于那些看似冥顽不化的人，我们也要以诚相待，尽力去感化他们，启发他们的良知。《孙子兵法》云：“不战而屈人之兵，善之善者也。”能让失足之人主动弃恶从善，那是最好的方法。

大文豪雨果在其《悲惨世界》一书中讲述了一个十分动人的故事，主人公冉·阿让半夜偷走了米礼爱主教家的一支银烛台，不料半途被警察抓到。在对质时，主教却说是自己赠送给他的。当冉·阿让跪着求主教原谅他的恶行的时候，主教却只要他宣誓将灵魂交付上帝，自此重新做人，并将另一支烛台也送给他，这样的情形让冉·阿让感受到爱的力量，从此弃恶从善，经过努力，成了市长和工厂主。他捐助慈善事业，甚至为救人于危难而舍弃了名利。综观他的改变，主教的功劳不可磨灭。冉·阿让因主教的爱和宽容，完全被改变了，从一个危害社会的罪犯，转变成了造福社会的君子！

心与心的共鸣，可以让我们的生活多一些宽容和谅解，少一些纠纷和矛盾。对于不讲理的小人，揭露、斥责都是必要的，但这毕竟是外力所致，要想真正挽救这些人，最好的办法是让他们自己内心受到震动，得到感化，使他们充分认识到自己的错误。这样，他们就会抛弃侥幸之心，从而改邪归正。

从前，有两个相邻的村子，两村的村民都靠种植西瓜为生。甲村的村民很勤劳，他们经常挑水浇瓜，所以西瓜长得又快又好。乙村的村民很懒惰，很少给西瓜浇水，所以他们的瓜长得不好。甲村的瓜长得好，令乙村的村民很嫉妒。于是，每天晚上，他们就轮流跑到甲村的瓜田里，扯掉一些西瓜藤。甲村村民发现后很气愤，他们也打算晚上去破坏乙村的瓜田。一位老瓜农劝阻说："你们要这么做的话，只会让两村结怨越来越深，我看不如帮帮他们，每天晚上咱们去帮他们浇水。"甲村的村民依照他的话去做了，乙村的瓜也一天天长得好了起来。乙村村民发现真相后，不由得大受感动，他们赶紧去甲村道歉。从此，两村村民变得亲如一家。

俗话说：将心比心，凭凭良心。心灵感化的力量，比严酷的刑罚更为强大。如果多一个人懂得这个道理并付诸行动，人世间的纷争就会少一点，世界就会变得更美好一点。

6

见微知著，触类旁通

【原典】

动作言默，与此出入，喜怒由此以见其式，皆以先定为之法则。以反求复，观其所托。故用此者，己欲平静，以听其辞，察其事，论万物，别雄雌。虽非其事，见微知类①。若探②人而居其内，量其能，射其意③；符应④不失，如螣蛇⑤之所指，若羿⑥之引矢。

【注释】

①见微知类：微，微小。类，种类。根据轻微征兆探索有关联的重大事物。②探：侦察，打听。③射其意：此处指如弓之发矢，准确猜中对方意图。④符应：验合符契。⑤螣蛇：意指飞龙。⑥羿：神话传说中的神射手。

【译文】

无论是动作、言说还是沉默以及为探测实情而表现出来的喜怒哀乐，都要事先设计，确定基本法则。总之，要以反听法求得对方的回应，以此判断对方的心理寄托。处理对方回应的信息，首先自己要平和冷静，不带个人情绪和偏见，以便能听取对方言辞，考察事理，论说万物，辨别真伪。虽然这还不是事情本身，但是可以根据轻微的征兆，探索出同类的大事。就像刺探敌情而深居敌境一般，要首先估计敌人的能力，其次再摸清敌人的意图，像验合符契一样可靠，像飞龙一样迅速，像后羿张弓射箭一样准确。

解读

提前设计细节，避免产生急躁的心理

鬼谷子告诉我们，言说谋略都要提前设计细节。急中生智固然是一种难得的智慧，但不应该作为一种追求。我们应努力做到的是，控制谈话中的细节。通过细致的准备，可以最大限度地提升进言成功的可能性。

优孟是春秋时有名的戏子，深得楚庄王的宠爱。楚国贤相孙叔敖死后不久，优孟在郊外遇见孙叔敖的儿子，发现他竟沦落到砍柴为生的地步。优孟决心帮他渡过难关。经过一番思考之后，他特制了一套官服，和孙叔敖生前常穿的一样，细心模仿孙叔敖的一举一动。一天，楚庄王在宫中大宴群臣，优孟穿着官服走了过来。楚庄王远远一望，误以为孙叔敖复活，惊讶不已。及至近前，才看出是优孟所扮。楚庄王想起孙叔敖，感慨地对优孟说："你若有孙叔敖的才干，我愿意拜你为相。"

优孟不以为然地说："那又有什么好处，死后连后代的生计都保障不了！"接着，他把孙叔敖儿子的状况如实告诉了楚庄王。楚庄王听后，幡然醒悟，下令召孙叔敖的儿子入朝，加官晋爵。从此，孙叔敖的儿子过上了富裕的生活。

优孟并不是直接劝谏楚庄王，而是花了大量精力，模仿孙叔敖的言行举止，对楚庄王进行旁敲侧击，使楚庄王明白了"人走茶凉"这一做法的不对，从而帮助孙叔敖的儿子改善了生活条件。

倘若优孟不是采用上述方式，而是凭着一股义气，向楚庄王慷慨陈词，恐怕很难收到预期的效果。可见，要达到说服别人的目的，首先要做到鬼谷子所说的"己欲平静"，万万不可产生急躁的心理。尤其在危机重重的时候，当事人更要平心静气，关注细节。

春秋时期，有一年鲁国遭到严重灾荒，齐孝公乘人之危，亲率大军讨伐鲁国。鲁僖公得知消息，非常害怕。这时，手下有一谋臣建议说：为今之计，应该马上派人带上礼物去问候齐孝公。这样做，一是表示友好；二是显示鲁国也有所准备，让他们有所顾忌。鲁僖公觉得有理，便派大夫展喜带着牛羊、酒食去犒劳齐军。展喜日夜兼程，在齐鲁边界上堵住了齐孝公。展喜对齐孝公说："我们君王听说大王亲自到我国来，特地派我前来慰劳贵军。""你们鲁国人害怕了吧？"齐孝公傲慢地说。展喜不卑不亢地回答："那些没有见识的人可能害怕，但我们鲁国的君臣却一点也不害怕。"齐孝公听了，轻蔑地说："你们鲁国国库空虚，老百姓家中缺粮，地里没有庄稼，连青草也看不到，你们凭什么和我们齐军交战？又怎么会不害怕？"展喜胸有成竹，不慌不忙地说："我们的军队的确没有齐军强大，但我们并不害怕，因为我们依仗的是周成王的遗命。当初，鲁国的祖先周公和齐国的祖先姜太公，同心协力地辅助成王，废寝忘食地治理国事，终于使天下大治。成王对他俩十分感激，让他俩立下盟誓，告诫后代的子子孙孙，要世代友好，不要互相侵害，这都是有案可查的。我们的祖先是那样友好，大王您又怎么会贸然废弃祖先盟约，进攻我们鲁国呢？我们正是依仗着这一点，才不害怕。"齐孝公听了，觉得展喜的话很有道理，而且展喜态度从容，齐孝公觉得鲁国已经做好了迎战的准备，于是就打消了伐鲁的念头，班师回国了。

展喜能言善辩，临危受命，凭三寸不烂之舌智退齐军。他之所以能够态度从容，胸有成竹，就是因为他有所准备。

急躁是人生的大敌。急躁之人急于求成，说话、做事前没有制订周密的计划，结果往往欲速而不达；急躁之人往往容易灰心，当事情遭到挫折时，他们往往不能冷静地分析原因，而是带着更加急躁的情绪，不冷静地进行下一步的活动；急躁之人容易树敌，因为他在处理与他人的矛盾时，有时会没有理智，爱发脾气。

一个有涵养的人善于控制情绪，迅速对所发生的事情进行分析并采取正确的对策。具备了这种素质的人，方能做成大的事业。刘备之所以能成功地做到三分天下居其一，与他自身的涵养是分不开的。刘备寄身曹营的时候，曹操邀他青梅煮酒并趁机试探说："天下英雄，惟使君与操耳!"刘备立即反应到曹操是在试探他，于是就趁着天空一声炸雷的机会，假装把筷子掉在了地上，并说是听到天上的响雷吓的。刘备故意借此向曹操示弱，以显示自己没有争雄天下的宏大志愿。如此一来，曹操大为放心，刘备也度过了他寄身曹营那段最艰难的岁月，为日后的发展积攒了实力。

古往今来的杰出人士，尤其是领袖人物，无不具有高深的个人涵养，他们对细节的重视程度非普通人可以想象。二战英雄，英国首相丘吉尔是闻名于世的政治家、外交家，他在应付大场面时的谈吐、风度令人倾倒。可谁又知道，丘吉尔每次接待外宾，都要提前几天就开始准备材料，为了设计好每一句话，甚至睡觉时都在琢磨。我们往往只了解他风光、潇洒的一面，却很难想象他为此所付出的艰辛努力。

一个人要做到从容不迫，就要加强其内在涵养，因为内在的品质决定了一个人在遇到事情时的行为。涵养不是生来就有的，它来自人们日常的修为。人若是平日松懈自己，没有恐惧，当震雷炸响时就会恐惧不已，无所适从，以致招来祸患；但若是平日谨慎戒惧，修己省过，当震雷炸响时反倒能镇定自若、谈笑风生了。

7 知己知人，认识自我

【原典】

故知之始己，自知而后知人①也。其相知也，若比目之鱼②；其见形也，若光之与影。其察言也不失，若磁石之取针，如舌之取燔骨③。

【注释】

①故知之始己，自知而后知人：因此，想要了解他人，就必须先从了解自己开始；了解自己以后才能知人。②比目之鱼：只有一只眼睛的鱼，经常是两鱼协同并游。③燔骨：燃烧骨头上所带的肉。

【译文】

因此，要想掌握情况，要先从自己开始，只有了解了自己，然后才能了解别人。对别人的了解，就像比目鱼一样没有距离；明了对方的情形，就像光和影子一样不走样；侦察对方的言辞，不失为如同用磁石来吸取钢针，用舌头来获取焦骨上的肉一样万无一失。

解读

人贵自知之明，切忌不自量力

我们都熟悉孙子“知己知彼，百战不殆”这句名言。而鬼谷子在这里提出的“知之始己，自知而后知人”，也含有“知己知彼”的意思。不过，他更强调自知，把自知作为知人的前提，这是很有见地的。自知之明，确实是人的一种重要品质。

公元前262年，秦昭襄王派大将白起进攻韩国，占领了野王（今河南泌阳），截断了上党郡（治所在今山西长治）和韩都的联系，上党形势危急。上党的韩军将领不愿意投降秦国，打发使者带着地图把上党贡给赵国。

赵孝成王（赵惠文王的儿子）派军队接收了上党。过了两年，秦国又派王龁围住上党。

赵孝成王听到消息，急忙派廉颇率领二十多万大军去救上党。他们才到长平（今山西高平县西北），上党就已经被秦军攻占了。

占领上党后，王龁还想向长平进攻。廉颇只好守住阵地，叫兵士们修筑堡垒，深挖壕沟，跟远来的秦军对峙，准备作长期抵抗的打算。

王龁几次三番向赵军挑战，廉颇就是不跟他交战。王龁想不出什么法子，只好派人回报秦昭襄王，说：“廉颇是个富有经验的老将，不轻易出来交战。我军远道而来，长期下去，就怕粮草不够用呀，怎么办好呢?”

秦昭襄王请范雎出主意。范雎说：“要打败赵国，必须先叫赵国把廉颇调回去。”

秦昭襄王说：“那怎样才可以办到呢?”

范雎说：“我自有办法。”

过了几天，赵孝成王听到左右纷纷议论说：“秦国就是怕让年轻力壮、有勇有谋的赵括带兵；廉颇不中用，眼看就快投降啦!”

他们所说的赵括，是赵国名将赵奢的儿子。赵括小时爱学兵法，谈起用兵的道理来，头头是道，自以为天下无敌，连父亲也不放在眼里。

赵王听信了左右的议论，立刻把赵括找来，问他能不能打退秦军。赵括说："要是秦国派白起来，我还得考虑怎么对付他。现如今来的是王龁，他不过是廉颇的对手。要是换上我，打败他不在话下。"

赵王听了非常高兴，就拜赵括为大将，去接替廉颇。

蔺相如对赵王说："赵括只懂得读父亲的兵书，死搬套路，临场应变能力不行，不是将才。"可是赵王对蔺相如的劝告听不进去。

赵括的母亲也向赵王上了一道奏章，请求赵王别派他儿子去。赵王召见其母并问其原因。赵母说："他父亲临终的时候再三嘱咐我说，赵括这孩子把用兵打仗看作儿戏似的，谈起兵法来，就不可一世，目中无人。将来大王不用他还好，如果用他为大将的话，只怕赵军会断送在他手里。所以我请求大王千万别让他当大将。"

赵王说："我已经决定了，你就别管吧。"

公元前260年，赵括领兵二十万到了长平，请廉颇验过兵符。廉颇办了移交，回邯郸去了。

赵括统率着四十万大军，气势相当壮观。他把廉颇规定的一套制度全部废除，下了命令说："秦国再来挑战，必须迎头把他们打回去。敌人败了，就得追下去，不杀得他们片甲不留不算完。"

那边范雎得到赵括替换廉颇的消息，知道自己的反间计成功，就秘密派白起为上将军，去指挥秦军。白起带军到长平，设置好埋伏，故意打了几个败仗。赵括不知是计，派军队拼命追击。白起把赵军引到预先埋伏好的地区，派出精兵两万五千人，切断赵军的后路；另派五千骑兵，直冲赵军大营，把四十万赵军切成两段。赵括这才知道中了秦军的计，只好筑起营垒坚守，等待救兵。秦国又发兵把赵国救兵和运粮的道路切断了。

赵括的军队内无粮草，外无救兵，守了四十多天，兵士都叫苦连天，无心作战。赵括带兵想杀出去，却被秦军的弓箭手射死了。赵军听到主将被杀，也纷纷扔了武器投降。四十万赵军，就这样在纸上谈兵的主帅赵括手里全军覆没了。

还有一个例子就是诸葛亮挥泪斩马谡。诸葛亮到了祁山，决定派出一支

人马去守街亭，作为据点。让谁来带领这支人马呢？当时他身边有几个身经百战的老将，可是他都没有用，单单看中参军马谡。马谡确是读了不少兵书，平时很喜欢谈论军事。诸葛亮找他商量起打仗的事来，他就谈个没完，也出过一些好主意。因此诸葛亮很信任他。但是刘备在世的时候，却看出马谡不大踏实。因而，他在生前特地叮嘱诸葛亮："马谡这个人言过其实，不能派他干大事，还得好好考察一下。"但是诸葛亮没有把这番话放在心上。这一回在面临严峻的形势下，他硬是派马谡当先锋、王平作副将去镇守街亭。马谡和王平带领人马到了街亭，张郃的魏军也正从东面开了过来。马谡看了地形，对王平说："这一带地形险要，街亭旁边有座山，正好在山上扎营，布置埋伏。"王平提醒他说："丞相临走的时候嘱咐过，要坚守城池，稳扎营垒。在山上扎营太冒险。"马谡没有打仗的经验，自以为熟读兵书，根本不听王平的劝告，坚持要在山上扎营。王平一再劝马谡没有用，只好央求马谡拨给他一千人马，让他在山下临近的地方驻扎。张郃率领魏军赶到街亭，看到马谡放弃现成的城池不守，却把人马驻扎在山上，暗暗高兴，马上吩咐手下将士，在山下筑好营垒，把马谡扎营的那座山围困起来。马谡几次命令兵士冲下山去，但是由于张郃坚守住营垒，蜀军没法攻破，反而被魏军乱箭射死了不少人。同时，魏军还切断了山上的水源。蜀军在山上断了水，连饭都做不成，时间一长，自己先乱了起来。张郃看准时机，发起总攻。蜀军兵士纷纷逃散，马谡想禁也禁不了，最后，只好自己杀出重围，往西逃跑。王平带领一千人马，稳守营盘。他得知马谡失败，就叫兵士拼命打鼓，装出进攻的样子。张郃怀疑蜀军有埋伏，不敢逼近他们。王平整理好队伍，不慌不忙地向后撤退，不但一千人马一个也没损失，还收容了不少马谡手下的散兵。街亭失守，蜀军失去了重要的据点，又丧失了不少人马。诸葛亮为了避免遭受更大损失，决定把人马全部撤退到汉中。诸葛亮回到汉中，经过详细查问，知道街亭失守完全是由于马谡违反了他的作战部署。马谡也承认了他的过错。诸葛亮按照军法，把马谡下了监狱，定了死罪。马谡自己知道免不了一死，在监狱里给诸葛亮写了封信，说："丞相平日待我像待自己的儿子一样，我也把丞相当作自己父亲。这次我犯了死罪，希望我死以后，丞相能够像舜杀了鲧还用禹一样，对待我的儿子，我死了也没牵挂了。"诸葛亮杀了马谡，想起他和马谡平时的情谊，心里十分难过，流下了眼泪。之后，他真的把马谡的儿子照顾得很好。

历史上的赵括和马谡都是无自知之明、不自量力的典型。他们属于那种会动脑，但缺乏实践经验、不会动手的人，如果只是在军营中做一个参谋，为主帅出谋划策，或许还能发挥他们的才干。或者，他们可以参加一些小的战斗逐渐培养实战经验，待经验丰富之后，将理论与实践结合，没准也能成为一代良将。可惜，他们在还不具备将帅之才的时候，硬着头皮肩负起了重要的军事任务，马谡出征前甚至立下了军令状。不了解自己的真正水平，冒险而为，历史上和现实中许多惨痛的悲剧和沉重的代价就是这样造成的。

8

内方外圆，随机应变

【原典】

其与人也微，其见情也疾。如阴与阳，如阳与阴。如圆与方，如方与圆。未见形，圆以道之；既见形，方以事之。进退左右，以是司之。己不先定，牧人不正。事用不巧，是谓忘情失道；己审先定以牧人，策而无形容①，莫见其门，是谓天神。

【注释】

①形容：形态、形象、容貌。

【译文】

自己暴露给对方的微乎其微，而侦察对手的行动十分迅速。就像阴变阳、阳转阴，圆变方、方转圆一样自如。在情况还未明朗以前以圆略来诱惑对手，在情况明朗以后就要用方略来战胜对方。无论是向前还是向后，无论是向左还是向右，都可用这个方法来对待。如果自己不事先确定策略，统率别人也无法步调一致。做事没有技巧，叫作“忘情失道”。自己要首先确定斗争策略，再以此来统领众人。策略要不暴露意图，让旁人看不到其门道所在，这才可以称为“天神”。

解读

善于运用方略和圆略

鬼谷子提出，在情况还未明朗以前以圆略来诱惑对手，在情况明朗以后就要用方略来战胜对方。无论是向前还是向后，无论是向左还是向右，都可用这个方法来对待。

北宋真宗年间，地方上把晏殊和蔡伯俙两名神童举荐给朝廷。真宗很高兴，让他俩陪皇太子读书。皇太子年纪很小，十分贪玩。晏殊总是规劝他，惹得太子生厌，而蔡伯俙则处处讨太子的欢心。有一次，真宗皇帝要检查太子的学业，太子要晏殊代作一篇，晏殊不肯。太子又叫蔡伯俙写，蔡伯俙马上代写了一篇。真宗皇帝发觉有假，追问下来，晏殊如实禀告。这下太子气坏了，他恶狠狠地对晏殊说：“我将来当了皇帝，要砍你的头!”晏殊毫无惧色地回答:“就是砍我的头,我也不弄虚作假。”后来,太子当了皇帝,晏殊被任命为宰相,而蔡伯俙反而被疏远了。

晏殊以方略对待皇太子,绝不弄虚作假,结果后来被委以重任。而蔡伯俙一味采取圆略,阿谀奉承,反而遭到疏远。

“能容物者,物乃能容”,这是晏殊告诫初入仕途的王安石的一句话。这可以说是人生至理。不要责难别人轻微的过错,不要随便揭发他人个人生活中的隐私。不管你的品德多么高尚、你的观点多么正确,只要你对别人苛刻,他就会把你当成他的敌人。不念人旧恶是要有些胸襟的,只有修养高的人才可能做到。其实人际间的矛盾往往因时因事而转移,总把思路放到过去的恩怨上属于不明智之举。王安石后来的仕途经历也证明了这一点。王安石天性聪明、学识渊博,但却口下无德。郑毅夫写诗引用李白诗句,他就嘲笑:“此人不识字。”王安石成名前,舅舅曾讽刺他的蛇皮身,一旦科举得中,他就立刻寄诗给舅舅报此仇。尽管他倡导的变法利国利民,但攻击四起,终致夭折。如果他能宽厚待人,也许变法会是另一种结局。

与人相处一定要有分寸,既不可对人苛刻,也不可过于亲近。我们常说,对人要真诚友好,这并不是说要没有选择地和任何人做朋友。在向别人掏心挖肺时,一定要先对他有所了解。一个人不设防地对待他人,而且成了习惯,那么如果他自己感觉累了,或觉得彼此志不同道不合了,这时再抽身,对彼此都没好处。生活中,由这个原因而引起的矛盾并不在少数。

学习方圆之略,需要解决的一个重要问题是如何对待别人的错误。倘若别人无意中犯了错误,违背了你的心愿,打乱了你的计划。这时,你的第一反应可能是气愤,接下来可能会大发雷霆。很多人都会如此,然而这样做根本于事无补,其结果往往是加剧了对方的恐惧,事情也会变得越来越糟。其实,如果能够忍住一时的怒火,反过来宽容别人,结局就会不同。

美国空军著名的战斗机飞行员胡佛,在一次驾机行动中,飞机险些失事,后来检查发现,原来是负责加油的机械师加错了油。问题查出后,那个机械师吓得面如土色,然而胡佛不但没有追究这件事,还让他专门做自己所负责的飞机的维修工作。后来,这个机械师一直跟着胡佛,而且干得十分出色。由此看来,如果做人圆润一点,懂得原谅别人的过失,给予他人理解和尊重,这样于人于己都有好处。

在现代激烈的商业竞争中，对于一些有意的欺骗或侵犯，又该如何处理呢？让我们来看下面这个例子。

一天，在法国的一家著名的照相器材厂里，一批日本客商正在参观。给他们当向导的是实验室主任，他是一个细心人，一边热情地回答客人们提出的各种问题，一边暗暗地注意客人们的一举一动。实验室主任注意到，有一位日本客商对一种新的显影溶液特别感兴趣。这位日本客商戴着领带，当他俯身观察显影溶液时，领带末端恰好浸入了溶液中。日本客商这一极平常的动作没有逃过实验室主任的眼睛。实验室主任心想：多么狡猾的日本人！他只需回去将领带末端的溶液化验一下，便可以轻而易举地获得这种显影剂的配方了。这可是本厂最核心的机密啊！绝不能让日本人得逞。实验室主任急忙叫来一位公关小姐，对她如此这般地吩咐了一番。不一会儿，公关小姐拿着一条崭新的领带出现在这位日本客商面前，用她那甜润的嗓音说道："先生，您的领带弄脏了，我们给您洗洗，您先换上这条新领带，好吗？""噢——好吧，谢谢你！"日本客商知道自己露馅了，只好一边道谢，一边解下了领带。他内心有点沮丧，但对法国方面没有当面戳穿他仍深表感激。

俗话说"兵不厌诈"，在商业领域也是如此。法国方面察觉日本人有"诈"之后，没有予以当面揭露，而是不露声色地抢先一步，破坏了对方的意图，同时还维持了彼此表面上的和谐关系，确实是十分高明的做法，达到了鬼谷子所赞许的"与人也微，见情也疾"的境界。

内楗第三

本篇是论及如何处理人际关系的内楗术。所谓“内楗”，指人的内心清静自守、不为外物所困的一种状态。本篇旨在指导人们在内楗的前提下，维持好上下级之间的正常关系。该篇首先指出，君臣上下之间的关系十分微妙，如表面上很亲近的，内心却很疏远；表面上很疏远的，内心却很亲近。“内楗”之法，要求人臣善于揣摩君主的心思，拥有一种进退自如的关系。在现代的人际关系中，亦可借鉴内楗之法，创造出一种和谐的工作环境。

1 既讲原则，又要灵活

【原典】

君臣上下之事，有远而亲①，近而疏②，就之不用，去之反求③。日进前而不御，遥闻声而相思④。事皆有内楗，素结本始⑤。或结以道德，或结以党友，或结以财货，或结以采色⑥。用其意⑦，欲入则入，欲出则出；欲亲则亲，欲疏则疏；欲就则就，欲去则去；欲求则求，欲思则思。若蚨母⑧之从其子也，出无间，入无朕，独往独来，莫之能止。

【注释】

①远而亲：看似疏远，其实极亲密。②近而疏：看似亲密，其实极疏远。③就之不用，去之反求：就，靠近、趋近；去，离开。在身边却不任用，离去以后反受聘请。④日进前而不御，遥闻声而相思：日进前，每天都在皇帝的跟前；御，驾驭马车，这里引申为“使用”；遥闻声，听到很遥远地方的声音。⑤素结本始：素，平常。本始，本源。意思是把平常与本源相联结。⑥采色：这里指容颜。⑦用其意：推行某种主张。⑧蚨母：蚨，即青蚨。这种虫子的母性极强，每当母虫离开巢穴时，都要把穴口加盖以防外敌。

【译文】

君臣上下之间的事情，有的距离看似远却很亲近，有的距离看似近却很疏远；有的找上门却不录用，有的离任反去聘求。有的天天在身边却不被信任，有的只是闻其名声却思慕不已。种种微妙关系的形成，都是因为内楗的缘故。内楗一开始就将君臣从根本上结合到一起。或凭道德相结合，或依朋党相结合，或以钱物相结合，或靠容颜相结合。臣下若揣准君主的心思，就能取得主动：想进来就进来，想出去就出去；想亲近就亲近，想疏远就疏远；想接近就接近，想离去就离去；想求取的就能得到，想让君主思念就能如愿。好比青蚨母虫依恋其子那样，来去相随而不留痕迹，独往独来，谁也没法阻止。

解读

顺耳的忠言更有力量

俗话说：“良药苦口利于病，忠言逆耳利于行。”这话虽然很有道理，但是，难道良药就一定苦口，忠言就一定逆耳吗？在鬼谷子看来，向居上位者进忠言之前，要先摸清楚他的想法，然后顺着他的心思去说，这样就能在避免犯上的同时，还能使他愉快地接受你的观点。

春秋时，晋灵公贪图享乐，让人给他造一座九层的琼台。这一工程耗资巨大，劳民伤财，朝野上下一片反对之声。晋灵公一概不听，还下令说：“谁敢再进谏，格杀勿论！”晋国有个能臣叫荀息，他知道此事后，便来求见晋灵公。晋灵公竟命令武士在暗处弯弓搭箭，只要荀息一开口劝谏，便立刻把他射死。谁知荀息见到晋灵公后，并没有提到琼台的事，而是要求给晋灵公表演杂技，以博一笑。晋灵公高兴地答应了。荀息先把十二颗棋子垒起来，再把鸡蛋一个个加上去。晋灵公看得提心吊胆，不禁在一旁大叫道：“危险！”荀息慢条斯理地说：“这算什么，还有比这更危险的呢！”晋灵公忙问：“还有什么比这更危险？”荀息说：“大王，您要造九层高台，造了三年，尚未完工，弄得民不聊生，男人们都被征调到工地去了，留下女人种庄稼，如果以后没有收成，国库就会空虚。一旦外敌入侵，国家危在旦夕，难道这不更危险吗？”晋灵公听后，觉得确实很危险，弄不好要亡国，立刻下令停止了高台的建造。

荀息先以杂耍吸引晋灵公的注意力，再通过垒鸡蛋的演示向晋灵公巧妙进言，形象地说明了国家面临的局面，使晋灵公停止了高台的兴建。

在向别人提意见时，即使是出自好意，也要讲求方式方法，巧妙委婉的暗示和生动形象的比方，往往比直截了当的批评更容易为人所接受。

战国时，齐威王整天在宫中饮酒作乐，不理朝政。淳于髡知道齐威王爱听隐语，就进宫去对他说：“国中有只大鸟，栖息在王宫里已经三年了，可是它从来没有飞过一次，也没有叫过一声，大王您猜猜看，这是一种什么鸟？”齐威王笑了笑说：“这可不是一只平凡的鸟呀！它不飞也就罢了，一旦飞起来，就会直冲云天；它不叫也就算了，一旦大叫一声，天下的人都会大吃一惊。先生您先回去吧！我明白了。”从此，齐威王就像换了个人似的，开始勤勉治理国家。在齐威王执政的三十七年中，齐国始终是一个强国。

淳于髡没有直接批评齐威王不理朝政的行为，而是借大鸟的不飞不鸣为喻，在委婉批评的同时，也是一种间接的勉励。其结果，使齐威王一下子振作起来，果然“一鸣惊人”了。

我国古代，敢于直言犯上的直臣、谏臣也不少，但大多没有好结果，而唐朝名臣魏征则是一个例外。有一次，唐太宗被魏征不留情面地批评之后，怒气冲冲地回到内宫，对长孙皇后说：“我非杀了魏征那乡巴佬不可。”皇后劝他说：“有魏征这样的大臣是值得庆贺的，没有您这样的明君，怎能有如此耿直的大臣呢？”唐太宗转念一想：是呀，没有魏征，自己就无法知道自己的错误，那自己不就是昏君了吗？于是对魏征加以重赏。

像魏征这样犯颜直谏的忠臣固然令人钦佩，但话说回来，唐太宗、长孙皇后这样的一对帝后那可是千年难遇。魏征要是不幸生在其他朝代，以他天不怕地不怕的脾气，恐怕也难以善终。所以，在向上司进言时，还是要注意说话的技巧，因为你的上司毕竟不是唐太宗和长孙皇后。

2

进谋献策，建议中肯

【原典】

内者，进说辞也。揵者，揵所谋①也。欲说者，务隐度②；计事者，务循顺③。阴虑可否，明言得失，以御④其志。方⑤来应时，以合其谋。详思来揵，往应时当也。夫内有不合者，不可施行也。乃揣切时宜，从便所为，以求其变。以变求内者，若管取揵。

【注释】

①揵所谋：进献计谋。②隐度：暗中揣测、估量。③循顺：沿着顺畅的途径，遵循固有规律。④御：驾驭，把握。⑤方：方法，道术。

【译文】

所谓“内”就是接受采纳意见；所谓“揵”就是进献谋策。游说的人一定要暗地里揣度好所游说之人心中所想，要按照规律谋划事情。要暗中分析是否可行，透彻辨明所得所失，以便影响君主的意向。方法策略适应时势的变化，以便与君主的谋略相合。仔细思考进献的谋策，应适应形势的变化。意见有与君主志趣不一致的，就不要施行。要揣摩切中时宜，往往方便自己的所作所为，求得事情的改变。用善于变化来争取谋策被采纳，就像以门管来接纳门揵一样顺当。

解读

提建议的时候不妨低调一点

如何向上司进言，这是让大多数人都犯难的问题。鬼谷子为我们提出了一个很好的办法，那就是：要揣摩切中时宜，往往方便自己的所作所为，求得事情的改变。以灵活变化求得君主采纳意见，进献谋策就方便多了。的确，向上司或者决策者进献自己好的建议与计划，是每个下属应尽的职责。然而，下属们在献计策的时候，常常会因为不受重视、不被采纳而苦恼，特别是当一个经过潜心研究、周密思考后提出的优秀建议或计划被上司断然否决的时候。出现这样问题的原因，关键在于人们通常会以“我”的角度，而不是“我们”的角度，来陈述事情或者观点。这样做的弊病在于往往会引起听者对自我观点的防御性保护，即使他的观点根本是错误的。所以作为下属，应该永远记住的一点是：发言权并不等于决策权。

上司手中常常把持着下属们的“命运”，特别是在那些制度不够健全的机构中，人际关系时常困扰基层职员。所以，向上司建议时，或者是说服其他人时，最有效的方法就是低调一些，不要过分渲染“我”在这个观点中的地位。可以选择另一种表述方法，比如“我有这样一个想法，不一定正确……”、“现在出现了一个新情况，我需要您帮我拿一下主意……”等。

但同时需要注意的是，如果只是运用“口才”对上司一味地奉承和附和，也不可能给上司留下良好的印象。所以，千万不要期望用降低身份来争取得到上司的重视与尊敬。保持自己独立的人格，与对上司的尊敬并不矛盾。

许多跟在英国首相丘吉尔身边的人给他起了一个很有趣的绰号——“一架老的 B-2 轰炸机”。因为这种轰炸机的最大特点是，任何优质燃料只要进入它的发动机，都会被毫无例外地检测为不合格的油品而禁止进入燃烧室。

与之相似的是，丘吉尔拥有卓越的才能，却相当自负，对于别人的意见或建议常常看不起。要么不采纳，要么根本不予理睬。不过，他的助理史蒂文斯却是一个例外，他的意见总能得到丘吉尔的青睐。但有一次，史蒂文斯被丘吉尔单独召见，却改变了他这一特殊礼遇。史蒂文斯明知首相不容易接受别人的建议，但因为是经过苦心研究的，他自认为这个方案相当可行，所以说得理直气壮，十分自信。

但这一次他没有得到幸运之神的眷顾，结果是，丘吉尔听完他的话，尖刻地说：“在我愿意听废话的时候，欢迎你再次光临。”

令史蒂文斯吃惊的是，在数天之后的一次宴会上，他听到丘吉尔正在把那天他的建议当作自己的见解发表。这件事使史蒂文斯“大彻大悟”，原来并非是他的建议本身不好，而是他提出建议的表达方式不够完美。

提建议时应低调，不要强调某个计划是“我”想到的，就好像那是首相自己的想法一样。在首相不知不觉地感兴趣以后，再将这个计划作为首相自己的“天才构思”公之于众。这样，这个计划就被“移植”到首相的头脑中了，他就会坚定不移地相信这是一个好主意。

史蒂文斯最终决定，为了使一个好计划得以实现，他甘愿牺牲自己的功劳。

后来，史蒂文斯奉命到美国做外交上的接洽，这一次他已经掌握了提出建议的最好方式。出发前，丘吉尔虽然在原则上同意了史蒂文斯的计划，不过态度却相当谨慎，看起来这个计划短期内很难被批准。

史蒂文斯到纽约以后不久，向丘吉尔寄回了他同美国国务卿的谈话记录。在谈话中，史蒂文斯把自己想出的那个只是首相谨慎同意的计划说成是“首相的创见”，并且对这个“天才，勇气，先见之明”的主张热情赞扬。

结果丘吉尔看了这个记录后，毫不犹豫地正式批准了史蒂文斯的计划。

3

处乱不惊，变换自如

【原典】

言往者，先顺辞也；说来者，以变言也。善变者，审知地势，乃通于天，以化四时，使鬼神，合于阴阳，而牧人民。见其谋事，知其志意。事有不合者，有所未知也。合而不结者，阳亲而阴疏。事有不合者，圣人不为谋①也。

【注释】

①谋：出谋划策。

【译文】

与君主交谈时，凡谈及以往的事，应顺着君主的言辞说；凡谈及未来的事，可以与君主有不同意见。内楗时善于随机应变者，总是能审察地势，通晓天时，遵循四时变化规律，驾驭鬼神，合于阴阳之道。他统治下的百姓，都能够安居乐业。只要看君主的做事方式，就可判断出其志向和意愿。如果你的计谋不合君主之意，说明你对他的了解还不透彻。如果你的计谋合乎君主之意，却没有任何结果，那么你应表面上亲近，而暗中与之疏远。若不能与君主合拍，圣人就不会为他出谋划策。

解读

思维敏捷，随机应变

鬼谷子认为，一个经常与居上位者接触的人，一言一行都势必要小心谨慎，以免出错。但是这样还不够，还必须要头脑灵活。在应付突发事件时，要有随机应变的能力。

春秋时期，晋文公的管家给他做了一盘烤肉。文公正要吃，发现有毛发缠绕在上面，便把管家叫来训斥道："烤肉上怎么绕着毛发，你想让寡人噎着吗?"管家见状一惊，立即磕头请罪道："我有三条死罪：用磨刀石磨刀，把刀磨得非常锋利，切肉切得，断毛却切不断，这是我的第一条罪；用木棍穿肉块却看不见毛发，这是我的第二条罪；用炽烈的炉子、通红的炭火烤熟了肉，但是毛发却没有烧掉，这是我的第三条罪。"听到这里，文公明白了，是有人在暗中陷害管家。于是召集堂下的所有人来盘问，竟真的找到了这个人，于是重重责罚了他。

管家遭人陷害，被晋文公责骂，但他很快就冷静下来，以自列罪状的方式，向晋文公申诉了自己的冤枉，合情合理。这种方式，显然要比直接喊冤效果好得多。

事实上，凡居上位者都带有一定的傲气和霸气，有人将其形容为"老虎的屁股——摸不得"。但话说回来：智者千虑，必有一失。若不慎触怒了居上位者，真摸了“老虎的屁股”，就该设法予以补救。这需要智慧，而且是“急智”。

某日，纪晓岚在翰林院校理《四库全书》，因时逢盛夏，天气炎热，纪晓岚热得汗流浃背，便脱下衣服，光着膀子读起书来，谁知正在这时候乾隆皇帝大驾光临，纪晓岚来不及穿衣服，又不能光着身子去迎驾，只好躲在书橱后面。乾隆皇帝早已看见纪晓岚，故作不知。示意群臣坐下，自己随意翻书。纪晓岚躲在书橱后面没有听见动静，便伸出头问：“老头子走了没有?”一时众人大惊失色，不敢言语。纪晓岚从书橱后面走出来，发现气氛不对，才看见乾隆皇帝手里拿着扇子正在扇凉。不觉惊骇得浑身颤抖，连忙跪下求皇上饶命。乾隆皇帝暴跳如雷，非要纪晓岚讲出“老头子”是什么意思。纪晓岚急中生智，娓娓道来：“这个‘老’是万寿无疆之意；‘头’是一国之主，万民之首；至于‘子’是昊天之子为子，‘老头子’是特殊之称，是尊敬之意。”乾隆听后，转怒为喜。

还有一例是说刘邦称帝后，一天，把韩信召进宫中闲谈，要他评论一下各将领的才能，韩信一一说了。当然，那些人韩信根本就不放在眼里。刘邦听了，便笑着问他：“依你看来，像我这样的人能带多少人马?”韩信回答：“陛下能带十万。”刘邦又问：“那你呢?”韩信答：“对我来说，当然是越多越好了!”刘邦心里不快，但还是笑着问道：“你带兵多多益善，怎么为我所用呢?”韩信知道自己说错了话，忙掩饰说：“陛下虽然带兵不多，但您‘善将将’，驾驭将领的能力无人能比啊!”刘邦一听这话，心里顿时舒坦了许多。

韩信后来死于非命，也是因为他功高震主、不知收敛的缘故。但在这里，韩信给刘邦戴上“善将将”这顶高帽子，确实还是令刘邦十分欣喜的。韩信虽然不以舌辩见长，但随机应变的本事还是很高的。

若自己不被居上位者看好，甚至遭到打击和羞辱。这个时候怎么办?是据理力争，还是忍气吞声?处理这种问题的方法不能一概而论，但一般情况下，都是需要有“忍”的功夫。

晋人杜锡曾任太子司马通的近侍官，他多次对太子的不端行为予以劝诫，引起太子的怨恨。太子很想惩罚他，但是杜锡一向奉公守法，没法随便给他安个罪名。太子想来想去，终于想出一招。一天，太子让人把针放在杜锡常

坐的毡子下，杜锡来见太子的时候，一坐上去就挨了针扎，弄得很是狼狈，但很快他就忍住疼痛，又泰然自若起来。太子问他：“你坐上什么了？”杜锡知道太子在捣鬼，心里很气愤，转念一想：人家是太子，也就是将来的皇帝，自己得罪不起啊！于是就回答说：“我什么也不知道啊！”太子听他这么说，就若有所思地说：“我还以为你只喜欢跟我过不去呢，没想到你也跟自己过不去！”以后就再也没有戏弄过杜锡。

面对太子的挑衅举动，杜锡能够随机应变，处之泰然，因为他深知君臣之间的关系，君要臣死，臣不得不死。如何才能消灾免祸，摆脱“不得不死”的悲剧，确实是古代臣子的一大课题。

晋朝时候，尚书令乐广的女儿嫁给大将军成都王司马颖。成都王的哥哥长沙王在洛阳专权，成都王于是出兵夺权。长沙王平素亲近小人，疏远君子；凡是在朝为官的，无不怀着恐惧的心情。乐广在朝廷中享有盛誉，又和成都王有姻亲关系，一些小人就在长沙王跟前说他的坏话。长沙王就问乐广是否在暗通成都王，乐广神色自若地回答说：“我家五个儿子都在洛阳，我怎么会拿五个儿子去换一个女儿呢？”长沙王从此释然，对他不再有疑虑。

以上所举的这几个例子中，主人公都依靠随机应变，躲过了灾祸。因此，在向上司提建议或遭到上司责问时，我们又怎能缺少这种随机应变的本事！

4 调查研究，有的放矢

【原典】

故远而亲者，有阴德[①]也；近而疏者，志不合也。就而不用者，策不得也；去而反求者，事中来也。日进前而不御者，施不合也；遥闻声而相思者，合于谋待决事[②]也。故曰："不见其类而为之者，见逆[③]；不得其情而说之者，见非[④]。得其情，乃制其术[⑤]。此用可出可入，可楗可开。"故圣人立事[⑥]，以此先知而楗万物。

【注释】

①阴德：心意暗合。②决事：谋大事，指参与决断国家大事。③见逆：违逆，与愿望相悖反。④见非：遭到非议。⑤术：技能、手段、方法等。⑥立事：建立事业。

【译文】

所以说，与君主距离很远却被亲近，是因为私下有恩德于君；与君主距离很近却被疏远，是因为与君主志向不合；找上门而不被录用，是因为所献计策不被君主欣赏；离去之后反受聘用，是因为其主张的正确性被事实所证明；每天都在君主面前而不被信任，是因为行为举止不合君意；相隔遥远却被思念，是因为其主张与君主相合，现遇疑难，急需此人参与决断。所以说，没有搞清对方是哪类人就去盲目游说，必然事与愿违；在未掌握实情的时候盲目游说，也必将遭到否定。只有充分掌握情况，并有说服人的方术，才可出可入，可内楗，也可离开。圣人立身处世，注重调查研究，有先见之明，方可从容驾驭万物。

解读

调查研究是决断的基础

我们平时说话、办事，怎样才能达到预期的效果呢？鬼谷子认为，要“得其情，乃制其术”，就是说，必须通过调查研究，掌握实情，然后根据实情锁定目标，采取行动。如果在掌握实情之前就盲目行动，必然遭遇失败。

有一只狐狸，不小心掉进井里，爬不出来了。正好一只山羊口渴了，来到井边。它发现了狐狸，便问：“狐狸，井水好喝吗？”狐狸说：“这井水清澈甘甜，你赶紧跳下来，咱们一起喝吧。”山羊相信了狐狸的话，“扑通”跳了下来。当它喝完水后，才发现上不去了。狐狸对它说：“我有个好办法。你用前脚扒在井墙上，我踩着你跳上井去，再拉你出来，我们就都得救了。”山羊同意了。狐狸跳出井口以后，就不再管山羊了。山羊生气地骂狐狸不守信用。狐狸对井下的山羊说：“喂，伙计，如果你的头脑和你的胡须一样完美，就决不会在没想到上来的办法前就跳下去。”

一个事先不经过调查研究就盲目行动的人，就像那只被狐狸骗得团团转的愚蠢的山羊一样，必将受困。与此相反，一个聪明人在行动之前就会把情况调查清楚，并能预见到事情的结果。

人与人之间都是相互依存的，怎样才能做到你知我知，相当重要。这就是说，看透对方，才能不至于陷入误区，才能行之有效地处理棘手的问题。

刘邦西进后，进展还算比较顺利。部队也由原来的数千人，发展到了近十万人，他踌躇满志地向武关进军。当年，楚怀王轻信秦国谎言，不听屈原等忠臣义士的劝告，亲赴武关与秦言和，结果被扣为人质，囚禁于秦都咸阳，最后客死他乡，酿成千古遗恨。唐代大诗人杜牧经过此地，忆起这段历史，触景生情，写了一首名为《题武关》的诗：

碧溪留我武关东，一笑怀王迹自穷。
郑袖娇娆酣似醉，屈原憔悴去如蓬。
山墙谷堑依然在，弱吐强吞尽已空。
今日圣神家四海，戍旗长卷夕阳中。

刘邦率军来到武关，想起怀王的这段往事，也百感交集，慨然长叹。他环顾四周，但见崖高壑深，路窄难行，易守难攻。关上秦军，居高临下，虎视眈眈。刘邦心里盘算：如若驱兵强攻，势必造成惨重伤亡，一定要想另外的办法，以智取胜。这时，营外通报：秦军丞相赵高派使来与刘邦讲和，声称：只要沛公答应与丞相合作，丞相愿意献出咸阳，二人平分关中，共同称王。对赵高其人，刘邦很是了解。赵高出身于原赵国一个贵族之家，后来家境没落，随父母流亡到秦国，因父母触犯了秦律，受到严惩，他也受牵连而被处以宫刑，沦为官奴，在秦王宫廷里服杂役。赵高对自己的“卑贱”地位一直耿耿于怀，总是千方百计地想出人头地，改换门庭，凭着他的小聪明，又通晓狱律法令，不久就赢得崇法尚刑的秦王嬴政的欢心。秦王嬴政灭掉六国，更名为“始皇帝”，赵高亦被任为“中车府令”，管理宫廷车马辇舆，同时执掌秦朝的印符玉玺，为皇帝起草诏书命令，还兼任公子胡亥的师傅，给胡亥讲授法律。为了取悦胡亥，赵高常常把宫廷机密要闻透露给胡亥，胡亥因而把赵高当做知己。

秦始皇为求得长生不老之术，带着丞相李斯、中车府令赵高和幼子胡亥，进行第五次巡游。他祭祀完大禹之后，又去寻找神仙，乞求长生不老仙丹。百般折腾了好几天，仍然一无所获。公元前210年，秦始皇在南巡途中一病不起，知道自己大限将至，于是连忙召见丞相李斯，要李斯草拟密诏，立扶苏为太子。当时，掌管玉玺和诏书的是宦官赵高。赵高早有野心，看准了这是一次难得的机会，就故意扣压了密诏。几天后，秦始皇驾崩。李斯怕太子回来之前，政局动荡，所以秘不发丧。赵高特意去找李斯，告诉他，皇上赐给扶苏的信，还扣在我这里。现在，立谁为太子，我和你就可以决定。狡猾的赵高知道李斯是个权力欲很强的人，又了解到他与大将军蒙恬不和，于是就借机对他讲明利害：如果扶苏做了皇帝，一定会重用蒙恬，到那个时候，宰相的位置你能坐得稳吗？一席话，果然把李斯说动心了，于是二人合谋，制造假诏书，赐死扶苏，杀了蒙恬，把昏庸无能的胡亥扶为秦朝皇帝。

赵高就是这样一个飞扬跋扈、奸佞无比的阴谋小人。尽管他能控制秦二世和朝中大臣，可对迅猛发展的农民起义军，却毫无办法。刘邦率军向武关挺进的时候，派了一个叫宁昌的人“使秦”，以和平谈判为掩护，目的是打探秦朝统治集团内部的消息。刘邦的军队打到关中的南大门了，咸阳城里一夕数惊。赵高也沉不住气了，想了个以退为进的办法，派亲信代表自己赴武关与刘邦谈判，企图保住手中的权力。刘邦虽然急于入关，早点做“关中王”，却不肯与赵高这样阴险的人同流合污，但他觉得可以对赵高的阴谋加以利用。于是他十分热情地接待了赵高派来的使者，并煞有介事地与其谈判，同时故意把谈判的情况四处张扬，大造和谈将成的舆论。武关守将初见大兵压境，惊恐万分，又是增派岗哨，又是加固城防，秣马厉兵，日夜警惕。如今看着朝廷派来的使者与刘邦谈判，双方置酒把盏，握手言欢，一颗高悬的心落了地，对部下的管束也不严了，派出去的岗哨也撤回来了。第二天天色未明，刘邦出其不意，突然率军进攻，一举攻占了武关。武关守将睡梦未醒，便束手就擒。赵高的使者见势不妙，慌忙逃回咸阳报信。刘邦看透人心，巧妙应对，稳住对方，暗中布阵，然后一举攻城夺地，实是高明之策。

在现代商业领域，企业或个人在做某种买卖或投资之前，也要进行充分的调查研究，在掌握正确信息的基础上做出决策，以最大限度地获取经济效益。

王先生是某家公司的所有人，经过银行介绍，他想以200万元的价格把他的公司卖给张先生。为了尽快完成交易，王先生把经营这家公司的前景大肆吹嘘了一番。但是张先生并没有轻信他的话，经过多方仔细调查，他发现这家企业其实已摇摇欲坠，而且欠了银行一大笔钱，如果公司卖不成，银行也势必跟着倒霉。因此，张先生决定让银行做媒介，给王先生施加压力。于是张先生跑去对银行负责人说："看目前的情况，这家公司顶多值50万元，但王先生不会接受这个价格，所以您必须帮助我和他好好谈谈，否则公司破产，您也会跟着遭受损失。"银行方面也认为50万元价格是十分公平合理的，于是从中撮合，最后生意谈成，双方以50万元价格成交。

在收购公司的过程中，张先生没有听信王先生的一面之词，而是做了大量调查工作，估算出了该公司的实际价值，然后巧借银行来压价，终于以较低的价格完成了收购。可见，做任何事情之前，调查研究都是不可缺少的。

5

安定内部，团结一致

【原典】

由夫道德、仁义、礼乐、忠信、计谋，先取《诗》、《书》，混说损益①，议论去就②。欲合者，用内；欲去者，用外③。外内者必明道数④，揣策来事⑤，见疑决之。策无失计，立功建德。治名入产业⑥，曰：楗而内合。

【注释】

①先取《诗》、《书》，混说损益：引用《诗经》和《书经》来验证自己的学说。②议论去就：经过讨论，最后决定是否应该做。③欲合者，用内；欲去者，用外：欲，想；合，与离相对。指根据想法，来运用力量。④外内者必明道数：在决定内外大事时，必须明确道理和方法。⑤揣策来事：推理判断未来的事情。⑥产业：产，谋生，财产；业，事情，经营功绩。

【译文】

凡是道德、仁义、礼乐、忠信、计谋这类重要问题，首先要借鉴《诗经》《尚书》的教诲，综合分析利弊得失，最后决定是去还是留。若想留下与人合作，则用内楗之法，用力于内；若想离职而去，则用置身于外之法，用力于外。处理内外大事，必须先明确理论和方法，会预测未来，并善于在各种疑难处当机立断。在运用策略时没有失误，从而建立功业和积累德政。管理百姓，要使他们从事生产，发展事业，这叫做内部安定，团结一致。

解读

团结就是力量

鬼谷子所强调的“欲合者，用内；欲去者，用外。处内者必明道数，揣策来事，见疑决之。策无失计，立功建德。治名入产业，曰：楗而内合。”所说的是如何加强内部团结的问题。简而言之，就是一个企业，如何做到内部团结的问题。

团结就是力量，现代企业都强调团队合作，同事之间相互配合、互相帮助。这样不但能提高工作效率，而且能创造和谐的团队气氛，营造良好的工作氛围，增强团队的凝聚力。如果同事关系不和谐，彼此间钩心斗角，这样不仅工作做不好，自己的心情也不舒畅，时间久了，工作就会成为一种负担，甚至厌恶工作。良好的同事关系对个人的发展至关重要。对每一位职场人士来说，与同事的关系是和则双赢，裂则两败。

在同事之间建立良好融洽的人际关系，必须经常相互沟通。而要做到相互沟通，除了相互帮助、相互谅解之外，得体恰当的语言也是非常重要的。许多争吵，甚至发生在平素关系非常密切的同事之间，很大一部分原因就是由于说话不讲艺术，使对方误解，以致造成同事间的隔阂。

在佳佳食品公司里面，销售部经理冯阳与宣传部的张港经理就是冤家对头，每逢冯阳找张港，就会被皮球砸得“鼻青脸肿”。张港为人热情，表面看很支持冯阳的工作，但却总在不经意间把自己的任务踢给冯阳："你是掌握财权的领导，这事还是你负责吧?"或者："如果这件事由你而不是我去联系，对方可能会更重视。"甚至说："明天吧，今天我还有紧急的私事处理!"而冯阳刚进入这个公司，正急于出成绩，最近两周总遭遇这个瓶颈，让他苦恼甚至愤恨不已。长此下去，无功的自己只有走人了。

此时，冯阳突然想起一句话："把脚放进别人的鞋子里。"于是他仔细观察后，发现张港不是有意折磨他，原来最近张港正在为孩子高考失利而忧虑。知道了这些，冯阳便主动宽慰张港并积极承担工作，结果两个人很快成了好搭档。

在同事之间关系不和谐的时候，首先要学会从他人的角度来考虑问题，善于做出适当的自我牺牲。而替他人着想还表现在当他人遭遇困难、挫折时，伸出援助之手，给予帮助。良好的人际关系往往是双向互利的，现在给别人关心和帮助，当你需要帮助的时候别人也会施以援手。

另外，如果在表达自己的思想时，能含蓄、幽默、简洁、生动，会起到避免分歧、说明观点、不伤害彼此关系的作用。

6 良禽择佳木，能臣投英主

【原典】

上暗不治①，下乱不寤，楗而反之。内自得②而外不留，说而飞之。

【注释】

①上暗不治：暗，昏暗。是说君主昏庸，不能推行善政。②自得：自以

为自己聪明，得计。

【译文】

如果该国君主昏庸不理政务，吏治腐败不堪，那么你在献策时应采取与内楗相反的思路，以促其垮台。如果你在游说过程中，发现该国君主只用本国人才，排斥外来人才，则你在游说后应离去，以免遭祸患。

解读

是明珠就别暗投

儒家把“忠”作为人臣的第一信条，我们今天则把“忠”分成忠烈和愚忠。鬼谷子显然是反对愚忠的。他认为，遇到“上暗不治，下乱不寤”的情形，就要“反”；自己不被重视，就要“飞”。这一“反”一“飞”，充分表明了鬼谷子对“明珠暗投”持强烈的批判态度。

“明珠暗投”的典故出于西汉。当时，汉景帝的弟弟梁孝王刘武有位门客叫邹阳，他才华出众，颇受重用。邹阳知道梁孝王觊觎皇位，极力劝告梁孝王去除非分之想，惹得梁孝王不高兴，最后竟将邹阳打入监牢。邹阳不甘心含冤死去，他在狱中写了封信给梁孝王，信中说：“珠玉本是众人至爱的珍宝，可若是在黑夜里将它抛掷在路人的身上，人们就会按着剑对它怒目而视，怪它砸了自己……”邹阳“明珠暗投”的比喻，深深打动了梁孝王，不久即获释出狱。不仅如此，梁孝王还把邹阳敬为上宾，以表明自己是爱惜人才的主子。

一个朝代，如果出现了满朝都是人才的景象，就表明一个贤能的君主出现了。末世无英才，贤者或隐于市，或已被奸人陷害。治世之君能识正直的忠臣，对他们加以保护。魏征担任谏议大夫，敢于当面对太宗提出批评，太宗很赞赏他。有一次，唐太宗问魏征：“历史上的君主，为什么有的人明智，有的人昏庸呢?”魏征说：“能够听取各方面意见的君主，就是明智的；片面听取个别人的话，就是昏庸的。在历史上，尧、舜属于明智的君主，而秦二世、隋炀帝就属于昏庸的君主。君主要是广泛听取臣民的意见，就能了解下面的情况，不会被小人所蒙蔽。”唐太宗点头称是。

在治世明君面前，一个人的正直可博得功业、名望。相反，在乱世昏君面前，这种正直就是找死，而且不会给任何人带来好处。

有一则寓言，一天风暴来了，一个农夫被困在家里。到了晚上，他饥饿难忍，可家里什么食物也没有了。他想来想去，只好把家里的绵羊给吃掉了。第二天和第三天，风暴依然没有停止。他靠着这只绵羊维持着生活。然而又过了几天，风暴还没有停止，农夫又把家里的山羊吃掉了。后来，风暴仍然没有减弱，他又吃掉了耕田的牛。守门的两只狗看见农夫干的事，互相说道：“我们快离开吧，主人连辛勤耕作的牛都吃了，又怎么能放过我们呢?”

有识之士一旦了解了黑暗的内幕，知道形势不可逆转，就应趁尚未深陷其中，当机立断，毅然地远离黑暗，以防止自身受到伤害。形势已急转直下了，却偏想要逆流而上，最终自身势必遭殃。但是，在“君要臣死，臣不得不死”的年代，君王就是国家，忠君就是爱国。赶上好时机，遇到明主是臣子的福气。如果生不逢时，君王愚钝，那么做忠臣就需要些勇气了，需要时时做好要死谏的准备。

商纣王的叔叔比干是一位正直的大臣，虽然已经知道商王朝病入膏肓、不可救药了，但还是不停地向纣王进谏，希望挽回商朝日渐没落的颓势，最终被商纣王残忍杀害。许多其他的近臣，了解到纣王暴虐、商朝覆亡在即之后，纷纷出逃。有的逃于荒野，如纣王的兄弟微子；有的携带商王的祭器和乐器投奔周族，如商纣王的太师疵、少师疆等。箕子虽然因未逃走而遭纣王囚禁，但他仍端正其心志，未与纣王同流合污。我们无法说哪种做法、哪种价值观是正确的，只能说更敬佩哪种价值观。有些时候，那些比生命、比现实价值更重要的东西，往往更值得我们敬佩。的确，人生于世，就应该承担时代所赋予的责任。

不管怎么说，君子都应该有洞察先机之明，不等灾难来到即急速离去。就如同傍晚时归巢的鸟，当太阳开始落山，尚未收尽余晖之时，鸟类已开始归巢，而不是等到天黑之后才开始归巢。鬼谷子用一个“飞”字，使人感到君子的离去就像鸟儿那样迅速。

7 心明眼快，急流勇退

【原典】

若命自来己，迎而御之①；若欲去之，因危与之。环转因化，莫知所为，退为大仪②。

【注释】

①若命自来己，迎而御之：命，召令；自来，指君主有令召来。御：防御、抵制，这里是指拒不接受。②大仪：好办法，大原则，秘诀。

【译文】

若受到君主的重用，机遇降临到自己头上，就不妨加以把握和利用。然而，一旦决定离开，就要在危险到来之前放弃权柄。如果在多次尝试之后，内楗仍不成功，则以急流勇退为佳。

解读

避免非分之想

鬼谷子认为，英雄一旦找到了用武之地，就要积极进取，建功立业。然而世事难料，到了需要放手的时候，就要果断放手，不可存在非分之想，痴迷于权力或富贵，应急流勇退，以免招致灾祸。

春秋时期，越王勾践被吴王夫差打败，成了吴国的俘虏。后来，勾践在范蠡、文种等人才的辅佐下，励精图治，最终打败了吴国，逼得夫差拔剑自杀。越国打败吴国以后，范蠡辞掉官职，到北方做陶器生意，成了当时有名的大富翁。直到今天，人们还称他为“陶朱公”。据说，范蠡在离开越国以后，写了一封信给好朋友文种，劝他舍弃功名富贵，做一个快乐、自由的人。他在信中写道：“鸟儿们都被射杀光了，再好的弓也要收藏起来；狡猾的兔子死了，猎狗也会被主人杀掉煮来吃呢！”文种认为越王对自己十分优待，不会那么绝情，所以没有听从范蠡的建议。不久，越王听信谗言，怀疑文种对他不忠，真的逼他自杀了。范蠡和文种对待功名利禄的态度不同，他们的结局对现代人应该有很深刻的借鉴意义。

越王勾践忍辱负重，卧薪尝胆，终成大业，值得称道。但他心胸狭窄，连与自己一起同生死、共患难的大臣文种都不放过，令人心寒。范蠡富有先见之明，懂得急流勇退的道理，才得以在残酷的政治斗争中保全了自己。相比之下，文种的想法就未免太过天真了。

人是会思想的动物。人的思想有正常和非分之别，正常的思想使人生活愉悦，精神充实，推动社会的发展和进步。非分之想是一种非理性的思维活动，企盼本来不属于自己的东西，是人思想道德修养的大敌。思想是行动的先导，如果不善于克制心中的非分之想，就很容易走入歧途。

有这样一则寓言：从前，海边住着一个人，他非常喜欢海鸥。每天一大早，他就来到海边，跟海鸥一起玩耍嬉戏。时间一长，他跟海鸥成了朋友。

每天，只要他一出现，成群的海鸥就接连不断地向他飞来，有些还停在他的肩头，和他非常亲热。有一天，这个人的父亲对他说："听说海鸥都不怕你，喜欢跟你一块玩耍，明天，你捉一只回来，给我解解闷吧！"此人不敢违抗父亲的命令，只好答应下来。第二天一早，这个人又来到海边，他等着海鸥落在他的肩头，好抓上一只带给父亲。可是，奇怪的是，海鸥们只在他的头顶上飞翔，再也不肯落下来跟他一块玩了。这个人在海边待了半天，一只海鸥也没有抓到。一个存有非分之想的人，自然容易产生急躁的心理，连鸟儿都蒙骗不了。

可以说，非分之想是人性的致命弱点，如果不常加以祛除，听之任之，势必会给事业、生活造成不应有的损失，甚至会葬送个人的前程。

有一个懒汉，跟邻居去学钓鱼。到了河边，懒汉放下诱饵，头脑里便开始想入非非："要是这次我钓上了一条金鱼多好，金鱼又生很多小金鱼，我拿到市场上去换来很多银两，然后我不用再去干活，我要去买洋房，我要娶三个老婆……"懒汉这样想着，不时地做着钓上鱼的动作，可惜，渔竿一点动静都没有，只是在他的行动下泛起了涟漪。没过一会儿，邻居钓上了一条一尺来长的大草鱼，懒汉心生妒意，把鱼竿一甩，去向邻居学钓鱼的经验："我们是一样的诱饵，同样的河流，为什么我钓不上鱼而你却能呢？"邻居笑着说："我能钓上鱼儿因为我头脑里有目标，所以我心静如水地等鱼儿上钩，你钓不上是因为你头脑里只有钓鱼的愿望，反而心浮气躁。"

做事情时要保持专注，要有耐心，不要存有非分之想，否则能钓到的鱼儿也不会上钩，能做到的事情也会变得很艰难。

非分之想最主要的表现是"贪"。李崇和王元融都是北魏的高官。一次他们随太后视察左藏库，太后下令赐随行人员布匹且让他们自己挑选。李、王二人唯恐拿得少，结果由于背得太重，一个闪坏了腰，一个摔断了腿。如此爱贪小利，使得他们成为千古笑柄。

在当今商业社会里，看到别人赚钱，自己也想发财，这是正常的现象。见到利益，每个人都想得到多些，这是人们共同的心理。但是君子爱财，取之有道，人切不可有贪心。平常百姓如果过于贪，就很难开心起来；身为官员，如果有了贪的习惯，那么他的政治前途将会丧失；生意场中，一个人如果太过贪心，那么他很快就会败下阵来，身处孤立的境地。

因此，一个人务必要祛除自己的贪心。在如今这个物欲横流的社会，学会克制自己的非分之想，是我们每个人都应掌握的本领。

抵巇第四

在本篇中，鬼谷子讲到了发现、消除裂痕的重要性及方法。这里所说的“巇”，本意为缝隙，可引申为隐藏的矛盾、细微的漏洞，或者各种不易察觉而又深受其困扰的问题。鬼谷子认为，“物有自然，事有合离”，在事物“合离”运动的过程中，不可避免有“巇”的存在。在“巇”的萌芽时期，能预测到它的发展，及时铲除恶的种子，这就是“抵巇”。古代圣贤大都深得抵巇之道，他们能准确抓住“抵巇”的时机，实施谋略，以避免乱世所带来的大灾难。当天下太平时，他们就隐居以待时。可见，抵巇之道的核心就是能够审时度势、防微杜渐，并且抓住有利时机，使矛盾迎刃而解。

1 不积跬步，无以至千里

【原典】

物有自然，事有合离①。有近而不可见，有远而可知。近而不可见者，不察其辞也；远而可知者，反往以验来也。

【注释】

①物有自然，事有合离：物，天地间的一切事物；自然，非人所为的，天然的，合离，聚合与分离。

【译文】

万物都有自然发展的规律，万事都有自然离合的道理。有的在近前却看不见，有的在远处却能得知。在近前的之所以看不见，是由于习而不察，不明对方的虚实；在远处的之所以能得知，因为反观以往，可以推验未来。

解读

不注重小节者难以成大事

鬼谷子说：“有近而不可见，有远而可知。”为什么在近处的反而看不见呢？因为近处的东西太平常了。同样的道理，我们生活中有很多事情不被重视，因为它们太小了。但是有句古话说：“不积跬步，无以至千里。”对于想干大事的人，又怎么能轻视小节呢？

有个富家子弟特别爱吃饺子，每天都要吃。但他只吃馅，吃完了就将饺子皮丢到屋子后面的小河里。好景不长，在他十六岁那年，一把大火烧了他的家，父母也相继病逝。这下子他身无分文，又不好意思要饭。邻居家大嫂是个好人，每顿送给他一碗面糊糊吃。他于是洗心革面，发奋读书，发誓三年后考取官位回来，好好回报大嫂。三年后，他果真中了状元，做了官，于是衣锦还乡去见大嫂。大嫂什么礼物也不愿意接受，而是对他说："你不要感谢我，我没给你什么，三年来你吃的饭都是当年你丢下的饺子皮，我收集晒干后装了好几麻袋，本来是想备不时之需的，正好你有需要，就还给你了。"

世间万物都是由小到大发展变化而来的，都有一个量的积累到质的变化的过程。一个人的本性是善的，可是如果不注意修养自身，日后也可能逐渐变坏。这就是"勿以善小而不为，勿以恶小而为之"的道理。

周武王灭掉商朝，做了天子以后，远方的西戎国派使臣送来一条大狗。这条狗是西戎的特产，非常名贵，武王高兴地收下了。召公担心武王贪图享受，就劝谏他不要因狗而玩物丧志。武王觉得不过是收下一条狗，没什么大不了的。召公说："贤明的君主应该给百官做出表率，随时注意积累自己的德行，哪怕是小细节也应该注意。大德是由小德积累而来的，就好像用土去堆一座很高的山。山很快就要堆成了，只差一筐土的高度。如果这时你停止了，就不能成功，这不是太可惜了吗？您是一个贤明的君主，可不能犯这种错误啊！"武王听了召公的劝告，就专心治理朝政，最终成为一位贤明的君主。

召公说得没错，越是干大事业的人，越应该注意小节。俗话说"千里之堤，溃于蚁穴"，垃圾堆里的一点火星，可以把一座宫殿烧成灰烬。"一着不慎，满盘皆输。"你站在高处，身上任何一个微小的弱点都可能成为敌人集中火力攻击的目标。荷马史诗中的著名英雄阿喀琉斯刀剑不入，但他的脚后跟却是他的致命之处。就因为有了这个弱点，他终于死在太阳神的箭下。

在别人都能看到的时候，言行有节，这是很容易的；但是在别人看不到的时候，依然能不改操守，注重生活小节，这就不是人人都能做到的了。蘧伯玉“不欺暗室”的故事，就证明了这一点。

蘧伯玉是卫灵公时著名的贤大夫。一次，卫灵公与夫人南子在宫中夜坐，先听到辚辚的车声，可到宫门时就消失了，过了一会儿，辚辚的车声又响起来。卫灵公就问夫人说：“你知道刚才过去的人是谁吗?”夫人说：“应该是蘧伯玉。”灵公问：“你怎么知道呢?”南子说：“君子是非常注意自己的生活细节的，车走到宫门口时没了声音，那是车的主人让车夫下车，用手扶着车辕慢行，为的是怕车声打扰国君。能这样做的人，除了蘧伯玉还有谁?”灵公派人去看，果然是蘧伯玉。只有像蘧伯玉这种“不欺暗室”的人，才是真正的君子，因为他们做事不是为了赢得美名，而是为了坚持自己的信念。对自己诚实，有时比对他人诚实还要难。

一个人能不能干成大事，有很多种检测的方法，但最简单的一种，就是看他在处理小事时的态度和做法。

明朝抗倭名将戚继光出身于将门世家，他的父亲戚景通对他管教很严格。戚继光十二岁的时候，有一次，有人送给他一双很漂亮的丝织鞋子。戚继光很喜欢这双鞋，就穿着它跑来跑去。戚景通一见，十分恼火，立刻将儿子叫住，斥责道：“你有吃有穿，还不知道满足，小小年纪就穿这样的鞋子，长大后，你就会去追求更大的荣华富贵。要是你今后当了军官，说不定还会侵吞士兵的粮饷，后果不堪设想啊!”戚继光听了父亲的教诲，感到很惭愧，他立刻弯腰脱掉丝鞋，换上了布鞋。从此，他再也不追求奢侈了，哪怕当上将军以后，他依然过着俭朴的生活。

现代社会，人们都希望自己过上富足的生活，而使自己变得富裕的方法有很多，但最重要的一点就是要珍惜自己的钱，善用自己的钱。你省下来的或额外得到的每一分钱，都是自己的资产，说不定什么时候就会派上用场，发挥关键的作用。

有两个年轻人一起找工作。一个是英国人，一个是中国人。一枚硬币躺在地上，英国青年看也不看地走了过去，中国青年却激动地将它捡起来。英国青年对中国青年的举动露出鄙夷之色：“一枚硬币也捡，真没出息！”中国青年望着远去的英国青年心生感慨：“让钱白白地从身边溜走，真没出息！”后来，两个人同时走进一家公司。公司很小，工作很累，工资也低。英国青年不屑一顾地走了，而中国青年却高兴地留了下来。两年后，英国青年还在寻找令自己满意的工作，面试他的老板正是那位中国青年。英国青年对此很不理解，他问：“为什么你能这么快成功呢？”中国青年说：“因为我没有像你那样从一枚硬币上迈过去。你连一枚硬币都不要，怎么会发大财呢？”

在对一枚硬币的取舍中，英国青年以他的绅士风度选择了藐视，最终一无所获；而精明的中国青年却不放过任何一个积累财富的机会，终于成为大富翁。

疏忽小节的人，最终难成大事。古人所说的“一屋不扫，何以扫天下”，也正是这个意思。

2 小洞不补，大洞吃苦

【原典】

巇者，罅也[①]；罅者，涧也；涧者，成大隙也。巇始有朕，可抵而塞，可抵而却，可抵而息，可抵而匿，可抵而得，此谓抵巇之理也。事之危[②]也，圣人知之，独保其用。因化[③]说事，通达计谋，以识细微。经起秋毫之末[④]，挥之于太山[⑤]之本。其施外，兆萌牙蘖[⑥]之谋，皆由抵巇。抵巇之隙，为道术用。

【注释】

①巇者，罅也：巇，缝隙；罅，裂痕，间隙。②事之危：事物仅有危机征兆的时候。③因化：顺应变化。④秋毫之末：指秋季所生出的动物细毛。

⑤太山：也作泰山，是壮观又宏大的名山。⑥兆萌牙蘖：兆萌是微小的征候，牙蘖是伐木后从根部所生的新芽。

【译文】

所谓“巇”就是小的缝隙，巇发展之后变成“罅”，罅发展之后变成“涧”，涧发展以后变成“大隙”。当小的缝隙刚出现时，常带有某种预兆，此时就应设法加以堵塞，使其变小，或者使之不再扩展，或者使之消失。如果仍不可治，就设法使之转化，弃旧图新。这就是抵巇的原理。当危机征兆出现时，圣人就敏锐地察知到了。他们总是密切注意危机的征兆，利用事物变化的原理进行具体分析，提出计谋，进一步认识征兆的细微变化。利用秋毫之末，可动摇泰山之根基。当圣人的德政推行外方后，当对方出现危机征兆时，就要运用抵巇对付，予以排斥或者消灭。总之，抵巇是一种堵塞缝隙、防患未然的治道之法。

解读

防微杜渐，防患未然

在这里，鬼谷子分析了古代圣贤应付社会危机的办法，概括来说，就是“防微杜渐”四字。在危机刚刚露出苗头的时候，圣贤们就能找到解决的办法。

当危机刚出现苗头的时候，智者就能敏锐地察知，而愚者还蒙在鼓里，往往对智者的忠告不屑一顾。古代圣贤明君能把国家治理得很好，就因为他们能及时发现问题，在危机还处于萌芽状态的时候就加以消除。反过来，那些亡国之君，像秦二世、隋炀帝之流，则对天大的危机视而不见，最终使大好江山在自己手里败落。

天下刚刚安定，需要创造一个和平安宁、休养生息的环境。但维护这个和平环境是很不容易的，一旦放松警惕，就难免有沉渣浮起，搅浑一池春水。所以为政者要明白，休养生息不等于“刀枪入库，马放南山”，无事可做了，而是更要时刻戒备。危机和危难往往蕴藏于太平盛世、安定祥和之中。而危机和危难的爆发，肯定有其最初的细微诱因和苗头。我们要时刻不忘居安思危，将这些诱因和苗头消灭在萌芽阶段，切不可任其发展成大乱再去处理。

上海解放之初，百废待兴。最大的问题是经济萎缩、商品短缺、物价上涨、市场失控。此时，投机商及不法资本家仍不断制造混乱，妄图颠覆人民政权。他们将陈毅市长“赶快洗手不干，否则勿谓言之不预”的警告置之不理，大肆囤积物资、哄抬物价，甚至策划掀起投机狂潮。然而，他们低估了人民政府的能力。当不法资本家和投机商在新年市场上大量购进和囤积商品时，在陈毅市长的领导下，上海市人民政府早储备了大量物资，使投机商和不法资本家的如意算盘落了空，受到致命的打击。从此，上海市场物价趋于稳定。上海的稳定在全国产生了良好影响，使新中国“天下大定”。

“防微杜渐”这四个字，既适用于国，也适用于家。家庭是社会的细胞，家庭美满、幸福，社会才能稳定、发展，要做治国平天下这样的大事，先要从日常居家小事做起，从一言一行做起。老子说过：“千里之行，始于足下。”若小节不修，言行不信，虽是小事也能酿成大的灾祸。所以家要在一开始就立下规矩，不脱离正常的轨道。只有如此才能使所有家人和睦友爱，这个家族才能兴旺繁盛。

曾国藩被后人戏称为治家八宝饭的“书蔬鱼猪”和“勤俭孝友”就是其齐家理论的核心。“书蔬鱼猪”是一家生产力的表现；“勤俭孝友”是一家精神力的表现，二者相辅相成。曾国藩熟读前人书籍，知道自古以来很多的钟鸣鼎食之家相继败落，都是因为子孙骄奢淫逸所致。因此他屡次训诫后辈说：“家败，离不得个‘奢’字。”他还要求主持家政的弟弟澄侯把金日䃅、霍光的这样的正反事例“解示后辈”，意在要后辈戒奢戒骄。曾国藩在家训中，时时强调一个“俭”字。曾国藩治家有方，兄弟多有建树，子孙也人才辈出，家中一团和气，尊老扶幼，子孝妻贤，世世代代广为流传。

一些目光远大的杰出人士，往往都明白防微杜渐、防患未然的道理，因此他们懂得节制自己儿女的物欲。美国前总统肯尼迪的父亲约瑟夫是美国最知名的五大企业家之一。为了防止今后不测，约瑟夫给每个孩子存了一千万美元的委托金，但他决不让富裕腐蚀他们。为使孩子们懂得如何节俭，他每月给他们很少的零花钱。肯尼迪成为总统后，报纸曾公布过他十岁时向父亲递交的一份正式请求，请求父亲将他的零花钱由每星期四毛提高到六毛，但父亲未予准许。然而，另一方面，约瑟夫又十分注意培养孩子的美好品性。他经常邀请知名人士来家里聚宴，鼓励孩子们上餐桌参与他们的谈话。他还让男孩子们全部进非教会学校读书，开阔视野。他的四个儿子后来全进入哈佛大学学习，并且个个有所作为。

《周易》中说：“君子藏器于身，待时而动。”我们一旦觉察到隐患随时可能萌生，就要用“器”将它斩杀于萌芽状态，做到防微杜渐。这便是鬼谷子抵巇之术的精髓。

3 处乱不惊，因变而变

【原典】

天下分错①，上无明主，公侯无道德，则小人谗贼②。贤人不用，圣人窜匿③，贪利④诈伪者作，君臣相惑，土崩瓦解⑤，而相伐射⑥，父子离散，乖乱反目，是谓萌芽巇罅。圣人见萌芽巇罅，则抵之以法。

【注释】

①分错：错，混乱、骚乱。意为四分五裂。②谗贼：进谗言而伤害忠良。

③窜匿：逃跑隐匿。④贪利：贪图利禄。⑤土崩瓦解：分崩离析四分五裂，比喻溃败得不可收拾。⑥伐射：互相残杀，激射。

【译文】

天下分裂错乱，朝廷没有明君，公侯缺乏道德，小人们就会诿害忠良。贤能之人不被任用，圣人被迫逃匿，贪利伪诈之徒兴风作浪，君臣互相猜疑，国家土崩瓦解，以致百姓互相杀伐，父子离散，骨肉分离，这就是“萌芽巇罅”。圣人见到萌芽巇罅之后，就要采取相应的手段加以应对。

解读

周密制订应急方案

人们常常十分关心危机的处理手段，这是“临时抱佛脚、病危才寻医”的表现。实际上，大家都知道，一个人要想活得长、活得好，仅仅“临病求医”是远远不够的，进行经常性的身体检查预防疾病才更加重要。

正如鬼谷子所说的“圣人见萌芽巇罅，则抵之以法”。危机是可以避免或减轻的，对待危机，或未雨绸缪，或亡羊补牢，但结果有着天壤之别。

企业也是如此。对于一个庞大的企业，防患于未然的重要性远远高于病后的治疗。中国有句古话，凡事预则立，不预则废。市场如战场，有备制人，无备则制于人。

对企业来说，危机不仅仅指企业面向公众或顾客的重大事故处理，而且还包括不论客观还是主观因素，抑或是不可抗力所引发的能够导致企业处于危险状态的一切因素。从分类上，包括人力资源危机、产品服务危机、客户危机、行业危机、财务危机、媒体危机、计算机技术危机、工作事故、诉讼危机、侵权危机、合同危机、政策法规变更、天灾人祸、破产危机、并购危机、保卫工作危机、企业战略危机、供应链危机、文化冲突、多元化危机、权力交接危机等多种危机模式。当前企业最经常面临的前三种危机依次是人事危机、行业危机、产品和服务危机。

企业不能有丝毫的鸵鸟心态，认为危机绝不会降临到自己的头上，等到事后才发出“假如当年不那样就不会今天这样”的概叹，只能伴着千古遗恨写进历史。与其抱着侥幸心理去消极面对危机，还不如制订切实可行的周密的危机管理计划，化被动为主动。周密的危机管理计划是危机管理的指导方针。

危机的突发性和不可预料性决定了危机的不可避免性。对企业来说，只有尽早制订周密的应急计划，才能将危机清除在萌芽状态，将其所带来的不良影响降到最低。

2003 年春季，突如其来的 SARS 让众多企业都束手无策，但亚信公司除外。作为第一家在美国纳斯达克成功上市的中国高科技企业，亚信公司一直专注于信息通信领域，这家曾被“世界经济论坛”评为“全球 500 家高速成长企业”之一，并连续两年入选《福布斯》的企业，在面对突发事件的危机管理中，给国内企业树立了良好的榜样，它所建立起的一整套危机管理机制给国内众多企业提供了很好的借鉴。

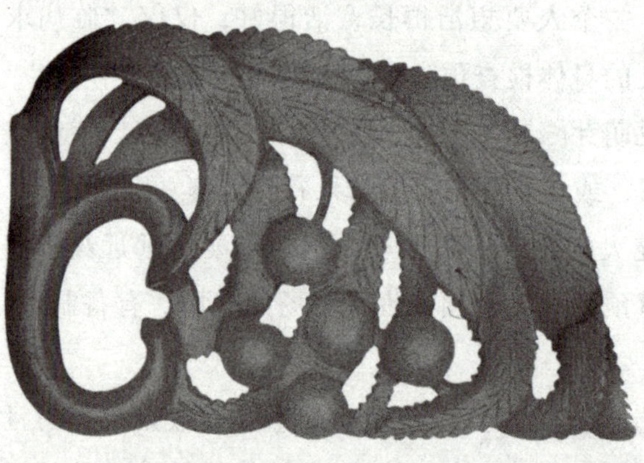

处乱不惊，因变而变，危机预警机制的启动是亚信沉着应对突发事件的第一步，而审时度势、深刻精准的形势判断是其重要前提。“SARS 可能会影响公司的业务运营，公司所有高层必须密切关注疫情的发展，保持清醒头脑，并 24 小时开机。”这是亚信面对 SARS 危机时的预警。

随着疫情发展，亚信又很快判断出事态的严重性，危机管理机制正式启动：建立 SARS 危机领导小组；软件开发异地备份；发放药品和防护用品；加强公司内部通信建设，实行远程办公；对客户进行信心承诺，保证非常状态下的完全正常服务。

这种被亚信形容为“希腊模式”的危机管理机制，不仅是亚信应对 SARS

危机，也是应对所有危机的通用规则。

“希腊模式”是指该机制的整体结构类似于希腊建筑：上层的三角形屋顶是管理团队和管理层次，下面支撑的柱子是所应对的危机类型，而这些“柱子”坐落在一个强大的统一管理的平台之上。管理团队和层次设置的具体方案要根据危机的类型——也就是屋顶下的“柱子”而定。

在此模型下，亚信把危机分成三类：一类是战争、地震、疫病之类的灾难危机，由行政部门指挥处理；二类是业务危机，比如产品质量问题和流程出错等，由业务部门进行协调；三类是公共关系危机，由市场部门主导解决。

一般情况下，危机会牵扯到企业的方方面面，为确保危机机制的有效性，所有问题的解决都应建立在一个统一管理的平台之上，这个平台就是“希腊式”建筑的底座，是各个部门与危机之间的对应与协调。统一管理则要求建立起“一把手工程”，明确处于“屋顶”上的“一把手”的责任与权力，以保证整个机制灵活高效运行，因此，亚信一旦启动应急方案，一个对高层管理人员形成约束的文件也会自动生效，例如几个高层管理人员不能同时出差、24 小时开机、建立规定工作序列等。

危机管理机制中的应急方案并不是启动之后便完事大吉，整个危机管理的流程必须形成一个闭环系统，这就是启动、执行和监督。

方案的启动完全取决于决策层对形势的判断，判断正确可能减少企业损失，判断失误有可能带来灾难。而方案的执行，则与方案设计的周详程度有很大关系，这就要求对危机的判断与考虑要建立在树型思考模式之上，不应该局限在单点之上，一些细节都要连带考虑。

方案能否顺利执行，则与方案设计的周详程度有很大关系。对于很多问题的考虑要有连带性，如同树枝生长一样。例如，对于 SARS 问题的考虑，不应该局限在单点上，一些细节要连带考虑：一旦员工出现感染病例，公司就可能需要第二办公地点，亚信将会选择离公司最近的友谊宾馆；如果疫情严重，一些关键业务点无法完全实现远程办公，例如亚信的服务支持人员，就要考虑租用交通工具接送员工上班，而班车的路线、租赁与考察也必须包括在方案里。

总之，对企业来说，应急方案越周详越好，并且在执行中要不断地根据情况做出修正，而且一切都要尽量透明，要保证信息流通畅。如果在某些环节上不透明，隐藏的信息无法得到处理，一旦问题爆发，足以让整个组织陷于被动。

4 推旧革新，重新修复

【原典】

世可以治则抵而塞之，不可治则抵而得之①。或抵如此，或抵如彼；或抵反之，或抵覆之②。五帝③之政，抵而塞之，三王④之事，抵而得之，诸侯相抵，不可胜数。当此之时，能抵为右⑤。

【注释】

①抵而得之：得，取得。通过“抵”来取得。②覆之：颠覆对手。③五帝：中国古代五位帝王，即黄帝、颛顼、帝喾、尧帝、舜帝。④三王：中国古代三位帝王，即夏禹王、商汤王、周文王。⑤右：上位。

【译文】

若世道能够治理，就要设法堵塞巇罅；若世道不可治，就设法推翻它，使之获得新生。总之要解决矛盾，或这样应对，或那样应对，或弥补裂缝，或颠覆更新。例如五帝对当时的社会巇罅，均采取补塞的办法；夏、商、周三王时代，则是采取颠覆办法，取得政权。春秋战国以来，诸侯之间的互相征伐，多得数不清。当天下混乱时，谁能善于抵巇，谁就能占据上风。

解读

革去腐朽的旧事物，迎接适时的新事物

鬼谷子认为，对于“抵”的运用方法不能因循守旧，而是要因时而变。

革旧迎新是历史发展的必然趋势，是个人的意志所无法转移的。荆轲刺秦王的壮举最终以失败告终，他那不畏强暴、不怕牺牲的英雄气概一直为人们所称道。然而，从另外一个角度来说，荆轲的刺杀行动却是以阻止变革为目标的。当时秦国攻灭燕赵，统一六国，是符合社会发展趋势的，不是某个刺客的暗杀行动所能阻止的，所以荆轲从一出场就注定了失败的结局。

变革旧的事物，绝不是轻而易举的事情，需要一段时间的准备，才能逐渐被人们理解、接受。古代圣王的变革都是顺天应人、大公至正的，没有什么阴谋可疑之事，就像是老虎身上的斑纹一样昭然可见，天下人看得清清楚楚，无不信从。东汉的马融说：“虎变威德，折冲万里，望风而信。”可见，“德”是多么重要。任何人在推行变革之时，能够做到德行天下，革道显明，天下人自然会云集响应，这样的变革前景自然美好。

周文王是一位英明的君王，他在为讨伐荒淫无道的商纣做准备的时候，天下的人认为他是应人顺心，都相信他的决心，都明白他的志向。于是许多才俊之士如太颠、辛甲、闳夭、散宜生等纷纷前来投奔，连邻近的诸侯小国

也都来臣服，他们都聚集到周族正义的大旗之下，为兴周灭商效力。周文王的这些准备为后来的武王伐纣、建立八百年周家天下奠定了坚实的基础。

变革是一个循序渐进的过程，它不能一蹴而就，更不是靠一时热情就能奏效的。它需要分步骤、分阶段地进行。经过反复研究，一旦天时地利人和都有时，只需顺势而行。变革是非常严肃的事情，需要热情，更需要冷静；需要勇敢，更需要智谋。盲目采取行动会有凶险，说明此时宜于审慎稳进，不宜贸然行动。对变革的舆论，必须要经过反复多次的研究探讨，进行审慎周密的考虑安排，证明变革确实合理可行。同时，还要能够得到人们的理解与信任，只有到了这个时候，才可以大刀阔斧地进行变革。

如果不该变革的时候贸然变革，这就有点激进和冒险，其效果不仅难以达到，甚至会适得其反。变革失败不只是失败本身的问题，有时还会造成其他影响。另一方面，若到了该变革的时候还不变革，就会错失良机，贻误大事。

变革成功之后，一定要小心翼翼地维护变革的成果。历朝历代在经济与政治改革获得一定的成功之后，会一再强调要稳定，稳定压倒一切，这样做的目的只有一个，就是维护变革后的成果，使老百姓逐渐享受到变革的利益。如果此时不安守既有成果，仍思变革，势必会过犹不及，导致凶险。

在这个竞争日益激烈的时代，唯有积极变革的企业才能生存，才能在市场竞争中站稳脚跟，走出新的道路，迈上致富的康庄大道。世界旅馆业巨头威尔逊为了把自己的旅馆建成第一流的旅馆，第一次在房间里使用了空调、电视，还为孩子们设计了游泳池，增加了照顾孩子的服务项目，甚至为旅客的小狗设计了居住的免费狗屋。所有这些，在当时都是闻所未闻的。正因如此，当别人的旅馆冷冷清清时，他的旅馆却总是挤得满满当当。

威尔逊旅馆的成功之处，就在于突破了当时一般的经营策略，勇敢地采用最先进的设备，有针对性地设计服务项目，拥有了别人无法企及的优势。反之，若一味固守老传统、老经验，就会掐断财富的萌芽。“当此之时，能抵为右”，这可以看作是鬼谷子对现代人的忠告。

5

建功立业，韬光养晦

【原典】

自天地之合离终始，必有巇隙，不可不察也。察之以捭阖，能用此道，圣人也。圣人者，天地之使[①]也。世无可抵[②]，则深隐而待时[③]；时有可抵[④]，则为之谋[⑤]。可以上合[⑥]，可以检下[⑦]，能因能循，为天地守神[⑧]。

【注释】

①天地之使：天地的代行者。②世无可抵：世，这里指乱世；无可抵，指无可补救。③深隐而待时：隐，隐藏，隐迹。深深地隐藏，等待时机。④时有可抵：有补救的机会。⑤为之谋：为治理乱世而筹划的计谋。⑥可以上合：对上层可以合作。⑦可以检下：对下级可以督促检查。⑧为天地守神：守神，守护神。成为天地的守护神。

【译文】

自天地有离合变化以来，自始至终必有巇罅，为政者不可不察。要发现巇隙，就要用“捭阖之道”，能用此道的就是圣人。所谓圣人，是以挽救天下苍生为己任的人。假如世间没有可“抵”之事时，圣人就隐匿在人民中间，等待时机；一旦世间出现可“抵”之事，就挺身而出，为国家谋划。这些谋划，上可说服君主，下可治理百姓，既依据实际情况，又遵循客观规律，真可谓天地的守护神。

解读

要学会审时度势

几千年以来，中国的有志之士就在出世与入世的两端徘徊。到底什么时候应该入世，建功立业，造福社会；什么时候又应该出世，藏身山林，韬光养晦？鬼谷子的回答是："世无可抵，则深隐而待时；时有可抵，则为之谋。"也就是说，社会问题出现了就做事立功，天下太平了就深隐待时。

《论语》记载，一次，孔子和几位弟子在一起闲聊。孔子让他们谈谈自己的志向。急性子的子路说："一个千乘兵车的国家，夹在大国之间，屡受侵犯，又遇饥荒。若让我治理这个国家，三年工夫，就可以使人人勇敢善战，并懂得做人的道理。"子路的话表明他有建功立业的志向和气魄，但孔子只是微微一笑。接下来，冉求说自己愿意当一个小地方官。轮到公西华时，他说："我不敢说能做什么，不过愿意坚持学习。"三人说完以后，在一边弹琴的曾皙起身说："我的志向嘛，就是在暮春时节，穿上春天的衣服，和五六位成年人，六七个少年，到沂河里洗洗澡，在野外吹吹风，然后唱着歌儿回家。"孔子感叹道："我欣赏曾皙的志向啊！"

孔子漂泊半生，未能施展抱负，晚年则喜读《易经》，他曾对经中的"潜龙勿用"一语有非常精辟的论述，他说："潜龙比喻像龙一样有德有才而隐居的人。世俗改变不了他的节操，他也不追逐功名；从世间隐退不会感到闷闷不乐，不被世人承认也不苦闷。能愉快地实现抱负时，便入世行道；感到忧虑时，便出世隐遁。信念坚定，从不动摇，这样君子的所为便是潜龙的德性。"

"潜龙勿用"，并非无条件的勿用，只是说条件尚未成熟，不易盲动。人都是要进步的，只当个看热闹的旁观者还不行，还要参与到现实中去，成就自己的一番事业，这样才不枉一身的本事。但古人都是反对盲目从政的，如孔子曾评价蘧伯玉说："蘧伯玉这个人真是个君子！国家政治符合大道的时候，他就出来做官；国家政治不符合大道的时候，就能收敛、隐藏自己。"因此，有志于从政的人就需要认真观察。看到“国家政治符合大道”，自己的道义可以得到推行，当然就要积极出来从政，为国家和民众效力。反之，就要收敛自己的言行，使自己隐藏起来，保持自己的节操，以免自己的高贵品格被玷污。

刘备像

孔明未遇刘备时，自是每日草堂酣睡。此时，除徐庶等几位好友了解外，谁又相信他真是一条“卧龙”？等到刘备三顾茅庐，一朝风生水起，卧龙便跃水而出成为飞龙，不但展示了自己的雄才韬略，也成就了刘备的蜀汉政权，使天下形成三分鼎足之势。

“龙潜海角恐惊天，暂且偷闲跃在渊。等待风云齐聚会，飞腾六合定坤乾。”洪秀全二十五岁时说自己是潜龙在渊，并将乾坤写成“坤乾”，倒转了天地，后来果然把清朝的江山搅了个天翻地覆。

鬼谷子所说的“深隐而待时”，也并非消极等待，而是要刻苦磨砺自己、约束自己，把自己修炼成济世之才。

深隐之时要有“韬”。只有时时更新思想，如此方可跟上时代的步伐。反之，如果不与时俱进，思想保守落后，拒绝接受新思想、新事物，那就要落伍，就要被时代所淘汰。清朝政府就是因为拒绝先进的西方文化科技，满脑子的老大帝国的陈旧思想，才遭到列强欺侮凌辱的。同时，深隐时也要眼观六路，耳听八方。正所谓“书生不出门，也知天下事”，等到风云齐聚，即可“飞腾六合定坤乾”。

深隐之时要有“晦”。只有经过剪枝的树木才能长成栋梁，只有勤于自我约束才能成为有用之才。不怕有缺点，只怕看不见缺点。荒地只要勤于耕耘也会变成良田，而一片良田如果从不锄草也会荆棘丛生。不能自我约束的人不但不能改掉缺点，连原来的优点也会逐渐丧失。孟子说：“天将降大任于斯人也，必先苦其心志，劳其筋骨，饿其体肤，空乏其身，行拂乱其所为，所以动心忍性，曾益其所不能。”这就说明，一个人要想创立大事业，必须先在艰难困苦的环境中磨炼心性，然后才经得起巨浪的冲击，担当起“挽狂澜于既倒”的重任。

功成名就之后，又该如何自处？自古以来，“鸟尽弓藏，兔死狗烹”是开国功臣的共同命运。例如勾践杀文种、赵匡胤杯酒释兵权、朱元璋滥杀功臣等。正所谓功高震主，所有开国皇帝都明白，所谓开国功臣，就是那些当初与自己一起爬冰卧雪、风餐露宿打天下的“患难之交”。他们有苦劳、有功劳、有资格与自己平起平坐；他们最了解自己过去的历史，最清楚自己现在的心思；他们距自己的龙椅最近，也是最有能力抢夺龙椅的人。这样的人当然不能留在皇帝的身边了。这个道理，对于懂得的与不懂得的人而言，其最终结果必然是两个样子。

真正聪明的人都懂得“月满则亏，水满则溢”的道理。诸葛亮晚年曾写下了著名的《戒子篇》，文中说：“夫君子之行，静以修身，俭以养德。非淡泊无以明志，非宁静无以致远。”诸葛亮出山时，还向往着统一天下之后重返山林，可惜壮志未酬身先死；春秋时，范蠡看到勾践“只可共患难，不可共处事”的本性，在帮助其大败吴国之后，功成身退，经商治产，富甲一方，落得个逍遥自在；东晋的谢安年轻时隐居于浙江会稽的东山，后入朝为相，在淝水之战中指挥若定，力挽狂澜，后来打算再回东山，可惜不久病死在建康，未能实现避世隐居的意愿。

人都有欲望，都希望能尽可能多地拥有，这是人之常情。然而人的欲望如果无限膨胀，得不到适时的抑制，便会成为贪欲。人如果总是汲汲于物欲之争，对自己的所有总是不知满足，最终势必会走向失败。汉代刘邦的谋士张良和大将韩信就是最好的一正一反的两个例子。

张良明白鸟尽弓藏的道理，功成身退，领了一小块封地，远离朝廷，去过与世无争的日子，最后保全了声誉和性命。而韩信不明白这个道理，不考虑自己的实力和处境，想与刘邦争一口气，最终误了性命。

由此看来，有些时候不去争长短论得失，懂得机智避退，并非是软弱无能，而是一种处世的智慧。其实，不只政界，其他领域的杰出人士，也应该能够审时度势，懂得适可而止的道理。

飞钳第五

本篇中，鬼谷子讲述了引人、服人的“飞钳术”。所谓“飞钳”，其意犹如“捭阖”，不过这里侧重于笼络人才之意。“飞”者，指使人敞开心扉、自由言论的方法；“钳”者，本意指夹住，引申为“控制”，指使人不能自由活动的方法。飞钳之术，即先用动听诱人的话套住对方，从其言谈中察知真实意图，最后使对方为我所用或制服对方。古往今来，一个人要成就大业，就必须有人才辅佐。选用人才的关键，就在于能准确权衡人的智能、才干和气质，并坚持正确的用人方法。

1

发现人才，网罗人才

【原典】

凡度权量能①，所以征远来近②。立势而制事③，必先察同异之计，别是非之语，见内外之辞④，知有无之数⑤，决安危之计，定亲疏之事⑥，然后乃权量之。其有隐括⑦，乃可征，乃可求，乃可用。

【注释】

①度权量能：度，度量，权衡；权，人的计谋，能，能力。意思是度量权略，权衡能力。②征远来近：征，征召；远，远方。这里指征召远方有才能之人。③立势而制事：造成一种态势，掌握变化的规律。④内外之辞：内是实情，外是表面。指对内、对外的各种进言。⑤有无之数：数，数量。指有余不足的程度。⑥亲疏之事：有关亲密或疏远的事情。⑦隐括：隐伏不清之处。

【译文】

只要善于揣度人之权谋和考量人之才能，就能吸引远近人才为我所用。为统帅者，要造成一种声势，制订事业目标，这是网罗人才的前提。在“立势而制事”的前提下，考察此人与哪些人意见相同，与哪些人意见不一；考察此人对是与非的判断；考察此人对内对外的言辞有什么差别。通过这些，可以得知此人的虚实有无。还可以令此人提供决定事关安危的计谋，考察其设谋决断的能力；还可以问此人与谁亲近和与谁疏远，考察其处理人事关系的能力。最后，把以上情况综合起来加以衡量，就可对此人的综合素质进行大致的判断。最值得重视的，是那些具有“可塑性”的人才。对于可塑之才，可以征召，可以聘请，可以使用。

解读

统帅要善于发掘和运用各种人才

为统帅者，必须得到人才的辅佐，才可能成就大业。要得人才，首先要识人才，这就需要有鉴人之术。正如鬼谷子所言，“凡度权量能，所以征远来近”。为统帅者若不能鉴人识人，便是身边人才济济，也会视而不见。

春秋时期，楚国人卞和为国献宝玉，楚厉王与楚武王有眼无珠，卞和一献失左足，再献失右足。幸好贤明的楚文王即位后，主动召卞和进宫，并慧眼识玉，这块宝玉才没有被埋没。楚文王为表彰卞和几次冒死献宝，就将这块宝玉命名为“和氏璧”。

真正有才能潜质的人，往往就像那块“和氏璧”一样，一眼看上去平淡无奇，只有通过有识之士的发现、举荐和精心培养，才能展现出真正的才华和价值。

春秋时期，晋国有个大夫叫祁黄羊，很善于举荐人才。有一天，晋王问他：“你觉得谁适合做南阳县令？”他说：“解狐。”晋王奇怪地问：“解狐不是你的仇人么？”他说：“我只推荐合适的人，不管他是不是我的仇人。”解狐上任以后，非常称职，百姓们都很满意。后来，晋王又问祁黄羊：“谁做京城的尉官合适呢？”他说：“祁午。”晋王又问：“祁午不是你的儿子么？”他还是说："我只推荐合适的人，不管他是不是我的儿子。"祁午上任后，果然也很称职。孔子知道这件事后，称赞说："祁黄羊推荐人只看才能，不论亲仇，说出的话经得起事实的考验，真是个诚实可信、大公无私的人啊！"

人们常说，"千里马常有，而伯乐不常有"，说明伯乐难找，其实伯乐也难当。如果祁黄羊不从社稷利益出发，他就很难做到唯才是举了。因此，当好伯乐，必须先做品德高尚的人。人才问题关系到国家兴衰大事，墨子云："国有贤良之士众，则国家之治厚。贤良之士寡，则国家之治薄。"可见人才的重要性。人才是一种资源，更是一种财富。

古代杰出的政治家大都是善于用人的高手，唐太宗李世民就深谙此道。唐太宗认为"致安之本，惟在得人"，所以他很重视选官用人。他求贤若渴，为了改善吏治，争取各地主集团的支持，他选拔任用了许多有才能的人担任中央要职。这些人出身不同，代表了各种势力，有原秦王府的臣僚，有追随李建成反对他的政敌，有关中军事贵族和南北士族，也有出身低微的寒门人士。由于唐太宗在一定程度上能够"拔人物不私于党"，以才取人，甚至破格用人，所以贞观时期人才济济，出现了一批对国家的治理有杰出贡献的著名将相，如房玄龄、杜如晦、魏征、李靖、李勣等。这些谋臣猛将为李唐王朝发挥了自己的聪明才智，保证了唐朝的政治稳定和各种政策的施行。这与"贞观之治"局面的形成是密切相关的。

晚清的曾国藩统率湘军，战功卓越。他之所以取得令人瞩目的成功，最重要的便是对人才的重视。曾国藩认为"国家之强，以得人为强"，并说，善于审视国运的人，"观贤者在位，则卜其将兴；见冗员浮杂，则知其将替"。他将人才问题提到了关系国家兴衰的高度，把选拔、培养人才作为挽救晚清王朝统治危机的重要措施，像李鸿章、左宗棠、李善兰、华蘅芳、徐寿等许多影响近代中国历史的人物都是得到曾国藩的提拔和赏识而得以发挥才能的。

历史上，有过很多用人不当导致事业失败的教训。如北宋杰出的政治家王安石，在宋神宗的支持下开始变法。一场轰轰烈烈的变法运动，最终却归于失败。失败的原因，除了深刻的社会、政治原因外，与王安石本身也有很大的干系。王安石自身很有才华，但过于自信，以至于到了自大的地步；他识人不准，在实施变法的用人方面多有失误。当时，由于得不到朝中重臣的支持，王安石只好找那些急于上进的新人，且把他们都想象成像他一样为国分忧、为民请命的清官。然而，这些人不仅缺乏实际操作经验，而且都把变法作为晋身之阶，参与变法动机不纯。王安石的重要支持者与助手，如吕惠卿、章敦、曾布、蔡卞、吕嘉向、蔡京、李定、邓绾等，都属于人品不正者，甚至大多数后来都进了《宋史》的奸臣传中。用一些人品不好、胸怀私心的人进行变法，再好的设想也是得不到正确的实施。

人们都知道“滥竽充数”这个典故。南郭先生滥竽充数的伎俩之所以能够得逞，其最大的责任不在南郭，而在齐宣王。身为一国之君的齐宣王被南郭的花言巧语所蒙骗，犯了失察的大过。还好南郭先生只是一个在乐队里混饭吃的市井无赖，要是在一个集体里面，所谓的“人才”都像南郭这样，其后果将不堪设想。

无论一个国家还是一个企业，若要取得进步和发展，都要善于发掘和运用各种人才。作为领导者、统帅，要想取得成功，都必须善于发现人才，网罗人才，礼待人才，并且大胆使用，因才授职，尽其所长。如果不善用才，即使人才多如过江之鲫，对国家和企业也是起不到作用的。

2

巧用辞令，“钳”住人才

【原典】

引钩钳之辞①，飞而钳之。钩钳之语②，其说辞也，乍同乍异③。

【注释】

①引钩钳之辞：钩是弯曲金属所作的钩针，比喻引诱他人的言论。②钩钳之语：即为引诱对方和挟持对方所说出的话。③其说辞也，乍同乍异：乍，忽然；同，相同；异，差异。这里是说钩钳之语，对于对方的言论，忽然相同，忽然不同。

【译文】

先用话诱使人才说出实情，然后通过褒扬赢得其心，以此来钳住对方。钩钳之语是一种游说辞令，如何使用，应根据谈话情况而定，或同或异，没有什么死规矩。

解读

礼贤下士，吸引人才

通过鉴人之术锁定人才之后，怎样吸引人才为我所用呢？只知鉴才而不能用，岂不可惜？在这里，鬼谷子提出了“飞而钳之”的办法，即首先要了解对方，其次要以褒扬的方式俘获其心。

商朝末年，周文王为了实现灭商兴周的大计，四处网罗人才。由于他礼贤下士，许多才俊之士纷纷前来投奔。但周文王还是不满足于已有的人才储备，仍然四处搜寻。一次周文王将出外狩猎，占卜得到："捕获的不是龙、不是虎，也不是罴，而是独霸天下的辅臣。"于是，周文王西出狩猎，果然遇姜尚于小溪之上。两人谈论之后，周文王大喜，说："我的祖先曾经预言说：'将来会有圣人到达周邦，帮助周国振兴。'难道说的就是您吗？我的祖先太公盼望您已经很久了。"于是称姜尚为"太公望"，立为周之国师。姜尚也不孚众望，辅佐文王，一面加紧生产，一面训练兵马，先后灭掉了密须等助纣为虐的诸侯国家，使周的疆界大为扩展，为灭商奠定了坚实的基础。

作为一个心有大志之人，能够做到屈己求贤，那么天下贤能的人就会云集而响应，一齐聚他的麾下，为他的事业出谋划策。

战国时，群雄争霸。燕国因为内乱，加之齐国的侵略，国力日渐衰败。燕昭王继位以后，想重振国威，可是手下无人。一天，他去拜见贤士郭隗，诚恳地说："我想招纳贤士，却不知道先去请谁才好，请先生教我！"郭隗说："我给大王讲个'千金买马骨'的故事。从前，楚王很想得到一匹千里马，不惜拿出一千镒金子来买马，但三年过去仍一无所获。楚王又派一位侍臣到民间四处访寻。一天，侍臣得知一个人家里有匹千里马，高兴极了，哪料他急匆匆赶去的时候，那匹千里马已经死了。侍臣就拿出五百镒金子，买下了这匹千里马的尸骨，带回去见楚王。楚王看到死马，非常生气，说：'我要的是活的千里马，你买匹死马有什么用！'侍臣说：'大王息怒，您付五百镒金子买一匹死马，天下人知道了，还怕没人把千里马送上门来？'果然，不到一年，楚王先后得到三匹千里马。如今，大王希望招致天下贤才，就请把我当作'死马'吧，那些比我更贤能的人听到这个消息，肯定会来投奔您的！"

燕昭王大喜，立刻拜郭隗为老师，为他造了一幢华丽的住宅。消息一传开，乐毅、邹衍、剧辛等有才能的人，纷纷来到燕国。燕昭王对他们都委以重任。在群贤的辅佐下，燕昭王经过二十八年的励精图治，使得燕国日益富强。后来，乐毅指挥燕国军队，将强大的齐军打得一败涂地，报了当年的破国之耻。

历史上敬重人才的例子还有很多。春秋时，齐桓公不计前嫌，任用管仲为相，成就春秋霸业；三国时，曹操听说许攸来访，喜出望外，连鞋子穿反了都不知道，但是后来在许攸的帮助下，曹操赢得了著名的官渡之战；刘备“三顾茅庐”，终于请得诸葛亮出山，为他创下了三分天下的霸业；而唐太宗李世民的礼贤下士更胜人一筹，他居然四次下诏，请出身贫寒的马周出来做官。只有热情、诚恳地对待人才，才能赢得有识之士的诚心相助，从而成就大业。

《世说新语》中记载了一个故事，说一个叫顾荣的高官在洛阳，一次应邀赴宴，发觉端烤肉的人露出很想吃烤肉的神态，就把自己那一份让给了他。同席的人都讥笑顾荣，顾荣说：“哪有成天端着烤肉，却不知道烤肉滋味的道理?”后来顾荣遇上战乱，过江避难，路上每逢遇到危难，总有一个人在身边保护。一问缘由，原来就是受赠烤肉的那个人。

风平浪静的时候，聚集在身边的人，不一定是真正的知己，一旦事到临头，这些人就作鸟兽散了。但在危难之时能不离不弃，携手共渡难关的人却一定是真正值得珍惜的朋友。所谓“疾风知劲草，日久见人心”，说的就是这个意思。

李元度被曾国藩称为“患难与共”的人，他早期与曾国藩的关系十分密切。曾国藩兵败靖港的时候，曾数次愤而自杀未遂。当时，在他身边“宛转护持，入则欢愉相对，出则雪涕呜愤”的人就是李元度。后来湘军在九江水域大败，损失惨重，曾国藩“愤极，欲策马赴敌而死”，被李元度劝止。在此困难之时，李元度投笔从戎，“护卫水师，保全根本”。在咸丰六年的时候，湘军周风山的军队在江西樟树镇被太平军击溃，曾国藩部下再无得力陆军，完全依仗李元度率领的平江勇士“力撑绝续之交，以待楚援之至”。在曾国藩困守江西最为艰难困苦的岁月里，李元度始终不离不弃、倾力辅助，最终帮助他走出了艰难的时期，为以后的东山再起赢得了宝贵的机会。

把人才当做朋友、知己一般对待，使其怀有知遇之感，自然不难赢得人才之心，从而为自己的事业加上一枚重重的砝码，这是古今中外无数成功者的成功秘诀。

3

恩威并施，控制对方

【原典】

其不可善者[①]，或先征之，而后重累[②]；或先重以累，而后毁之。或以重累为毁[③]；或以毁为重累。其用[④]或称财货、琦玮[⑤]、珠玉、璧帛、采色以事之[⑥]，或量能立势以钩之[⑦]，或伺候见𡷫而钳之，其事用抵巇。

【注释】

①不可善者：即使运用钩钳之法也不能转移的人。②重累：反复。③以重累为毁：通过反复试验，以使对方瓦解。④其用：准备要采用时。⑤财货、琦玮：财货，钱财货物；琦玮，珍贵宝玉。⑥以事之：给予试验。⑦以钩之：用来吸引他们。

【译文】

对于那些以钩钳之术仍没法控制的人，或者首先对他们威胁利诱，然后再对他们进行反复试探；或者首先对他们进行反复试探，然后再对他们加以攻击摧毁。有人认为，反复试探就等于是对对方进行破坏；有人认为对对方的破坏就等于是反复的试探。想要重用某些人时，或者先赏赐财物、珠宝、玉石、白璧和封地，以便对他们进行试探；或者通过衡量才能创造态势来吸引他们；或者通过寻找漏洞来控制对方。在这个过程中要运用"抵"之术。

解读

善用恩情来维系与臣下的关系

鬼谷子认为，是否能够让各种各样的人才为己所用，是评判一个领导者是否合格的重要标准。而"钳"——也就是以正确的方法控制人才，则是使用人才的有效手段。

欲成大业，人才的重要性是不言而喻的。能收揽人才，并且能驾驭驱使之，那么就有可能成就大业。若无人才相助，或有人才而不能用，最后必然成不了大事。汉高祖刘邦在未起事之前不过是一地方小吏，在后人看来甚至还有些好吃懒做、不务正业之嫌。最后能成为大汉帝国的开国皇帝，不是因为他有不世之才，而是因为他有张良、萧何、韩信等一群栋梁之材的辅佐。当然，有栋梁之材相助，还要知人善任并合理驾驭之，如此才能成就大业。韩信、陈平、黥布等人都曾是项羽的部下，归附刘邦之后都被重用。

以张良、萧何、韩信等人之才，为何甘愿受刘邦驱使？刘邦必然有其过人之处，照韩信的说法是，他"善将将"。从刘邦封韩信、彭越的举动中，我们就能领略刘邦"善将将"的本领。

秦亡后，刘邦和项羽争夺天下。刘邦逐渐由劣势转为优势，于是领兵追击楚军，在阳夏南安营扎寨，派人与大将韩信、彭越约定日期会师。可是到了约定日期，韩信、彭越的军队并没有开来。刘邦孤军深入，被楚军击败，只好退却下来，坚守壁垒。刘邦又急又怒，于是请来张良求教对策。张良分析了当时的形势，说："现在楚军眼看就要完了，可韩信和彭越还没有得到封地。两人功勋卓著，本应封王，现在您若允诺灭楚后给韩信、彭越封王，他们必定前来助战。这样，几路大军联合，消灭楚军就易如反掌了。"刘邦依计而行。韩信、彭越很快出兵，几路大军会师在垓下，韩信用十面埋伏消灭了项羽的残部，逼得项羽自杀。刘邦终于登上了皇帝的宝座。

刘邦善于审时度势，从谏如流，这是明君必备的素质，也是人才甘愿为其效力的原因。

人们讲究"滴水之恩，涌泉相报"，于是就有了"生当陨首，死当结草"、"士为知己者死"、"壮士死知己，提剑出燕京"等说法，这无一不是"感情效应"的体现。君主善用恩情来维系与臣下的关系，这也是历史上的常见现象。

刘备与诸葛亮，可以说是君恩臣忠的典型例子。诸葛亮感激刘备三顾茅庐的知遇之恩，出山后尽心竭力辅佐刘备，深得刘备的信任。刘备临终前，曾将自己的儿子刘禅托付给他，请他帮助刘禅治理天下，并且诚恳地表示："你能辅佐他就辅佐他，如果他不好好听你的话，干出危害国家的事来，你就取而代之。"刘备死后，诸葛亮殚精竭虑，帮助后主刘禅治理国家。曾经有人劝他进晋称王，被他严词拒绝，他说："我受先帝委托，已经担任了这么高的官职；如今讨伐曹魏没见什么成效，却要加官晋爵，这样做不是不仁不义吗?"诸葛亮六出祁山，北伐中原，最终积劳成疾，病死在五丈原。诸葛亮的一生，可以说是为蜀汉"鞠躬尽瘁，死而后已"，这固然是他具有匡扶乱世之志，而刘备的善施恩德在其中也发挥了很重要的作用。

所以说，感情投资是做大事的人必须掌握的一种手段。在这当中虽然不乏统治者收买人心的把戏，但它也包含着管理上的一些基本原则。因为只有让人们切实感受到获益，人们才会真心拥护你，并发自内心地跟随你创业图强。总之，要想留住人才，就一定要好好经营你的感情投资。

在现代社会中，这种做法仍然还是很有市场的。以现代企业管理为例，聪明的管理者在工作生活中，会主动给下属以恩惠，让下属有"大树底下好乘凉"的感觉，让他们既感觉到温馨，又感受到安全。这样富有人情味的上司必能获得下属的衷心拥戴。有人说“世界上没有无缘无故的爱”，只有和下属搞好关系，赢得下属的拥戴，才能调动起下属的积极性，激发他们努力工作的热情，为事业的发展尽心尽力。

4

探明实情，以获重用

【原典】

将欲用之于天下①，必度权量能，见天时之盛衰，制②地形之广狭，岨崄之难易，人民货财之多少，诸侯③之交孰亲孰疏，孰爱孰憎。察心意之虑怀，审其意④，知其所好恶⑤，乃就说其所重⑥，以飞钳之辞钩其所好，乃以钳求之。

【注释】

①用之于天下：把飞钳之术推广到全天下。②制：控制，引申为掌握、了解。③诸侯：古代对中央政权所分封各国国君的统称。周朝分公、侯、伯、子、男五等。④审其意：详细考察他们的思虑和希望。⑤知其所好恶：了解他们的好恶。⑥说其所重：游说其所重视的问题。

【译文】

如果想把飞钳之术用之于天下，必须考核人的权谋和才能，观察自然和社会以及了解天地的盛衰，掌握地形的宽窄和山川的险阻，了解人民财富的多少。要考察各诸侯的交往中谁与谁亲密，谁与谁疏远，谁与谁友好，谁与谁相恶。要详细考察和分析对方的想法和胸怀，审察其意向，了解其好恶，然后抓住对方最注重的问题游说他，先用“飞”的方法投其所好，说出能使他高兴的话，然后再用“钳”的方法控制他，使他信任你，重用你。

解读

探出对方爱好之所在，用“钳”的方法控制住对方

一般而言，不管办什么事情其实都是对某种利益的追逐，而要想从他人那儿获得某种利益，又必须保持一种相对稳定的利益平衡关系。就是说，在利益问题上不能总一头轻、一头重，不能让对方一味地付出，而是应在其付出之前或付出之后总能有所得。这种获得当然不限于物质上的，也包括精神上、感情上的。正是基于这种利益平衡关系，就有了欲取先予的谈判方法。

在谈判中，“欲取”的目标必须暂时隐藏不露，且在未露之前投其所好，先给对方甜头尝尝，待对方尝得高兴了，再顺势把自己“欲取”的目标提出来。因为对方先得到了甜头，不但心情好，而且还可能产生知恩图报的心理，在这种心理驱动下，很容易答应己方的请求。

可以说，先予的成果如何，直接关系到预取的目标实现。鬼谷子认为，可以先探出对方的喜好，然后再采取行动，这样就可以控制对方，从而达到自己的目的。这是一条屡试不爽的方法，接近人，先从他的爱好下手，会得到更多的好感和信任，并且能迅速地收到效果。有一次，美国《黑檀》月刊的主编约翰逊想要拉到森尼斯公司的广告。当时，该公司的首脑麦唐纳是个极其精明能干的人。

开始，约翰逊先写了一封信给麦唐纳，要求和他当面谈谈森尼斯公司的广告在黑人社会中的重要性。

麦唐纳当即回信说：“来信已经收到，不过我不能见您。我并不主管

广告。”

约翰逊并不气馁，他又写了封信给他，问：“我可不可以拜访您，谈谈在黑人社会进行广告宣传的政策。”

麦唐纳回信道：“我决定见您。不过，要是您想谈在您的刊物上登广告的事，我立刻就结束会见。”

约翰逊翻阅了美国名人录，发现麦唐纳是一位探险家，曾到过北极，时间是在汉森和比尔准将于1909年到达北极后的几年间。汉森是黑人，他曾就自身的经历写过一本书。

这是个可以利用的条件，约翰逊本能地觉察到。

于是，他找到汉森，请他在自己的书上签名，以便送给麦唐纳。此外，他又想起汉森是他们写文章的好题材，于是，他从还未出版的《黑檀》月刊中抽去一篇文章，而代之以介绍汉森的一篇文章。

麦唐纳在约翰逊走进他的办公室时，第一句话就是：

“看到那边那双雪鞋没有？那是汉森给我的。我把他当做朋友，你看过他写的那一本书吗？”

“看过”，约翰逊说，“凑巧我这里有一本，他还特地在这本书上签了名。”

麦唐纳翻着那本书，显得很高兴。接着，他又说：“您出版一份黑人杂志，在我看来，黑人杂志上该有一篇介绍像汉森这样的人的文章才对。”

约翰逊对他的意见表示同意，并将一份7月份的杂志递给他。

然后告诉他，创办这份杂志的目的，就是为了宣传像汉森这样克服一切障碍而达到最高理想的人。

这时，麦唐纳合上杂志说：“我看不出我们有什么理由不在您的杂志上登广告。”

约翰逊开始拉广告受挫后，并不气馁。他知道每个人都有乐意显示自己辉煌成绩的心理，根据麦唐纳的经历，变换了接近麦唐纳的方法，攻心求同，终于使麦唐纳答应在他的杂志上刊登广告。

5 了解他人，为我所用

【原典】

用之于人①，则量智能②、权财力、料气势，为之枢机③，以迎之、随之，以钳和之，以意宣之。此飞钳之缀④也。

【注释】

①用之于人：将飞钳之术用于为人处事。②智能：智慧和才能。③枢机：枢是门轴；机是枢纽。指关键和重点。④飞钳之缀：缀，连接，缀合。这里是说飞钳之术的连带作用。

【译文】

如果把“飞钳”之术用于处事上，就要权衡对方的智慧和能力，度量对方的实力，估计对方的气势，以此为根据来迎合他、顺应他，进而牢牢掌握对方，以友善的态度告诉他成败得失。这就是“飞钳”的妙用。

解读

善用他人之长

人才是每个国家的一“宝”，不可缺少，掌握用人的技巧十分重要，鬼谷子教给我们要妙用“飞钳”之术，就要了解各种人才的长处，并善于利用这些长处。看了下面这个故事，我们会对善于利用人的长处的高妙拍案叫绝。

子发是楚国的一位将领，他特别注意选揽人才，善于利用这些人的长处为自己服务。楚国有一位擅长偷窃的人听说了这件事，便去投靠子发。小偷对子发说："听说您愿意使用有技艺的人，我是个小偷，以前不务正业，如果您能收留我，我愿意为您当差，以我的技艺为您服务。"

子发听小偷这么说，又见他满脸诚意，很是高兴，连忙从座位上起身，对小偷以礼相待，竟连腰带也顾不上系紧、帽子也来不及戴端正，小偷见子发果然是真心，简直是受宠若惊了。

子发手下的官员、侍从们都劝诫说："小偷是天下的盗贼，为人们所不齿，您怎么对他如此尊重？"

子发摆摆手说："你们难以理解，以后就会明白的，我自有道理。"

适逢齐国兴兵攻打楚国，楚王派子发率领军队前去迎战齐兵，结果，连续交锋 33 次，楚军都败下阵来。

军帐内，子发召集大小将领商议退兵的策略，将领们想了好多计谋，个个忠诚无比，可是对击退齐兵却一筹莫展，而齐兵反而愈战愈勇。

面对紧张的形势，那个小偷来到帐前求见，主动请缨。小偷说："我有个办法，让我去试试吧。"子发见没有什么好办法，也就点头同意了。

于是，夜间小偷溜进齐军军营内，神不知鬼不觉地将齐将首领的帷帐偷了出来，回到楚营交给了子发。子发便派了一个使者将帷帐送还齐营对齐军说："我们有一个士兵出去砍柴，得到了将军的帷帐，现前来送还。"齐兵面面相觑，目瞪口呆。

第二天，小偷又潜进齐营，取回来齐军首领的枪头。子发派人送还。

第三天，小偷第三次进了齐营，取回来齐军首领的头发簪子。子发第三次派人将簪子送还，这一回，齐军首领惊恐万分，不知所措。齐军军营中议论纷纷，各级将领大为惊骇。于是，齐军首领召集军中将士们商议对策，首领对大家说："今天再不退兵，楚军只怕要取到我的人头了！"将士们无言以对，首领立即下令撤军。

齐军终于退兵而走，楚营内大大嘉奖了那个立功的小偷，众将士无不佩服子发的用人之道。

窃贼的本领就是偷窃，偷窃本来是为人所不齿的，但是，被用人者善加利用之后，却变成了一个独一无二的长处，最后竟然依靠“偷窃”改变了战局。每个人都会有自己的长处，作为领导者应该善于利用下属的长处，让下属的才能得到最好的发挥。

春秋时期的管仲指出：“明主之官物也，任其所长，不任其所短。故事无不成，而功无不立。”也就是说明智清醒的用人者懂得用人之长，善于从人的长处着眼，这样办事才会成功。

人才是一个国家发展强大的根本，留住和利用人才，是领导者必须具有的能力。

6 可以建功，不可居功

【原典】

用于人①，则空往而实来②，缀而不失，以究其辞。可钳而纵，可钳而横；可引而东，可引而西；可引而南，可引而北；可引而反，可引而覆。虽覆能复，不失其度。

【注释】

①用于人：用在对人的关系上。②则空往而实来：用好听的空话，突出对方的实情。

【译文】

如果把“飞钳”之术用于对人，可用好听的空话去套出对方的实情，但要与对方的事业紧紧联系，勿使失误；还要经常研究对方的辞令，揣度其意图。这些关键点把握之后，就可钳住对方，或纵或横，或东或西，或南或北，或反或覆。尽管如此，还是要谨慎从事，不能丧失节度。

解读

人才控制需谨慎，不可丧失其节度

当我们找到了一个好的平台之后，自然希望得到别人的重用。这时，就不能空逞口舌之能，还必须做出实际的业绩来。这就是鬼谷子所说的“缀而不失”的道理。如若不然，就会像诸葛亮舌战群儒时讥讽张昭的那样，“坐议立谈，无人可及；临机应变，百无一能”，那岂不有“纸上谈兵”之嫌了。

有一则古代寓言，说鲁国有一个人非常喜欢钓鱼。他用名贵香料肉桂做鱼饵，用黄金打造钓鱼钩，整个渔具还点缀上银丝及碧绿的玉石，垂钓的丝线是翡翠色的。他拿竿的姿势非常标准，选择钓鱼的位置也很正确，但是钓到的鱼却没有多少。

所以，做任何事情，都不能只将注意力单纯放在外在的形式上，而忽视了其实际的效用。同样，为人所用，就要拿出真才实学来，而不能过分追求搭花架子装点门面，这是很难有所收获的。

当年，孙武向吴王阖闾进献兵法十三篇，即后世所称道的《孙子兵法》。吴王读后大悦，当即任命孙武为大将。史载，孙武曾率兵“西破强楚，入郢，北威齐晋，显名诸侯”，为吴国的霸业立下赫赫战功，从而赢得“兵圣”的千古美名。

古代辅佐帝王的名将名相，一般都具备“进不求名，退不避罪，唯民是保，而利合于主”的精神。只有这样的将相，才能称得上是国家的宝贵财富。蜀汉丞相诸葛亮在率军攻打魏国前，曾写下《出师表》，表明自己“鞠躬尽瘁，死而后已”的心意。但是在连胜几阵的大好形势下，由于错用“言过其实”的马谡镇守街亭，导致街亭失守，蜀军一下子转胜为败，以至满盘皆输，只好撤军回国。诸葛亮为了严肃军纪，挥泪斩了马谡。他对自己也作了深刻的反省和自责，上奏幼主刘禅，请求把自己连降三级，并将自己的过错公布于全国。诸葛亮的所作所为，令人钦佩，真不愧为“国之宝”。

用之于人后，靠自己的努力做出了成绩，积攒了一定的威望，这是令人快慰的事。但是也要当心，“木秀于林，风必摧之”，这会引起小人的妒忌。在某种特定的情况下，甚至会引起君主的猜忌。唐时贤相魏征，常常当面指出唐太宗的过错，让唐太宗下不来台。有时唐太宗也恼得慌，甚至想把他杀掉。但恼过之后，仍是觉得魏征不错。他说：“别人说魏征疏慢，可我总觉得他妩媚好看。”魏征因犯颜直谏，虽总有被杀头的危险，但始终有惊无险，一方面是因为魏征心地磊落，所作所为都是为了国家；另一方面，则是因为他遇到的是唐太宗这样的明君。在古代历史中，同样是为国出力、肝脑涂地，因为遇到的君主不同，结局往往会大相径庭。战国时代著名改革家商鞅的悲剧性结局就是一例。

战国时期，秦孝公任用商鞅实施变法。商鞅变法取消了贵族的特权，规定重新按军功大小给予爵位。贵族由此失去了无功受禄的特权，对商鞅十分不满。而秦国经变法以后，很快强盛起来，生产力大大提高，国库充盈，将士作战勇猛，威震六国。商鞅因变法有功，受封商地十五邑，号称商君。在变法过程中，太子的老师触犯了法律，商鞅为了使新法能得以实施，依法进行了严厉的处置。太子曾为老师向商鞅说情，但无济于事。从那时起，太子便对商鞅恨之入骨，欲除之而后快。孝公驾崩后，太子嗣位，史称惠文王。有人趁机诬陷商鞅谋反。惠文王虽然清楚商鞅没有谋反，但为了出气，还是下令逮捕商鞅。商鞅此时在自己的封地，听到消息便只身逃走，打算潜往别国躲避。这天，天色渐渐暗了下来，商鞅急于逃离秦境，便匆匆赶路，来到关下，不想被守关军士拦住，声称：“商君有令，黄昏后非公事不得出城。”商鞅只好来到一家旅店，要求住宿，老板走出来说：“请问您是谁，我要接待了身份不明的人，会被杀头的。这是商君的法令，违背不得呀！”商鞅当然不敢承认自己的身份，他走出旅店，仰天长叹道：“想不到我自己制订的法律，竟反过来害了我自己！”商鞅后来被抓回咸阳，受车裂之刑而死。

商鞅为秦国的强盛而主持变法，不畏权贵，执法如山，称得上功劳盖世，可惜最后仇家变成了持有生杀大权的君主，而其行程却被自己制订的法令所延误，“作法自毙”，最终惨遭车裂酷刑而死，实在是可悲可叹。

在社会上打拼的人，难免遇到危难，这时既要积极进取，同时也要格外小心谨慎。不谨慎无以身安，不进取无以脱困。谨慎和进取犹如硬币的两面，任何一面都不可偏废。过分谨慎而不进取，就易变为保守；过分进取而不谨慎，就易变为冒进。保守会逐渐落后，并导致最后衰败；冒进会使根基不稳，并导致倾覆。这两种情况就像孔子说的“过犹不及”一样。

最后，当功名升到一定的程度，就不该再有野心了。如若再升就有逼上的嫌疑，这时就需要妥善处理自己的地位与升晋之间的矛盾。此时应该好好经营自己的那份事业，用自己的功劳，铺垫好今后的路，免得自己的基础不牢靠。如果当止不止，就很可能会引火烧身。太平天国的东王杨秀清就是因为这样而遭杀身之祸的。

太平军金田起义后，杨秀清封东王，称九千岁，掌握军政，节制诸王。他是起义军前期的实际指挥者，曾指挥太平军成功地突围永安，攻克武昌、汉口、汉阳等重镇。太平天国定都天京（今江苏南京）后，他又筹划、组织了太平军第一次西征和北伐诸战役，战功显赫，位高权重。杨秀清居功自傲，与天王洪秀全的矛盾逐渐加剧。在太平军连破清军江北、江南大营后，他逼洪秀全封他为“万岁”。洪秀全遂下密诏，命令领兵在外的韦昌辉、石达开等返回天京除去杨秀清。韦昌辉率部抵达天京后，突袭东王府，杀了杨秀清全家。

由此可见，我们需要在谨慎和进取二者之间找到一个平衡点，使前进的路途更加平坦通畅。其实，这个点不是轻易就能找到的，这就要做到鬼谷子所说的“虽覆能复，不失其度”。这需要我们自身拥有较高的修养和智慧。只有这样，当遇到任何事情的时候，我们才可以举重若轻，拿得起，也能放得下。

忤合第六

本篇讲了“以忤求合”的忤合术。忤合，本意指违背一方的意愿，而合于另一方的意愿。忤合的实质是指在处事、论辩或游说中，要准确判定形势，当进则进，当退则退，灵活决定自己的立场，以求实现自己的目标。鬼谷子认为，万物皆在变化中，变化才有发展，正所谓“世无常贵，事无常师”。运用忤合之术，首先要认清自己的目标，知道该联合谁、反对谁，同时有针对性地研究具体事物，做到知己知彼。这样才能进退自如、游刃有余，将主动权牢牢掌握在自己手上。

1 联合还是对抗取决于事态发展

【原典】

凡趋合倍反①，计有适合。化转环属②，各有形势③。反复相求，因事为制④。

【注释】

①趋合倍反：趋合是趋向合一，相当于“合”；倍反是背逆，相当于“忤”。倍，同“背”。②环属：像铁环一般连锁起来而没有裂缝。③形势：事物变化发展的态势。④因事为制：因，依据、凭借；制，法则，法度，控制。这里是指要根据实际情况进行控制。

【译文】

无论是联合还是对抗的行动，均要有合宜的计谋。所向与所背的双方，就像圆环一样旋转而无中断，各有自己的形势。对于各方的具体情况，应反复进行研究。根据事态的发展，决定自己的态度。

解读

善于选择盟友

在纷繁复杂的社会生活中，当彼此对立的各方都邀请自己加入的时候，应该接近谁，远离谁？弄清这一点是很重要的。鬼谷子给出的答案是“因事为制”，也就是根据事态的发展来决定。

有一则寓言，说有一天，狼的使者来到羊群里，许诺说：“如果你们把守护你们的狗抓住杀了，我们以后就不再吃你们了，让你们过上安静的日子。”这时，有只年老的公羊站出来说：“我们怎么能相信你们，并同你们共同生活呢？有狗保护我们的时候，你们还闹得我们不能安心地吃顿饭呢。”

聪明人不会轻信敌人的诺言，而放弃自己的安全保障。相信敌人的诺言无疑是愚蠢的，而选择自己盟友的时候，则一定要睁大眼睛。

春秋时期，鲁国是一个弱小的国家，经常受到其他大国的威胁。鲁国国君为了巩固统治，想和晋、楚这两个大国结交，就准备把自己的几个儿子派到晋、楚两国去，名义上是当官，其实是当做人质。鲁国大夫犁鉏不同意这样做，他对鲁君说：“大王，如果您的儿子落水了，您到越国去求人救他，越国的人虽然善于游泳，但也救不活您的儿子；如果鲁国失火了，您到海里去取水，海水虽多，也不能及时扑灭大火，这是因为远水难救近火啊！现在晋国和楚国虽然强大，但距离鲁国很远。离我们最近的大国是齐国，如果让公子去齐国，我们和齐国结交，当鲁国有难时，齐国能不来相救吗？”鲁君认为他说得很有道理。

鲁国国君舍近而求远，准备结交一些根本帮不上忙的盟友，这种做法违背了常理，显然是错误的。但是他联合大国，寻求安全保障的做法是正确的。有时候，当我们面临共同的威胁时，单打独斗是很难有胜算的，此时应该建立一个统一的战线，团结一切可以团结的力量以克服困难。古语云："人心齐，泰山移。"只要有足够的力量联合，即使是泰山挡道，也可以将它移开。

历史上许多有远见的政治家都因做到了这一点，而改变了敌我力量的对比，使自己走出了困境。比如三国时期，蜀军败于夷陵，被吴国陆逊火烧七百里连营，损兵折将，导致刘备悲愧交加，病死于白帝城。此时，蜀国内部政权不稳，外部魏国大兵压境。其危急情形，正如诸葛亮在《出师表》中所说："先帝创业未半，而中道崩殂；今天下三分，益州疲敝，此诚危急存亡之秋也。"在这国难当头之时，诸葛亮没有盲目决定向东吴复仇，而是首先考虑建立统一战线，恢复与东吴的联盟关系。由于统一战线的建立，进攻蜀国的曹真大军被吴将徐盛打得大败，而诸葛亮由于再无后顾之忧，得以放手南征，七擒孟获，北伐中原，六出祁山，取得了一系列的胜利，为蜀国又赢得了几十年的生存空间。

在政治和军事斗争中，当对立的双方势均力敌、难解难分的时候，第三方的态度就显得非常关键了。当第三方加入某一方以后，就会迅速促成另一方的失败。历史上有不少这样的例子。

明朝末年，李自成率农民军攻占北京，崇祯帝自缢于煤山，明朝灭亡。李自成为招降驻守山海关的辽东总兵吴三桂，派降将唐通带着五万两白银和吴三桂父亲的书信，前去游说吴三桂。吴三桂原本打算归顺闯王，但又得知李闯王政权镇压明朝权贵，自己的父亲被追赃拷打，家产全被查抄，连他最宠爱的小妾陈圆圆也被掳走了，他一气之下，杀了李闯王的使者，给清朝的睿亲王多尔衮写信，请求他发兵，征讨李自成。清军早就想进关，统治整个中原了。所以，多尔衮立刻率清兵进入山海关。李自成得知吴三桂不肯投降，就亲率大军，和吴三桂大军在山海关附近决战。两万清军骑兵从右边突袭农民军，农民军大败。后来，清军彻底打垮了李自成，进入北京，顺治皇帝登位，统一了中国。

站在一起的盟友，并非各方面都完全一致，因此必须异中求同。这需要有人积极主动，才可以很快地找到共同点，来解决共同面对的问题。如果双方或多方都自顾矜持，不去主动解决问题，寻找共同点，只是盯着别人与自己不同的地方，那无论到什么时候，都不可能找到彼此的共同点。

20 世纪 30 年代的中国，处于内忧外患之中。1935 年，日本侵略者发动了震惊中外的华北事变，一下子把亡国灭种的危险推到了中国人民面前。此时，民族矛盾已经升级为当时中国的主要矛盾，而要解决这个矛盾最好的办法就是国共联合共同抗日。但蒋介石为了一己之私仍然不放弃“剿共”。中国共产党在抗日、反围剿的同时，仍然在不停地寻找可以联合抗日的力量。张学良在 1936 年发动的“西安事变”，使中国当时复杂的国内外形势变得更加诡谲。中国共产党本着“兄弟阋于墙，外御其侮”的精神，主张和平解决西安事变，同蒋介石进行了谈判，最终和平解决了这个问题，形成了抗日民族统一战线。

在现代商业领域，一个企业要发展壮大，也必须善于选择最佳的盟友。比如，现代电气高科技的迅速发展，对电气材料不断提出新的要求，大量的新材料应运而生。制造节能变压器铁芯的新型低铁矽钢片就是其中一种。一开始，美国电气行业执牛耳的美国通用电气公司和西屋电气公司以及实力不很强的阿姆卡公司都在研制新型低铁矽钢片，而竞争的结果却被阿姆卡公司拔了头筹。阿姆卡公司十分重视信息情报工作，他们在研制矽钢片的过程中，发现“通用”和“西屋”也在从事同类产品的研制。远在地球另一端的日本钢厂也有此意，而且准备采用最先进的激光处理技术。阿姆卡公司分析形势后认为，以自己的实力继续独立研制，极可能落在“通用”、“西屋”之后，风险极大。若要走合作研制之路，就必须选择合作者。

与“通用”、“西屋”联手，未必有利于加快研制过程，而且将来只能与之分享美国市场，同时还得考虑崛起的日本钢厂。而与日本钢厂并肩合作，生命力旺盛，研制过程自然会加快，将来的市场之大不可限量。阿姆卡公司选择日本钢厂为合作者，结果比预定计划提前半年研制成功，战胜了“通用”、“西屋”两大强劲对手。

同样，在现代商业社会中，凭个人的单打独斗，很难取得事业上的飞跃。学会与人合作，则显得至为关键。那么，该怎样选择合作者呢？借用一句名言来说：我们没有永远的朋友，也没有永远的敌人——凡事要根据形势来判断，这也是鬼谷子思想的精髓。

2 事物的发展机遇要抓牢

【原典】

是以圣人居①天地之间，立身御世，施教扬声明名也，必因事物之会，观天时之宜，因之所多所少，以此先知之，与之转化。

【注释】

①居：居住，生活。

【译文】

圣人居住于天地之间，立身处世，都是为了驾驭社会，教化人民，传播学说，宣扬名声。他们必须把握事物的发展机遇，观察自然和社会气候是否相宜，根据哪些方面有余，哪些方面不足，由此做到先知其情，然后运用计谋，促进事物向有利的方面转化。

解读

把握时机最重要

每个人都追求成功，但真正的成功者却只占少数。有人觉得疑惑，自己的勤奋程度与那些成功人士相比，应该是半斤八两甚至犹有过之，为什么至今未能成功？那答案很可能是这样一个词——机会。善于把握机会，是成功人士必备的素质之一，这就是鬼谷子所说的“因事物之会”。

有一则众所周知的寓言，说一只狐狸饿得肚子直叫唤。忽然，它发现一个葡萄架，架上挂满了一串串水灵灵的葡萄。狐狸馋得直流口水，想去摘葡萄。它上蹿下跳，忙活了半天，就是够不着葡萄。它急得在葡萄架下转来转去，却毫无办法。最后，狐狸只能无奈地走了。它边走还边安慰自己：“这些葡萄还没有熟呢，一定是酸的。幸好我没吃，要不会把牙酸掉的。”

现实生活中，也有不少人因为自己能力小，做不成事，就借口说时机没有成熟，这与吃不到葡萄就说葡萄酸的狐狸没什么两样。好机会来了，却没有能力去把握；等自己有能力了，机会却又白白地溜走了。在许多人的一生中，都曾有过这样的遗憾。避免这种遗憾的唯一方法，就是要提前做好准备，未雨绸缪，而不是临渴掘井。

春秋时期，鲁昭公亲小人、远贤臣，把国家治理得一塌糊涂，遭到国人的驱逐，只好出走到齐国。鲁昭公与齐景公交谈时，对没有采纳忠言而后悔不已。齐景公看他诚心悔过，就对晏子说，应该帮助鲁昭公回国，使他成为一位贤明的国君。晏子说："昭公因为面临灾难，所以能够说出悔改的话。这就好比'临渴掘井'，已经来不及了。"齐景公连连点头，认为他的话很有道理。

对任何事，都应该预先做好准备，假如事到临头，才开始考虑解决的办法，就会像鲁昭公那样，怎么悔过都没有用了。另一方面，当形势尚未成熟，或自己能力确实不足的时候，就应知难而退，没必要冒险而进。正所谓："觉迷途之未远，知来日之可追。"当一个人还不具备穿越险境的能力和素质时，退回来也许是最好的办法。退回来之后，努力加强自身各个方面的建设，把自己锻炼得足够强大。在等待中耐心观察，时机总会到来的。

《战国策》里有一则寓言，说的是有两只老虎，因为争吃人肉而打斗起来。管庄子准备去刺杀这两只虎，有人制止他说："老虎是凶狠的动物，人肉是他最香甜的食物。现在两只老虎为争吃人肉而打斗，一定是一死一伤，你就等着去刺杀那只伤虎吧！这样，你仅用花费杀死一只虎的辛苦，实际上却能得到刺杀两只虎的英名。"

沧海横流，方显英雄本色。但要看准时机，伺机而动，在适当的时候才可大有作为。时机不成熟，就需要修身养性，但此时可从事一些小的作为，以积聚力量，千万不可操之过急。一旦时机到来，就一定要牢牢把握，付诸行动，争取用较小的代价赢得胜利。

战国末期，秦将李信率二十万军队攻打楚国，开始时秦军连克数城，锐不可当。不久，李信中了楚将项燕伏兵之计，狼狈而逃，秦军损失数万。后来，秦王又起用老将王翦。王翦率领六十万军队，陈兵于楚国边境。王翦专心修筑城池，摆出一派坚壁固守的姿态，两军相持年余。一年后，楚军绷紧的弦早已松懈，将士已无斗志，认为秦军的确防守自保，于是决定东撤。王翦见时机已到，下令追击正在撤退的楚军。秦军将士人人如猛虎下山，直杀得楚军溃不成军。秦军乘胜追击，势不可当。公元前223年，秦灭楚。王翦之胜，就在于抓住了最佳的进攻时机，一战而胜。而李信之败，主要归因于他不识战机，一味进攻，结果导致功亏一篑，使诸多努力付诸东流。

现代社会中，发财致富可以说是每个人的梦想。下面这个穷渔夫和富渔夫的故事，就告诉我们在致富的过程中，时机有多么的重要。

在海边，生活着一个穷渔夫和一个富渔夫，两人都以打鱼为生。每天傍晚，他们都打回满满的一船鱼，然后把鱼拿到市场上去卖。可是，每次卖鱼，富渔夫总比穷渔夫多卖很多钱。穷渔夫十分不解，就问富渔夫：“我们每次打回来的鱼，数量和质量都差不多，但为什么你每次都能多卖这么多钱呢?”富渔夫听了哈哈大笑，回答说：“我们的鱼是一样，但我们的卖法不一样。你每次把鱼拿到市场上卖，为了卖个好价钱而迟迟不肯出手，最后鱼不新鲜了，只能贱价出售。而我考察了当地很多的餐厅，总能在第一时间内把新鲜的鱼出售给第一流的餐厅，所以能卖个很好的价钱。如果不幸难以脱手的话，我也会尽快半价把它们卖给二流餐馆。我抓住了卖鱼的最好时机，所以才能多挣很多钱啊!”穷渔夫听了，终于明白了自己输在哪里。

两个渔夫所卖的是同样的鱼，可是穷渔夫每次卖的钱都比富渔夫少，原因就是他不善于抓住卖鱼的时机。在企业经营中也是如此，一旦商机出现，一定要当机立断，该出手时就出手，这样才能在竞争中占据优势地位。

伯纳德·巴鲁克是美国著名的实业家，他在 30 岁之前就靠经营实业而成为百万富翁了。1898 年的 7 月 3 日，巴鲁克 28 岁，那天夜里他与父母一起待在家里。突然广播里传来消息，美国海军在圣地亚哥把西班牙船队消灭了，这意味着美西战争进入尾声，即将结束。听到这个消息，巴鲁克立即意识到，如果自己能够在黎明前赶回伦敦的办公室，就可发一笔大财。因为这天正好是星期天，第二天就是星期一，而美国的证券交易所在星期一照例都是关门的，只有伦敦的证券交易所照常营业。当时，小汽车还没有问世，火车在夜间又停止运行。巴鲁克赶到火车站租了一列专车，终于在天亮以前赶到了伦敦，当其他的投资者还在睡梦中的时候，他已经做成了几笔大交易。就这样，巴鲁克一举成功。巴鲁克能取得这样的成功，是因为他把握了致富的时机，并立即采取了相应的行动。别人还在睡梦中时，他已占据了先机。

能不能够看到商机是一回事，能不能把握商机又是另一回事。事业成功的法则，就是看到机会来了以后，立即伸手抓住，采取相应的行动，绝不拖延时间。路是人走出来的，越早一步走这条路，成功的目标就越早一天达到。

3 合乎此方就要背叛彼方

【原典】

世无常贵，事无常师。圣人无常与，无不与；无所听，无不听。成于事而合于计谋①，与之为主。合于彼而离于此，计谋不两忠，必有反忤②。反于是，忤于彼；忤于此，反于彼。

【注释】

①合于计谋：实现或符合预定的计谋。②计谋不两忠，必有反忤：忠，忠实；反，背反；忤，抵触，背逆。任何计谋都不可能同时忠于两个主人，必然要相抵触。

【译文】

世上没有永恒显贵的事物，事物没有永恒效法的榜样，圣人做事不是什么都做，所以能无所不能做；圣人不是什么都听，却也不是什么都不听。做好要做的事，重要的是不违背定下的策略。如果计谋合于彼方的利益，则一定会背离此方的利益。不可能同时效忠于对立的双方，必然有合有忤。合乎此方的意愿，就要违背彼方的意愿；违背彼方的意愿，才可能合乎此方的意愿。这就是“忤合”之术。

解读

勇于借力，避免攀附

鬼谷子所说的“忤合之道”，绝不是风吹两边倒式的“骑墙”，而是有原则、有立场的行为。

有一则流传很广的寓言，说在一片茂密的大森林里，住着许多动物，其中有鸟有兽。有一天，鸟类和兽类因为一个误会，打起架来。刚开始，鸟类占了上风。蝙蝠急忙飞过来，对鸟儿们说：“你们看，我有一双翅膀，所以我是鸟。”于是站到了鸟类这一边。可没过多久，兽类又占了上风。蝙蝠一看，又急忙从鸟类的队伍里跳了出来，对野兽们说：“你们瞧，我有牙齿，所以我是真正的兽啊。”说完又加入了兽类的队伍。后来，鸟类和兽类消除了误会，大家和睦相处。蝙蝠不知该站在哪一方好了。这时大家都看清了蝙蝠两面派的嘴脸，明白了它的欺诈行为。于是，鸟类和兽类都裁定蝙蝠有罪，把它赶出阳光之外。打这以后，蝙蝠总躲藏在黑暗中，不敢露面，到晚上才独自出来。

那些善于变化嘴脸的“人中蝙蝠”，最终也不会有什么好下场。在历史上，就有很多因两面三刀而招致悲惨结局的例子。

战国末期，七雄并立。秦国兵力最强，但齐、楚结盟，秦国无法取胜。秦相张仪带着厚礼拜见楚怀王，说秦国愿意把商於之地六百里赠予楚国，只要楚能绝齐之盟。楚怀王一听，觉得有利可图，于是不顾大臣的反对，痛快地答应了。后来，楚怀王派人到齐国，大骂齐王，于是齐国绝楚和秦。这时，楚怀王派使者找到张仪，说起商於之地一事。张仪却不认账了，只说当初答应的是自己在商於的封地六里。楚怀王大怒，发兵攻秦。在秦、齐两国的夹击之下，楚军大败，秦军尽取楚汉中之地六百里。后来，楚怀王又轻信秦国的话，入秦结盟被扣，最终客死秦国。

联齐抗秦，是楚国能够自保的有效方式，可楚怀王贪慕张仪允诺的六百里土地，与齐绝交，后又怒而出兵，大败而归，反而丢了六百里土地，在历史上传为笑柄。楚怀王的悲剧，就在于他的立场不坚定，一味攀附强秦。

有时候，如果自己的力量柔弱，做不了大事，就应暂时依附于人，借此权宜之时好好培养自己的能力，相机而动。清朝的康熙皇帝就深明此理，在自己还软弱没有把握的时候，就只是装作一个懵懂顽童，任由鳌拜把持朝政，处理国家大事。待自己能力达到了且时机成熟了，就一举消灭鳌拜，夺回了政权。反之，如果康熙一开始就向鳌拜要权，恐怕早就身遭不测了！

在现代商业领域，企业与企业之间的联合也是司空见惯的事情，但并不是所有的联合都有好的结果。即使是好的联合，也不是所有的联合方都能获益。只有那些目标坚定、不丧失立场的企业，才能从联合中获得实实在在的利益。

第二次世界大战结束以后，美国在西方世界市场上处于绝对的主导地位，各国的产品要进军世界市场，首先都要在美国市场“打响”。但是，要在美国市场上出人头地，实在是难上加难。1955 年，日本的佳能公司在美国成立了分公司。它与美国一家富有销售经验的贝尔·哈威尔公司合作，以“贝哈·佳能”的商标，把照相机推向美国市场。几年以后，佳能又将其首创的自动电子曝光照相机投放美国市场，在喜新厌旧的消费者中大出风头。佳能则利用这一契机和贝尔·哈威尔公司脱钩，正式以“佳能”的名牌商标，在美国市场上独领风骚。到 20 世纪 90 年代初，佳能公司年产相机数百万部，约占全日本相机产量的三分之一，且绝大部分行销世界各地。可见，在错综复杂的商战中，智高一筹的经营者，由于善于有目标性地联合，常可收到“与人分利己得利”的效果。

我国温州民办企业奥康进军国际市场，也走了一条与佳能类似的道路。2003 年 2 月，奥康做出了一个重大的决定——与意大利第一品牌 GEOX 合作。当时国内制鞋业一片哗然，都认为奥康此举是引狼入室，搞不好要被吃掉。

协议签订后，GEOX 把奥康作为自己的生产基地，使 GEOX 的造价更加低廉，而奥康则借用 GEOX 在世界 68 个国家的销售网络，迅速走向了世界。实践证明，奥康不但没有被 GEOX 吃掉，反而越战越勇，至今已在世界上很多国家建立了自己的分公司，还在温州、广州及意大利米兰设立了三个鞋样设计中心，每年开发出 3000 多个新品种。可以说，没有当初的合作，就没有如今奥康的国际化之路。奥康公司通过借用别人现成的技术和销售网络，实现了自己的国际化目标，这是利用有效联合取得成功的绝佳例子。

在现实生活中，我们要想把事情办好，有时难免要借助他人之力，但不能过度依赖，正所谓“世无常贵，事无常师”。所以，自己的路，还是尽可能要由自己的脚一步步走出来。

4

行动的方向是关键

【原典】

其术也，用之于天下，必量天下而与之；用之于国，必量国而与之；用之于家，必量家而与之；用之于身，必量身材能①气势而与之。大小进退，其用一也。必先谋虑计定②，而后行之以飞箝之术③。

【注释】

①材能：才质和能力。②计定：确定计谋。③忤合之术：即反合之术。

【译文】

如果把这种忤合之术运用到天下，就必然要把全天下都放在忤合之中；如果把这种忤合之术运用到某个国家，就必然要把整个国家都放在忤合之中；如果把这种忤合之术运用到某个家族，就必然要把整个家族都放在忤合之中；

如果把这种忤合之术用到某一个人，就必然要把这个人的才能气势都放在忤合之中。总之，无论把这种忤合之术用在大的范围还是用在小的范围，其功用是相同的。因此，无论在何时何地都要进行谋划、分析，计算准确了以后再实行飞箝之术。

解读

了解自己才能找好用武之地

一个人生于世间，有无数种志向可供选择。首先应该弄清楚的问题是：到底我想拥有多大的舞台？鬼谷子认为，不管你的舞台有多大，都要事先有所权衡。权衡什么呢？就是弄清楚在你选择的舞台上，你今后的生活会是一个什么样子，你会和什么样的人打交道？这些想清楚了，如果你还想继续待在这个舞台上，那么，它就是你的舞台。

你的舞台一定是真实存在的。你要确保通过长期不断的努力，可以一步一步地登上这个舞台。如果这个舞台本身就是虚无的，或者根本不适合你，那么，即使你把它想象得无限之大，也毫无用处。

从前，有个叫朱泙漫的人，对自己平凡的生活十分厌恶，总想干一些大事。有一天，他听说在很远的地方有位叫支离益的人精通屠龙术。朱泙漫很高兴，觉得自己的理想终于要实现了。他变卖了所有的家产，千里迢迢地找到了支离益，提出要拜他为师。支离益看他诚心诚意地想学，就答应把手艺教给他。老天不负有心人，朱泙漫夜以继日地勤学苦练，花了三年的时间，终于学会了屠龙的本领。支离益非常欣赏这个徒弟，当朱泙漫告辞回家的时候，师徒二人难舍难分。朱泙漫回到家乡，就挂起招牌，准备收几个徒弟，传授这门伟大的技艺。然而很多年过去了，没有一个人愿意拜他为师，因为无龙可屠！

这个事例说明，如果一个人既不了解自己，也不了解社会现实的需要，即便空有一身本领，也无用武之地，只能枉自嗟叹："时不予我兮。"

纵观古今，确实是“人无志不立”。立志是事业成功的前提和基础。秦朝末年，农民领袖陈胜一句“燕雀安知鸿鹄之志哉”，穿越几千年的时空，至今仍是许多年轻人立志奋发的座右铭。西汉时的少年韩信，也经历了一场艰难的抉择。韩信从小就成了孤儿，主要靠钓鱼换钱来维持生活。但是，他胸怀大志，喜欢阅读兵书和练习剑法，立志当指挥千军万马的将军。韩信住的镇子上有一个屠夫，为人十分霸道。有一次，屠夫在大街上拦住韩信，公开侮辱他说：“韩信，要么你用你的剑来刺我；要么从我的胯下钻过去！”韩信恨不得拔出剑来刺死他，但他最后还是忍住气，从屠夫的胯下钻了过去。满街的人都讥笑韩信，说他是个胆小鬼。后来，韩信被封为楚王，回到家乡，任命那位屠夫当了武将。韩信对部下们说：“此人是个壮士，当年他侮辱我，我忍了下来，才能有今天的功业。”

能屈能伸的人往往胸怀大志，他们的舞台是无限广阔的。有的人能屈不能伸，懦弱无能，没有主见；有些人能伸不能屈，执迷顽固，脆而不坚。真正的英雄达则兼济天下，穷则独善其身。其实说到底，一个人的性格特征与他梦想的舞台有很大关系。正是韩信的胸怀大志让他选择了忍受“胯下之辱”，最终功成名就，青史留名。

现实生活中，我们常看到很多人满足于现状，醉生梦死地生活。他们对到手的财富无比满足，丝毫不愿意再花时间和精力去赚取新的财富。这样的人只能守着手里有限的财富过着平庸的生活。而那些对财富有强烈欲望的人，则会用不满之心激发自己无限的创造力和生命力，实现自己的理想和价值。

世界巨富金·吉列自幼家境贫寒，十几岁就开始为生计而奔波，后来做了推销员，终年奔波各地，推销各种商品，但他并不满足于只做一名成功的推销员，而是希望成为老板。在推销员的生涯中，吉列总是秉持着渴望财富的信念，经常思考致富的方法。终于，他在一次刮脸中获得了发明安全刮胡刀的灵感，最后靠着造福天下男人的刮胡刀，他成为了一个真正的富豪。然而，从发明刮胡刀开始，到把它推向市场，前后运用了将近8年时间。这8年岁月，如果吉列不是具有坚定的致富信念，渴望财富的野心，而是抱着安安分分做个推销员的心态，也许他的安全刮胡刀早就半途而废了。

一个人无论什么时候都不能够满足于现状，只要生存在人世间，就要不断地进取，否则就可能被不断发展的社会所淘汰。那些满足于现状的人认为，待在原地不动，就永远保险。其实不是这样。一切都在发展，待在原地不动就意味着已经落后。

19 世纪中期，英国有一个青年叫詹姆士，他从哥哥那里借了一些钱，开办了一间小药厂。几年后，他的药厂规模扩大，每年有几十万美元的盈利。但詹姆士经过市场调查和分析研究后，觉得药物发展前景不大，而食品市场在不久的将来前途光明。所以他决定卖掉药厂，从事食品经营。詹姆士的哥哥极力反对，但詹姆士意志坚定，哥哥就自己盘下了詹姆士的药厂。詹姆士让出药厂后，向银行贷款，买下了“加云食品公司”的控股权。他掌控该公司后，在经营管理和行销策略上进行了一番改革，使公司的销售额迅速增长。很快，他在欧洲各国开设分店，形成了广阔的连锁销售网。之后，詹姆士又收购了很多食品公司。20 年后，他的食品连锁店已达 2500 家，成为英国最大的食品公司，而他本人也成为了世界 20 位超级富豪之一。试想，如果当初詹姆士像他哥哥一样抱着保守的想法，对自己的小药厂迟迟不肯放手，又怎会有今日跨国连锁店的辉煌呢？

成功不会无缘无故地跑到你的身边来，要想获取成功，就需要在不满之心的推动下不断进取，向前追逐，把你的舞台无限地扩展下去。

5 善于处理向背关系

【原典】

古之善背向者，乃协四海、包诸侯，忤合①之地而化转之，然后求合②。故伊尹③五就汤④、五就桀⑤，而不能有所明，然后合于汤；吕尚⑥三就文王，三入殷，而不能有所明，然后合于文王。此知天命之箝⑦，故归之不疑也。

【注释】

①忤合：逆合。②合：耦合。③伊尹：古代传说人物，辅弼商汤消灭夏桀，是商朝开国名相。④汤：商朝的开国之君。重用伊尹消灭夏桀，开创商王朝，推行善政。⑤桀：古代传说人物，他是夏朝最后一个暴君，被商汤王消灭。⑥吕尚：即太公望，辅佐周文王、周武王，对周朝建国贡献极大，是齐国的始封主。⑦天命之箝：天命的制约。

【译文】

古代善于处理向背关系的人，总是能够横行天下，包容诸侯。用忤合之术考察天时地利的向背，促成其转化，最后选定圣贤君主与之联合。因此，夏朝末年，伊尹曾五次接触商汤，五次接触夏桀，其立场仍未显露于世，最后决定背桀向汤，助其灭夏建商。商朝末年，吕尚三次接触周文王，三次接触商纣王，其立场仍未显露于世，最后才决定臣服于周文王，助其灭商建周。这些古圣人就是看清了天命所归之后，才做出向谁背谁的决断，最终没有犹疑，归顺明主。

解读

选择一条属于自己的路

辅佐商汤灭夏兴商的伊尹和辅佐文王、武王灭商兴周的吕尚，都是为古人所称道的贤人，鬼谷子称他们为“善背向者”，因为他们一旦选中了得天意民心的明君，就毫不犹豫地为之效忠。同样，在我们选好了正确的道路之后，也应该坚持走下去，不可犹豫彷徨，更不可半途而废。

有位哲人说过：“走自己的路，让别人去说吧！”可是，能坚持走自己的路的人，恐怕也只是少数。而坚持走自己的路，是一个人获得成功的前提。翻开任何一位成功人士的传记，能得到的最大的感触就是：他们走了自己的路！

巴菲特1996年被美国的《财富杂志》评定为美国第二大富翁，被公认为股票投资之神。到目前为止，他已拥有数百亿美元的资产。11岁时，巴菲特开始投资第一只股票，他把自己和姐姐的一点儿零用钱攒起来，都投入了股市。一开始总是赔钱，他的姐姐骂他，而他坚持要放三四年才会赚钱，结果姐姐把股票都卖掉了，而他继续持有，最后他的想法得到了验证，小赚了一笔。几年之后，巴菲特在哥伦比亚大学就读，跟他年龄相仿的年轻人只会玩乐，但他却大啃金融学的书籍，继续进行股票投资，最终他的钱越赚越多，积累了一定的创业资本。1954年，巴菲特集资并投资创办了顾问公司。该公司资产增值30多倍以后，他解散公司，退还了合伙人的钱，把精力集中在自己的投资上。如今，巴菲特已成为美国有史以来真正的金融大亨。巴菲特之所以能获得成功，与他六十年如一日坚持走自己的道路是分不开的。

很多成功人士在成功之前，都会精心设计自己的人生，在发现自己真正想要做的事情之前，不会贪图享受，而是不断地进行选择，直到达到目的。美国商人布拉文就是这类人。布拉文的父亲在洛杉矶经营一所大型的会计师事务所。布拉文在大学学的是会计学，毕业后进入了他父亲的事务所工作。当时周围人都认为他会顺其自然地继承他父亲的公司，继续经营会计师事务所，但是，他觉得事务所的工作不适合自己，最后辞职了。在他37岁那年，他开始经商，经营体育用品的生意，经过十几年的努力，终于跻身超级富豪的行列。

布拉文可以选择两条道路，一条是父亲指定的路，另一条是自己选择的路。和所有具有成功潜质的人一样，布拉文毫不犹豫地选择了后者。

几乎所有的成功者在追求成功的路途中，都曾面对种种逆境、重重困难，但他们从未放弃过。生活中总是有许多人抱怨自己没本事，没钱，没技术，从而消极、平庸。其实每个人都有成功的潜质。

俗话说得好："天生我材必有用。"只要你坚持走自己的路，积极进取，就一定能成功。推销奇才韦尔奇从小就患口吃症，他当过球童、报童，卖过鞋；洛克菲勒小时候食不果腹，衣不蔽体，18 岁时，仅以 1000 美元开始创业；松下幸之助不满 10 岁便背井离乡去当学徒，一生体弱多病，刚开始创立松下电器时，仅有 3 名员工和不到 100 元的创业资本。这样的例子，不胜枚举。

世界上没有任何一个成功人士是一帆风顺，不经历失败和挫折就能成功的。一个人只有选择一条属于自己的正确的道路，并一直走下去，才有成功的希望。

6 衡量自己的优劣长短再做选择

【原典】

非至圣达奥，不能御世；不劳心苦思，不能原事；不悉心见情，不能成名①；材质不惠，不能用兵②；忠实无真，不能知人③。故忤合之道，己必自度材能知睿，量长短、远近孰不如，乃可以进，乃可以退，乃可以纵，乃可以横。

【注释】

①成名：树立名声。②兵：这里指军队。③知人：了解他人。

【译文】

如果不是至圣之人，不具备高尚的品德和超人的智慧，是不可能驾驭天下的；如果不劳心苦思，是不可能揭示事物规律的；如果不悉心考察事情的真相，就不可能功成名就；如果没有胆识或缺乏爱心，就不能统兵作战；如果只是愚忠而缺少真知，就不能有知人之明。以上是忤合之术的必备条件。因此，要想用好忤合之道，首先估量自己的聪明才智，衡量自己的优劣长短，分析在远近范围内还不如谁。这样就可以进取，可以退守；可以合纵，可以连横了。

解读

实力是成功的重要因素

在鬼谷子看来，不管是与人竞争还是联合，要想得利，都必须以自己本身的实力作为保证，否则就难免归于失败。

在“黔驴技穷”的寓言里，说贵州一带的老虎没见过驴子，见它身躯庞大，就有点害怕它。有一天，驴忽然叫了起来，声音十分响亮，更是把老虎吓得魂飞魄散。后来，老虎渐渐习惯了驴的叫声，又试探着接近驴，在它身边又吼又跳。驴被老虎的戏弄激怒了，抬起蹄子去踢老虎。老虎这才明白了：原来驴就这么点儿伎俩。于是，老虎扑上去把驴吃了。

黔之驴的下场应该引起我们的警惕。做人一定要脚踏实地，只有练就真本领，才能使自己立于不败之地。仅靠花哨的外表唬人，是不会长久的，到头来，吃亏的还是自己。

春秋初期，郑国实力很强，经常欺凌邻近的小国，一些小国忍气吞声，敢怒不敢言，唯独息国国君息侯仗着自己是侯爵，不把郑伯放

在眼里，动不动就制造事端，和郑国对着干。有一年，郑、息两国又起争端，到了兵戎相见的地步。息侯直接率军奔赴郑都，还没到郑国边境，就被郑军打了个落花流水！没过几年，息国就被楚国灭亡了。

“识时务者为俊杰。”聪明的人一般先会认清形势，审时度势，然后再采取行动。息侯狂妄自大，发兵进攻比自己强大的郑国，结果惨败而归。就算息侯不愿受郑国凌辱，真要运用武力解决，也应该在联合各小国的基础上，才能出兵攻打郑国，或许还有胜利的机会。

《孙子兵法》说：“上兵伐谋，其次伐交，其次伐兵，其下攻城。”其中伐交的作用，是利用外交上的优势地位，取得“不战而屈人之兵”的结果，或者在战争中孤立敌人。

秦末，刘邦和项羽相争时，项羽兵有四十万，而刘邦兵只有十万，项羽占有绝对优势。刘邦因善于运用外交战取得各方的援助，结成刘邦、韩信、彭越、黥布等联合反项的统一战线，垓下一战，终于迫使项羽自杀。但项羽临死前却对部下说：“今诸君知天亡我，非战之罪也!”到死的时候，项羽还不知自己失败的真正原因，真是可悲。

与人联合虽然能起到增强力量的作用，但是也一定要慎重对待，因为不恰当的联合不但无益，反而是有害的。有一则寓言，说狮子和野驴联合打猎，狮子力气大，野驴速度快。许多野兽成了它们的猎物。狮子把猎物分成三份，说道：“第一份是我的，因为我是百兽之王。第二份也是我的，这是我和你一同打猎的报酬。这第三份呢，要是你不跑，没准对你有危险。”

做一件事情，要正确估计自己的力量，不要在自己毫无保障的时候，盲目地和比自己强大得多的人联合。这个原则，在现代商业领域也经常得到重视。

和田一夫是日本八百半蔬果供应店的老板，他努力经营着自己名下的众多店铺，并逐步扩展他的领域。但是，商品销售业非常不稳定，国际性的连锁店随时有可能入侵他的势力范围，由此给他带来沉重的竞争压力。在强敌环伺的情况下，和田摸索着生存之道。他最初考虑和连锁店联营，因为这样可以增加资金，防止更大的组织渗入。但是他又一想，联合弄不好就成了合并，如果被对方吃掉，八百半的字号就将永远消失了。面对这样棘手的局势，和田想：“何不到国外去发展，巩固自己的基础，让八百半长存下去。”于是和田立即着手计划到国外开设地方性超级市场的事宜，先在巴西，再到新加坡等地。如今，单靠国外这些雄厚的资本，八百半已能稳固地生存下去。

和田一夫放弃联营的方案，而选择“金蝉脱壳”之计，就在于他深知联营的弊端是容易被吃掉，而到一些竞争不太激烈的国家开店，则可巩固自己的力量。后来的事实证明，这一策略果然奏效。

“用实力说话”，这是现代社会的一句流行语。确实，在决定成功的内、外因素之中，内因发挥着最关键的作用。无论是企业，还是个人，只有不断增强自己的实力，才能在激烈的竞争中立于不败之地。

揣篇第七

在本篇中鬼谷子讲到了“揣术”，“揣”即揣度，鬼谷子的“揣术”实际上是揣情术，是忖度人情、事理，权衡事物的利弊、得失，从中发现隐藏的真相。鬼谷子认为，要施大政于天下，必须善于“量天下之权，而揣诸侯之情”，即要全面衡量一个国家的国情，据此决定自己的施政方案。即使是圣人，倘若不知揣的道理，也必将一事无成。因此，揣是一切计谋的基础，也是论辩和游说的根本方法。在现代商业活动中，我方为了达到某一目标，也必须预先准确判断对方的心理，由表及里地发掘其内心的想法，为说服对方做好充分的准备。

1 看清形势，权衡利害

【原典】

古之善用天下者，必量天下之权，而揣诸侯之情。量权①不审，不知强弱轻重之称②；揣情不审，不知隐匿变化之动静。

【注释】

①量权：量，是秤，称重量；权，是秤所用的砣。②称：又作秤，天平。

【译文】

古时候，善于治理天下的人，必然会审慎地把握国家的发展趋势，揣度各诸侯国的具体情形。如果不能周密切实地审时度势，权衡利害，就不会知道各诸侯国的强弱情况；如果不能周密地揣度形势，便不知道各种隐藏的情况和发展变化。

解读

有所不为，才能有所为

《鬼谷子》中说："古之善用天下者，必量天下之权，而揣诸侯之情。量权不审，不知强弱轻重之称；揣情不审，不知隐匿变化之动静。"就是说，古代善于统治天下的人，必然首先审视权衡天下各方力量的轻重，揣摩诸侯的实情。如果对权势分析不全面，就不可能了解诸侯力量的强弱虚实；如果揣摩诸侯的实情不够全面，就不可能掌握事物暗中变化的征兆。

以“石油大王”的名号著称于世的洛克菲勒，当初也是靠着料事如神的绝招打开了财富的大门。1859 年，当美国宾夕法尼亚州出现了第一口油井时，洛克菲勒就看到了这项风险事业的前景。在别人畏缩不前的时候，他凭借非凡的冒险精神与合伙人争购了安德鲁斯—克拉克公司的股权。当他所经营的标准石油公司在激烈的市场竞争中控制了美国出售全部炼制石油的 90% 时，他并没有就此止步。到 19 世纪 80 年代，在利马地区发现了一个大油田，因为含碳量很高，人们称之为“酸油”。当时没有人能找到一种行之有效的方法提炼它，因此只卖一角五分一桶。而洛克菲勒认为这种石油总有一天会找到方法提炼，所以执意要买下这个油田。当时他的建议遭到董事会大部分人的反对，而他却说：“我将冒个人风险，自己拿出钱投资这一产品。如果必要，拿出 200 万美元或 300 万美元。”他的决心终于取得了董事们的同意，实行这一决策。结果，才过了两年时间，洛克菲勒就找到了炼制“酸油”的方法，油价一下子从一角五分涨到一元，标准石油公司在那里建造了全世界最大的炼油厂，赢利猛增到了几亿美元。

有的时候，成功需要的是当局者丢卒保车的举动和具有远见的眼光。有所为有所不为，是一个大将应该具有的能力。

所谓“有为”，就是有所作为，这是许多人人生的理想和目标。许多人都想干出一番事业来，但为什么有的人却总事与愿违呢？为什么有的人拼命努力，吃苦耐劳，却枉费心机呢？

并不是你想有所作为就能有所作为的，想达到目的就能完全达到的。有时，反而会出现“有心栽花花不发，无心插柳柳成荫”的情况。

所谓“无为”，并不是“不为”，不是躺在床上，听天由命，无所事事，什么也不干，而是不要凭个人主观意识去干扰事物发展的规律，更不要违背自然发展的规律去刻意追求什么，这样反而会有所作为，最终达到“有为”的目的。

在生活中，有的年轻人，尤其是有一定聪明才智和专长的年轻人，一走进社会，就想有一番大的作为，凭着一时的热情和冲动，或恃才傲物，或锋芒毕露，或猛打硬拼，结果大多最终力不从心。他们铩羽而归之后，便心灰意冷，收刀入鞘，再也无所追求，变得无所作为，这样的无为，是一种消极、悲观而没有出息的无为。真正的无为，是一种积极而平静的进取，其攻势并不凌厉，但有着潜在的推动力量。

然而，在人生的旅途中，我们是否能够判断应该在什么时候有为，在什么时候无为呢？无为和有为的选择取决于双方力量的对比。当主体力量明显占优势，居高临下，以一当十，采取行动后，可以取得显著的效果，应该有为。而当主体处在劣势的位置上，稍一动作，就可能被对方“吃掉”，或者陷于更加被动的境地，那么便应该以退为进，坚守“无为”方式。

无为只是一种权宜之计和求生手段，待时机成熟，成功条件已具备，便可由无为转为有为，由守转为攻，这就是中国古人所说的屈伸之术。为此，在人生大道的某一个点上，只有无为，方能无所不为。

年少时常州人张史和孟州人何仁可在同一个学堂读书，并且经常在一起研究经书。后来张史先做了官，但他总是比不上何仁可的名誉好，内心里就开始嫉妒何仁可的才能，在和别人谈话时，总是不说何仁可的好话。世上没有不透风的墙，何仁可听说了这件事，就想出了一个应对的办法。

张史有一个爱好，就是经常召集门生，讲解经书，以促进门生的发展。一到这个时候，何仁可就要自己的门生到他那里去非常虔诚地请教疑难问题，并且一心一意、认认真真地做笔记。一来二去，随着时间的流逝，张史明白了，这是何仁可在有意地推崇自己，为此心中十分惭愧。后来，在与同僚们的交往中，再也听不到他贬低何仁可的声音了，而是不断地赞扬何仁可的人品和作为。

人生中，有时候你越想得到，越是得不到。你若采取“无为而无不为”的态度，反而会收到意想不到的效果，达到预定的目的。

三国时的刘备一直胸怀振兴汉朝大业的鸿鹄之志。但他在没有形成气候时，不像杨修、张松、祢衡他们那样心浮气躁，只想有所作为，结果反而没有什么作为，而是韬光养晦，不显山露水，安心做自己的菜农，不给人以加罪的口实。一旦时机成熟，他便如蛟龙腾渊，成为一代豪杰。

英国有一家令世人瞩目的科研机构贝尔实验室，其负责人是一位名叫赵玉成的教授。他是一个英籍华人，长期受中华民族传统文化的熏陶，他的办公室里挂着一张“无为而治”的条幅，下面加了一段英文注释：“最好的领导者时时不忘帮助下属，但又不让下属觉得离不开他。”他说：“领导者的能力表现，就是在领导别人的时候，使别人感觉不到领导的干预；研究所的一切工作都是在你的领导下迈进，但所里的人又不能感觉到你的存在。”可见，无为不仅仅是为人处世的一种方法和策略，更是一种明智的人生态度、一种崇高的人生境界。

有的人一心想有所作为，喜欢正面进攻，喜欢暴露自己，因而往往容易成为众矢之的，进取的阻力当然要大得多，而一旦有所作为之后，又生怕别人不知道自己有所作为，四处夸耀，确实令人讨厌，也容易遭人嫉恨。

有的人也一心想有所作为，但采取的是迂回战术，喜欢另辟蹊径，不愿暴露自己，即使已经有所作为了，也不炫耀卖弄。

其实，一个人有所作为，并不在于表面形式，主要在于实质内容。表面上轰轰烈烈的人，并不一定有所作为；表面上平淡无奇的人，反而可能有所作为。

“君子有所为，有所不为。”对于事业我们应该孜孜以求，而对于那些名利之事，我们大可不必计较，还是随遇而安的好。

2 度于大小，谋于众寡

【原典】

何谓量权？曰：度于大小，谋于众寡，称货财有无之数，料人民多少，饶乏有余不足几何；辨地形之险易，孰利孰害；谋虑孰长孰短；揆君臣之亲疏，孰贤孰不肖；与宾客[1]之智慧，孰少孰多；观天时之祸福，孰吉孰凶；诸侯之交，孰用孰不用；百姓之心，去就变化，孰安孰危；孰好孰憎；反侧孰辨。能知此者，是谓量权。

【注释】

①宾客：古代称被礼遇为军师和策士等人。

【译文】

什么叫量权呢？度量国土的大小，谋算兵力的多少，衡量整个国家财货的有无，估计百姓有多少，是丰足还是贫乏，丰足和贫乏者各有多少；分辨各国山川地貌的险峻与平易，考察哪处与己有利，哪处与己有害？研究哪个是长策，哪个是权宜之计；在君臣亲疏关系中，要知道哪些人贤德，哪些人不正派；在谋士与宾客中，哪个足智多谋，哪个是平庸之才；考察命运祸福时，什么是吉利的，什么是凶险的；与诸侯交谊中，谁是可以效力的，谁是不能效力的；判断各国老百姓的人心向背，趋向变化，哪国比较安定，哪国潜伏危机；考察国内的老百姓拥护谁、厌恶谁；考察不顺从的势力，哪些要提防，哪些可相契。如果能把这些方面搞清楚，才是达到了“量权”的要求。

解读

生意场上的“量权”

鬼谷子认为治理天下的人必须审时度势，权衡利弊得失，并列举了若干个需要了解的信息，告诉国家的决策者从这些方面下手去权衡，从而更好地管理国家。对企业管理来说，为了在残酷的市场竞争中生存，企业需要及时掌握市场动态、随时了解竞争对手信息、准确把握行业发展趋势和国家最新政策，以及搜集大量收集相关的竞争情报。

竞争优势取决于决策能力，而决策能力取决于情报资源。任何科学的企业决策都必须依赖于足够及时、准确的情报信息和规范的情报管理体系。

实施竞争情报收集的第一个步骤就是确定目标。在确定目标时，应该以市场和顾客为导向。首先，应确定市场目前的状况：这个市场是不是一个开放的自由竞争市场；这个市场处于其市场生命周期的哪个阶段。然后再确定市场中的竞争者，包括现有竞争者和潜在竞争者，最后根据市场和竞争者的情况确定实施竞争情报研究的目标。

这时，需要针对该竞争情报项目列出尽可能多的影响因素，将其中不可测量的因素转化成可测量的参数，再从中选择对此项目影响最大，且最经济有效的几个参数进行测量。在选择参数的时候，一定要注意全面性。不能只是因为数据容易获得而选定一个参数，也不能只是因为一个参数在测量时成本较低而作出选择。

一般来说，应该由企业的竞争情报部门、与此项目相关的职能部门和该产业的专家共同确定需要测量的参数。这些可测量的参数包括价格、市场规模、市场占有率、市场饱和度、产品更新率、性能—价格比、客户态度调查、市场增长率、潜在市场容量、产品生命周期、销售强度、产品使用量分析、客户统计、公司内部销售分析、市场集中度、客户回忆与认知率、销售渠道和客户不满意度等。

总体来说，确定收集竞争情报的目标最重要的一点，就是确定上述参数中哪些是需要重点监测的。在技术占有重要地位的市场上，如信息产业市场，则应监测竞争对手的研发情况。而如果竞争对手有进行价格竞争的习惯，则应监测其产品的价格走向。

情报收集只是第一步，接下来就需要决策人员必须对情报进行分析，审时度势，权衡利弊，作出正确的决策。

在衡量问题的轻重时，80/20 法则是决策人员必须掌握的原则。1897 年，意大利经济学家帕累托偶然注意到英国人的财富和收益模式的不平衡性。在研究中发现大部分的财富流向了小部分的人一边，被小部分的人占有。这种不平衡的模式会重复出现，具有可预测性。如果 20% 的人占有 80% 的社会财富，由此可以预测，10% 的人所拥有的财富为 65%，5% 的人所享有的财富为 50%。于是帕累托提出了“重要的少数与琐碎的多数原理，大意是：在任何特定的群体中，重要的因子通常只占少数，而不重要的因子则占多数，因此，只要控制重要的少数，即能控制全局”的 80/20 法则。80/20 法则有助于企业管理者发现哪些给企业带来大部分利益的重要因子，哪些是次要的因子。

同时，在做出决策时，要考虑到行动的计划性，一件一件要逐渐升级，如登台阶，低的台阶是高的台阶的必要铺垫。办事沉稳的人最忌好高骛远，心浮意躁。强行实现过高的目的是不可能的，所期望的局面不会由于草率的行动马上就来临，“心想事成”也只是神话。

企业经营一定要审时度势，权衡得失，考证行动的现实可操作性，在一个阶段不能干的事就应该不干。

1977 年 4 月，李嘉诚投资 2.3 亿港元，以每股 12.45 港元的价格收购了美国财团控制的香港永高公司的股票 1048 万股，使之成为其全资公司。收购美资永高公司之后，李嘉诚把目光和精力投注在雄霸香港的英资身上。他把第一个目标对准了香港地王——置地。当时九龙仓是香港最大的货运港，是香港四大洋行之首的怡和控股的一家上市公司，与置地公司并称为怡和的“两翼”。九龙货仓有限公司拥有众多产业，历史悠久，资产雄厚，先后建有海港城、海洋中心大厦等著名建筑。李嘉诚经过一番细心研究，惊喜地发现九龙仓在经营方式上存在着巨大的缺陷，于是决定收购九龙仓。当时，李嘉诚了解到，一贯被称为怡和“两翼”的九龙仓和置地，在控股结构上并非平等关系。怡和控置地，置地控九龙仓，置地拥有九龙仓近 20% 的股权。于是，李嘉诚不显山不露水地采取分散户头暗购的方式，悄悄地从散户持有的九龙仓股中买下了 2000 万股，约占九龙仓总股数的 20%。这意味着，目前九龙仓的最大股东将不是怡和的凯瑟克家族，而是李嘉诚。20% 的控股，无论对李嘉诚还是对怡和，都是一个敏感而关键的界线。鹿死谁手，全在此一“线”之间。九龙仓股成交额与日俱增，自然引起证券分析员的关注。嗅觉敏锐的职业炒家感到其中有戏，立即介入，九龙仓股随即被炒高。甚至各大华资财团、英资财团和一些外资财团，也纷纷加入，来分一杯羹。九龙仓股水涨船高，只升不降。1978 年 3 月，九龙仓股迅速升到每股 46 港元的历史最高水平。这已和九龙仓股每股实际估值相当接近了。这时，李嘉诚已经成功地控有了九龙仓近 20% 的股票。为了避免损失和引起庄家反击，李嘉诚十分明智地暂缓再吸纳。此时，九龙仓集团也已察觉是李嘉诚挑起的战火。九龙仓的老板马上布置反收购，到市面上高价收购散户所持的九龙仓股，以增强对九龙仓的控股能力。但是，怡和现金储备也不足以增购到绝对安全的水平。最后怡和走投无路，为保江山，只好打出最后一张王牌，求助于英资财团的大靠山——汇丰银行大班沈弼。李嘉诚审时度势，认为不宜同时树怡和、汇丰两个强敌。日后自己的发展，还期望获得汇丰的支持。不谈长远，就说眼前，如果拂了汇丰的面子，汇丰必然贷款支持怡和，一旦汇丰与怡和联盟，李嘉诚收购九龙仓的计划肯定落空。因此，倒不如卖一个人情给汇丰。李嘉诚遂答应沈弼，鸣金收兵，不再收购。虽然李嘉诚答应不再收购，但是他也不会将到嘴的肥肉白白吐出。当时，李嘉诚知道正欲“弃船登陆”的船王包玉刚也在收购九龙仓股票，并且志在必得。李嘉诚权衡得失，决定把球传给包玉刚，让包玉刚射门——直捣九龙仓。这样做既避免了与关系密切的汇丰银行的正面冲突，又使包玉刚领导的华资财团能够顺利取得九龙仓的控制权。于是，李嘉诚又再卖一个人情给包玉刚。他约见包玉刚，开门见山地表达了想把手中拥有的九龙仓1000万股股票转让给包玉刚的意思。包玉刚求之不得，自然喜出望外。这两位华人商界泰斗经过一番秘密协商，达成以下共识：李嘉诚把手中的1000万股九龙仓股票以3亿多港元的价钱，转让给包玉刚；包玉刚协助李嘉诚从汇丰银行承接和记黄埔的9000万股股票。李嘉诚又把手头剩余的九龙仓股全部转让给包玉刚。包玉刚因此得到了吞噬九龙仓的绝对优势。而李嘉诚在这一进一出间，获纯利5900多万港元。从一定意义上讲，商业中的交往实质是一种利益的互换，只有付出，才会得到，这是生意场上千古不变的规律。

还有一个案例就是，德国巴伐利亚汽车公司的产品在准备进入日本市场之际了解到如下信息：日本已有几家大汽车公司，如丰田、日产、三菱、铃木等，并有两万家汽车经销站，但只销售日本国产汽车，不愿意销售外国汽车。巴伐利亚汽车公司在进一步了解中发现，日本人买汽车怕上当，喜欢向熟人买。日本多样化的销售网络是可以利用的。于是，该公司便与非汽车行业挂钩，通过它们的营业网向各关系户出售自己生产的汽车。利用这条渠道，巴伐利亚汽车公司仅用五年就创下了在日本年销14万辆汽车的纪录，成功地打开了日本市场。巴伐利亚汽车公司能打入日本市场并站稳脚跟，原因就在于它研究了日本的市场信息，摸清了竞争对手的情况，从而突破各种阻碍，获得成功。

人是社会性的动物，社会环境对于个人和企业的发展具有重要的影响。人们一般用“天时、地利、人和”来对社会环境加以概括。对于渴望成功的人而言，这三者都是需要加以考虑的因素。鬼谷子这里所说的“量权”，更是需要下大工夫的。

3 好利者诱之，胆怯者恐之

【原典】

揣①情者，必以其甚喜之时，往而极其欲也，其有欲也，不能隐其情；必以其甚惧之时，往而极其恶也，其有恶也，不能隐其情：情欲②必出其变。感动而不知其变者，乃且错其人，勿与语，而更问其所亲，知其所安③。夫情变于内者，形见于外。故常必以其见者，而知其隐者。此所以谓测深揣情。

【注释】

①揣：揣度。这里是指揣度情理。②情欲：欲望，欲念。③安：安静。

【译文】

所谓揣情，就是必须在对方最高兴的时候，去加大他们的欲望，他们既然有欲望，就无法按捺住实情；又必须在对方最恐惧的时候，去加重他们的恐惧，他们既然有害怕的心理，就不能隐瞒住实情。情欲必然要随着事态的发展变化流露出来。对那些已经受到感动之后，仍不见有异常变化的人，就要改变游说对象，不要再对他说什么了，而应改向他所亲近的人去游说，这样就可以知道他安然不为所动的原因。那些感情从内部发生变化的人，必然要通过形态显现于外表。所以我们常常要通过显露出来的表面现象，来了解那些隐藏在内部的真情。这就是所说的“测深揣情”。

解读

找好突破口的重要性

鬼谷子强调游说要抓住对方“甚喜”、“甚惧”两个时机，以此作为突破口。同样，我们在做事时，也要事先寻找突破口，使自己获得更快速、更完美的成功。

俗话说，打蛇打七寸。在古代战争中，聪明的将帅总是能从失利中总结经验教训，找到敌人的弱点，实施毁灭性的打击，一战而胜。

明朝末年，后金努尔哈赤率大军进攻宁远，宁远守将袁崇焕身先士卒，奋勇抗敌，用大炮击伤努尔哈赤。努尔哈赤自起兵以来首尝败绩，又身受重伤，羞愧愤懑而死。皇太极继位后，又率师与袁崇焕交手，再次兵败而回。又经过几年的准备，皇太极再次攻打明朝。他为避开袁崇焕的守地，由内蒙越长城，长驱而入，直逼京师。袁崇焕立即率部入京勤王，日夜兼程，比满兵早三天抵达京城的广渠门外，作好迎敌准备。满兵刚到即遭迎头痛击。皇太极视袁崇焕为生平最大的劲敌，又忌又恨。为了除掉袁崇焕，皇太极绞尽脑汁，定下借刀杀人之计。他深知崇祯帝猜忌心重，难以容人。于是秘密派人用重金贿赂明廷宦官，向崇祯告密，说袁崇焕已和满洲订下密约，故此满兵才有可能深入内地。崇祯大怒，将袁崇焕下狱问罪，并不顾将士吏民的请求，将袁崇焕残酷杀害。皇太极除掉心腹之患，从此更加肆无忌惮，而明朝至此气数已尽，不久即亡于李自成之手。

袁崇焕是我国古代罕见的军事天才，他接连击败努尔哈赤和皇太极，被视为明王朝最后一道坚固的“长城”。可是，睿智的皇太极却找到了这道长城的突破口，即崇祯皇帝的猜忌心。于是略施小计，就完成了在战场上无法完成的目标，使得崇祯帝自毁长城，从而加速了明王朝的覆亡。

1984年5月的一天下午，美国总统里根由谢希德校长陪同，来到复旦大学给学生作即兴演讲。有个学生用英语提了这样一个问题："您在大学读书时，是否期望有一天能成为美国总统？"

出乎意料的问题，使总统耸了耸肩——美国人表示难堪或无奈时的典型姿态。只见他略一沉思，接口答道："我学的是经济学，我也是个球迷。可是我毕业时，美国的大学生约有四分之一找不到工作，所以我只想先有个工作。于是当了体育新闻广播员，后来又到好莱坞当了演员。这是五十年前的事了。不过，今天我能当上美国总统，我认为早先学的专业帮了我的忙。体育锻炼帮了我的忙，当然，一个演员的素质也帮了我的忙。"

里根回答那位复旦大学学生的问题的妙处，在于他避开了难以正面回答的"期望"一词，而用"帮了我的忙"这一客观性的条件，从易处入手，以此为突破口，获得了主动权。在现代商业中，若能掌握人性的弱点，也不难打开生意上的突破口。

有个商人到小镇去推销鱼缸，尽管鱼缸做工精细，造型精巧，但问津者寥寥。商人尝试了很多种促销手段，都没有什么效果。有一天，他突发奇想，跑到花鸟市场以低价买了500尾小金鱼，来到穿镇而过的水渠上游，把这500尾金鱼都投了进去，小渠里有了一尾尾漂亮、活泼的小金鱼，这条消息很快就传遍了小镇！镇上的人们争先恐后拥到渠边，许多人跳到渠里，小心翼翼地捕捉小金鱼。捕到小金鱼的人，立刻兴高采烈地去买鱼缸；那些还没捕到的人，也纷纷拥上街头抢购鱼缸。大家都兴奋地想："既然渠里有了金鱼，虽然自己今天没捕到，但总有一天会捕到的，那么鱼缸早晚能派上用场。"卖鱼缸的商人把售价抬了又抬，但他的几千个鱼缸还是很快就被人们抢购一空。这个聪明的商人利用人们贪小便宜和爱凑热闹的弱点，耍了点小手段，就让别人心甘情愿地把钱送上了门。

寻找突破口，多少有点剑走偏锋的意思，说白了就是钻空子。不过，在正常方式难以奏效的情况下，偶尔钻钻空子，略施小计，就能推动事业的进展。这种本小利大的事情，又何乐而不为呢？

4

审量权，审揣情

【原典】

故计国事者，则当审量权；说人主，则当审揣情；谋虑情欲必出于此。乃可贵，乃可贱；乃可重，乃可轻；乃可利，乃可害；乃可成，乃可败。其数①一也。故虽有先王之道、圣智之谋，非揣情，隐匿无可索之。此谋之大本也，而说之法也。

【注释】

①数：法术，这里指办法。

【译文】

决策国家大事的人，必须精心权衡利弊得失；游说君主的谋士，必须精心揣度实情。一切策划、谋略和欲求，均须从量权和揣情出发。精通揣情之术，可使人富贵，也可使人贫贱；可使人手握重权，也可使人微不足道；可使人受益，也可使人受害；可使人成功，也可使人失败，产生这些差异的法则是一样的。因此，即使你有古代贤君的大德，有大智之人的计谋，若离开揣情之术，也无法识破隐藏的真相。由此可知，揣情之术是策划计谋的根本条件，是游说君主的基本法则。

解读

行动之前的策划是很有必要的

鬼谷子认为，要保证游说和谋略行动的成功，有两个不可或缺的环节，即“审量权”、“审揣情”。只有在把握基本事实的基础之上，才能进行缜密的分析、判断，进而决定最佳的行动方案。

优秀的军事将帅都能把握一个原则，“不打无把握之战”。岳飞大破“拐子马”，就是其中的经典战例。公元1140年，岳飞率领骑兵驻扎在河南郾城，抗击金兀术的军队。当时，金军的骑兵主力都是重铠甲，用熟牛皮将每三匹马联结在一起，称作“拐子马”。“拐子马”有强大的冲击力和良好的保护能力，在交战中，宋军常常被“拐子马”冲得七零八落，一筹莫展。这次金兀术出动了15000名骑兵进攻。岳飞摸清了金军的装备和作战特点，总结以往宋军失利的教训，改进了作战方式，进行了一系列准备工作，他告诫士兵们带上麻绳大刀，冲入敌阵后，不要往马上看，只管用绳索绊住对方的马腿，用大刀砍对方的马蹄。战斗开始后，岳家军奋力前进，在战场上运用这种新的战术，“拐子马”一旦被绊倒或砍伤一匹，其余两匹也就失去了作用。而且，前面的“拐子马”倒了，后面的“拐子马”冲上来，人马互相践踏，乱作一团。一仗下来，岳家军大胜，金兀术经营多年的“撒手锏”被毁于一旦。

岳飞大破“拐子马”，正是由于在指挥中避免了盲目性和主观随意性，在熟知敌我双方各方面的情况下，总结出了行动的规律，使指挥完全符合客观实际。在这种正确的指挥下，才能真正做到“百战不殆”。

另一位民族英雄戚继光，在抗击倭寇的战争中，也表现出一位优秀将帅“料敌如神”的素养。明世宗的时候，“倭寇”骚扰我国东南沿海，他们烧杀抢掠，闹得沿海不得安宁。朝廷派戚继光到浙江剿灭倭寇。戚继光根据南方沼泽地区的天气、地形特点和倭寇的作战规律，制订了战略，研究了阵法，亲自教兵士使用各种武器。过了几年，倭寇袭击台州（今浙江临海）一带，戚继光率领戚家军赶到台州，和倭寇交锋了九次，戚家军大获全胜。第二年，倭寇又到福建沿海骚扰，朝廷派戚继光救援。戚继光没有立即进攻，而是首先搞清楚敌人的巢穴在横屿岛，调查了横屿岛的地形，悄悄地偷袭倭寇大营。经过一场激烈战斗，盘踞在岛上的2000多个倭寇全部被歼灭。

在抗倭之战中，戚继光利用对天象、地形和倭寇活动规律的掌握，屡战屡胜，成为著名的抗倭英雄。

从两位战功彪炳的古代英雄身上，我们可以总结出一条规律：要做到“料敌如神”，必须进行细致的观察和思考。有条件的话，可以直接观察敌人的动向，以判断他们的行动目标。但是，有时我们不能直接观察到对方的行动，这时就需要了解对方有可能接触到的一些事物，尤其是与之直接发生作用的事物，那么，这些事物如同一面镜子，会将对手的状态或动向真实地折射出来。

俗话说：“商场如战场。”一个精明的商人，同样需要具备古代良将“料敌如神”的素养，如此，才能在激烈的商业竞争中立于不败之地。

第二次世界大战以后，美国建筑业开始蓬勃发展，砖瓦工价码看涨，这对失业者来说是个难得的机遇。一个叫迈克的人为了生计，也由明尼亚波利来到芝加哥，他看到招工广告后，却没有投入应征当砖瓦工的竞争洪流中，而是先冷静地观察了一番。他发现去应征砖瓦工的人，大多数都没有学过技术，或者技术达不到要求，因而在竞争中失败。于是迈克灵机一动，在报纸上刊登了一则“你能成为砖瓦工”的广告。迈克租了一间店铺，请来一位瓦工师傅，买来1500块砖头和一堆砂石作教材，开展培训业务。许多工人蜂拥而至，纷纷出高价参加培训。结果，迈克10天内就获利3000美元，等于一个瓦工大半年的收入。

企业竞争如战场角逐。当一种为众人共得的大机遇出现时，往往也可以给自己带来盈利的契机。能否抓住这一契机，关键在于能否静观形势，耐心等待。不忙于一时竞争，才能冷静决断，抓住时机，实现自我追求的目标。

美国通用食品公司，为了挽救咖啡市场的衰退，计划生产能保留咖啡原味的“冷冻干燥咖啡”，曾投资数千万美元从事实验，经过8年的研究改进，终于开发成功。但是，产品开发成功并不表示能在市场上取代“喷雾干燥法”生产的咖啡。为了避免失败，通用公司开始进行商品试销，以了解各地市场的反应。这一试销期时间长达4年之久。换句话说，该商品从计划、研究、实验、生产到全面上市，总共花了12年时间。由于“冷冻干燥咖啡”试销成功，所以商品上市一年之后，它的销售量就直线上升，不但挽救了一项已呈现衰退的商品，同时也使通用食品公司走出了经营困境。

新产品的开发是一个企业生存发展的命脉。但是，新产品的开发也是风险极大的投资。为了降低风险，产品在上市之前，最好像通用食品公司那样进行试销，以试销来了解消费者的意见和反应，作为修正、改善或放弃的参考。这不正体现了鬼谷子“审量权”、“审揣情”的战略思想吗？

5 善于揣情，未卜先知

【原典】

常有事于人，人莫能先①，先事而生，此最难为。故曰揣情罪难守司。

【注释】

①先：超越。

【译文】

善于运用揣情为人谋事的人，总是让人无法超越。他总是在事情发生之前，就已经预料到了，这种料事如神的境界是最难达到的。所以说，揣情是最难把握的法术。

解读

“料事如神”靠的是经验和智慧

说某人预测事情很准，我们通常都会用“神机妙算”、“料事如神”、“未卜先知”等词来形容。但是，人毕竟不是神，不可能掐指一算就能前知五百年、后知五百年。预测，靠的是经验和智慧。

有这样一则寓言，说的是两头公牛为了争夺一片肥美的草地，发生了争斗。一只青蛙看到后，唉声叹气。其他的青蛙看到后很是不解，就问它：“你用得着这么发愁吗？这和你有什么关系啊？”这只青蛙答道：“唉，我们很快就要倒霉了。因为失败的那头公牛将被迫离开草地，而在荒野上一口草也吃不到，它肯定会来到我们这长满芦苇的沼泽地，把我们踩在脚底下。最终，我们大家都会变成肉泥。”这种担心不是没有道理的。果然，没过多久，被打败的公牛来到沼泽地栖身，蛙群受到了严重的伤害，一会儿就有几十只青蛙被踩死了。

那只“料事如神”的青蛙的推理其实也不复杂，但其他青蛙之所以没有想到，是因为他们没有意识到，或者说对潜在的危险视而不见。有的时候，真理其实是很简单的。问题是，让人们相信简单的真理，却很难。

春秋时期，秦穆公决定发兵长途奔袭攻打郑国。大夫蹇叔认为兴师动众，无法做好保密工作，郑国肯定会做好准备。秦穆公不听，派孟世明等三师率部出征。在部队出发时，蹇叔痛哭流涕地警告说，恐怕你们这次袭郑不成，反会遭到晋国的埋伏，只有到崤山去给士兵收尸了。果然不出蹇叔所料，秦军袭郑不成，只得回师。一个炎热的下午，晋军小股部队前来骚扰，孟世明下令追击。追到山隘险要处，晋军突然不见踪影。孟世明见此地山高路窄，草深林密。情知不妙，这时鼓声震天，杀声四起，晋军伏兵蜂拥而出，大败秦军，生擒孟世明等三师。

蹇叔在秦师未出之前，便料定郑国会做好防范，而且还料定晋军会在崤山设伏，后来果然一一验证。秦穆公作为“春秋五霸”之一，也是一位英明的君主，但这次不听蹇叔的话，不察敌情便轻举妄动，所以也难免遭到惨败。

人生如战场。人们想要获得成功，必定要先付出一定的代价。

辛亥革命前，是山西大德通票号最兴盛的时候，但总经理高钰没有得意忘形，而是冷静处事，凡重大进退总是三思而后行。当时，三岁的溥仪被扶上了皇帝宝座，高钰就看出天下将不安定的苗头，于是在经营上采取保守的做法。稍后，革命党人在南方的活动加剧。高钰便觉得事必大变，所以采取了急流勇退的方式，迅速收敛业务。高钰的这一举措，与当时票号界的隆盛局面极不相称，受到世人的讥讽。他的收敛之计刚刚就绪，辛亥革命就爆发了！于是，绝大多数票号由于准备不足，猝不及防，在挤兑风潮的袭击下纷纷关门！而在这些票号遭受灭顶之灾时，大德通票号却有备无患，安然渡过了这场金融风暴！

高钰的聪明之处，就在于他知道票号的经营与政局关系极大，一有大的政变，就可能引起灾难性的后果。因此，他密切关注时局的变化，以此为根据决定自己的经营策略，显然是一种十分明智的做法。

可见，说一个人“料事如神”，是因为他的经验和智慧均达到了很高的境界，能对事情未来的发展趋势进行相当准确的判断。鬼谷子说：“先事而生，此最难为。”这样的人高瞻远瞩，是真正的领袖型人才，也是每一个渴求成功的人效仿的对象。

6 妙语连珠，制胜有方

【原典】

言必时①其谋虑。故观蜎飞蠕动②，无不有利害③，可以生事变。生事者，几之势也。此揣情饰言成文章，而后论之也。

【注释】

①时：这里指时机。②蜎飞蠕动：泛指昆虫的飞动。蜎是没有骨头的昆虫，爬行时都必须屈伸身体，所以叫蠕动。③无不有利害：世间没有不具备利害之心的东西。

【译文】

游说活动必须深谋远虑地选择时机。所以，我们看到昆虫蠕动，都与自己的利益相关，因此才发生变化。而任何事情在刚刚产生之时，都呈现一种微小的态势。这种揣情，需要借助漂亮的言辞或文章，而后才能进行游说应用。

解读

文饰同样是不可或缺的部分

在一个人说话或写文章的时候，表达的义理固然是首要的，但文饰也不可或缺。为了强调文饰的必要性，鬼谷子用了“蜎飞蠕动，无不有利害”的比喻。

《论语》记载，有一天，卫国大夫棘子成对孔子的学生子贡说：“君子只要有好的本质就够了，为什么还要注意自己的语言呢?”子贡说：“您这样说是不对的。俗话说：一言既出，驷马难追。我们说话的时候应该特别注意。就像虎豹的皮和犬羊的皮，它们的区别既在于本质，也在于花纹，如果把这两类兽皮上的毛拔去，那么两者看起来就差不多了。”子贡的意思是说：说话要注意文采和修辞，因为人们对于自己说过的话，是要负起责任来的。棘子成听了连连点头，认为很有道理。

看问题当然首先要看实质，但在实质的基础上，还应注意适当合度的修饰。适当的文饰，有助于发挥积极作用。正所谓：“言之无文，行而未远。”

《春秋》里有“郑伯克段于鄢”这一篇，讲的是郑庄公和弟弟共叔段相争的故事。庄公先是纵容共叔段做错事，等共叔段正式谋反的时候，庄公就把他赶跑了。《左传》解释时说：由于共叔段违背了做弟弟的本分，所以《春秋》不用“弟”字称呼他；这件事如同两个国君之间争权，所以用“克”字；又由于郑庄公对弟弟有失教诲，所以经文不用郑庄公的谥号，而用“郑伯”，表示对他的批评。这种所谓的“春秋”笔法，虽然在今天被很多人诟病，但也表明古人对于文字表述是何等的严谨。

一个人如果内在的品质优秀，那么再加上外在的仪表高雅，秀外慧中，就更显示出一种人格的魅力了。所以孔子说：“文质彬彬，然后君子。”外在的文饰和内在的品质，正是文与质的关系。文质双兼，就有彬彬之美了。

晋武帝司马炎手下有一名叫满奋的臣子，晋武帝对他非常器重，经常召他进宫商议国事。满奋从小生长在温暖的南方，特别怕冷，一到冬天，就感觉苦不堪言。一天，晋武帝召见满奋，他知道满奋畏寒，就命人在北窗下立了一扇琉璃屏风。满奋顶着风，好不容易进了宫。晋武帝赐座后，一个侍臣把椅子放到北窗下。满奋不由得浑身打战。坐吧，怕冷风吹；不坐吧，恐怕对皇上不敬。他局促地站在原地，不知如何是好。晋武帝看到满奋左右为难的样子，大笑说：“你就放心坐下吧，那是琉璃屏风，挡风的效果更好。”满奋这才松了口气，同时又很不好意思，就自我解嘲道：“我就像吴地的水牛，一看到月亮就吓得直喘气。”满奋为什么这样说呢？原来，吴地的水牛怕热，一看到太阳，就会喘个不停。所以一到夏天，水牛就喜欢泡在凉水里，在阴凉的地方歇息。有的水牛看见月亮，误以为是太阳出来了，也会吓得不断喘起气来。满奋在这里把自己心中的惧怕借一种自然现象说得惟妙惟肖，起到了很好的解嘲作用。

文饰要恰如其分，不可太过。因为文饰只是促进事业成功的助因，而不是主因，决定因素仍然是内在的实质。如果文饰太过，超过限度，不符其实，那就适得其反。文过盛，实必衰，这是必然的道理。如果你用翡翠作钓线，桂枝作钓饵，渔竿是够美了，鱼看了却一定会吓跑。正像浓妆艳抹，往往会掩盖容貌本身的清丽；过于华美的文辞，也常常会妨碍思想的表达。人们往往会只记住文字，却没有注意文字中蕴含的思想，这对于文人而言实质上是一种失败。唐宋古文运动，其目的就是反对此前文坛堆砌辞藻、无病呻吟之风，提倡直抒胸臆、真情实感之文。因为这样的文章才能代表真实思想，但这个分寸实在难以把握。

像某些包装华美的商品，金玉其表，败絮其中，到底是骗不了人的。但是，质优价廉的产品，如果包装粗劣，同样不被市场接受。可见，外表的文饰美化也是不可忽视的重要因素。

摩篇第八

本篇“摩术”是上一篇“揣术”的姊妹篇。上篇讲了揣测的重要性，本篇针对上篇，具体提出了如何去“摩”。摩，本意为揉擦，这里指通过适当的言论刺激对方，以获知其真实意图。因此，摩可视为揣的一种具体运用。本篇列举了不少摩的具体方法，如责以正义、诱以利益、施以威吓等。我方通过“揣情”，明确了对方的意图之后，即可择法而行之，称为“摩意”。善于摩意者，必具有超强的思维能力，他们能根据同气相求的规律，将心比心，将事比事，从而准确察知对方的内心欲求。

1

测探内情，成事无患

【原典】

摩[①]者，揣之术也。内符[②]者，揣之主[③]也。用之有道，其道必隐[④]。微摩之，以其所欲，测而探之[⑤]，内符必应。其所应也，必有为之[⑥]。故微而去之，是谓塞窌[⑦]、匿端[⑧]、隐貌、逃情，而人不知。故能成其事而无患。

【注释】

①摩：揉擦，切磋。这里指通过刺激、试探，从而了解内情。②内符：情欲活动在内，符验就表现在外。③揣之主：揣的主要对象，指内符。④隐：隐秘。⑤测而探之：观测、研究，以探求其真实的欲求。⑥有为之：有作用。⑦窌：地窖。⑧匿端：匿，隐藏；端：端绪、开始、前兆。隐匿其端绪。

【译文】

所谓“摩意”是一种与“揣情”相类似的方法。“内符”是“揣”的对象。进行“揣情”时需要掌握“揣”的规律，而这些规律都是隐而不现的。这就要适当地去“摩”，投其所好进行测探，其内情就会通过外符反映出来。内心的感情要表现于外，就必然要做出一些行动。这就是“摩意”的作用。在达到了这个目的之后，要在适当的时候离开对方，把动机隐藏起来，消除痕迹，伪装外表，加避实情，使人无法知道是谁办成的这件事。如此，便可达到了目的，办成了事，却不留祸患。

解读

“隐藏”与“装傻”

鬼谷子所说的“摩”，就是要通过言语刺激等方式，使对方的真情充分暴露出来。与此同时，要做好隐蔽的工作，尽量不暴露自己的内心。这样做的目的，就是要掌握主动权。正所谓“人在明处，我在暗处”，这是所有的谋略家所追求的境界。

魏国有一名大将叫庞涓，他指挥魏军打了不少胜仗，自以为是了不起的军事家。可是他心里明白，与同学齐国人孙膑相比他就犹如荧荧之火遇皓月之光。据说孙膑是著名的军事家孙武的后代，只有他知道祖传的十三篇兵法。

庞涓妒忌孙膑的才能，居心不良，安排了一条陷害孙膑的诡计。他向魏惠王（魏国国君）举荐孙膑，魏惠王很高兴地派人请来孙膑，共议国是。孙膑的才华处处显露出来以后，庞涓在魏惠王面前诬陷孙膑私通齐国谋反。魏惠王大怒，要杀孙膑，庞涓又假意讲情，结果孙膑被治了罪，剜掉了双腿的膝盖骨，成了残废。

后来孙膑知道了这是庞涓的诡计，一怒之下，烧掉了即将写成的兵书，装疯卖傻，麻痹庞涓，再设法逃脱。

恰好齐国的一位使臣到魏国办事，偷偷把孙膑藏在车内，混过了关卡，带到齐国。

齐国国君十分敬重孙膑，想拜他为大将，孙膑极力推辞：“我是个受过刑的残废，如果当了大将，众人会笑话的。”齐威王就让他作军师，行军时坐在有篷帐的车里，协助大将田忌作战。

在孙膑的策划下，齐军连打胜仗。公元前342年，庞涓带魏军攻打燕国，田忌、孙膑率齐军救燕。孙膑指挥军队不去燕国，而是直接攻打魏国。这就是历史上著名的“围魏救赵”。

庞涓得到情报，忙从燕国撤兵赶回魏国。路上庞涓观察齐军扎过营的地方后发现：第一天的炉灶数，足够十万人吃饭用的；第二天的炉灶数，够五万人吃饭用的了；第三天的炉灶数，只够三万人吃的了。庞涓放了心，笑着说：“我就知道齐兵都是胆小鬼，到魏国才三天，十万大军就逃散了一大半。”他下令急追齐军。

魏军一直追到马陵（现河北省大名县东南），天渐渐黑了，马陵道在两山之间，路很窄，两旁都是深涧。这时，有士兵报告：“前面山道都用木头给堵住了。”庞涓急忙上前去看，果然如此，只有一棵大树没被砍倒，大树上还有一大片树皮被砍掉了，上面好像还写着字。庞涓命人拿火把来，借火光一看，他大惊失色，原来上面写的是“庞涓死于此树下”，落款是“孙膑”。庞涓急忙撤兵，但是已来不及了。这时四面杀声震天，无数支箭一齐射来，庞涓身中数箭，死在树下。

原来孙膑使用诱兵之计，一路上造成齐军逃散的假象。他料定了庞涓会在傍晚时追到马陵，早在此处设下了埋伏，他吩咐士兵：只等树下火光一起，就一齐放箭。

孙膑用减灶的方式，故意向庞涓示弱，让庞涓相信齐军已逃亡大半而沾沾自喜，从而产生轻敌的心理。实际上，齐军实力丝毫未损，最终在马陵之战中射杀庞涓。

在战争理论中，有一条重要的原则就是要注意隐藏自己的实力，故意让对手认为我不具威胁而产生轻视心理，等到敌人大意而来，所有的弱点均暴露无遗时，我再加以重拳出击，一举击溃对方。

在现代商业领域中，也可以借鉴古人的这些战术，其有效性已经被很多实例所验证。

美国的一家食品店雇佣了一个15岁的年轻人。有一天，老板叫他把20篓在冰冻厂受损的香蕉卖出去。这些香蕉只是外面的皮太熟了，黑乎乎的，颜色不好看，但质量绝对没有问题。当时，市场上完好的香蕉价格是每磅 7 ~ 8 美分，老板让他每磅卖 5 美分，还嘱咐他说如果实在没人买，就随便甩卖算了。年轻人没有按照老板的吩咐去做，而是在成堆的香蕉面前叫卖道：“阿根廷香蕉，快来买啊！”因为名字很新奇，所以吸引了很多人前来围观。年轻人向着人群解释说：“这些阿根廷香蕉是第一次销到美国，由于是试销，所以低价出售，每磅只要 10 美分。”围观者听了年轻人的话，都想买阿根廷香蕉尝尝。不到一个上午，这些香蕉就被抢光了。就这样，受损香蕉卖出的价格反而比新鲜完好的香蕉还要高。

这个年轻人不是别人，就是后来成为食品大王的亿万富翁普洛奇。普洛奇卖“阿根廷香蕉”，是其经营天才的牛刀小试而已。他没有按照老板的常规想法去做，而是一反常理，利用人们追求新奇的心理，高声叫卖“阿根廷香蕉”，抬高价钱，反而销售一空。通过巧妙伪装和隐藏自己，化不利为有利，不仅解决了难题，而且还赚取了意外的利润。

石油大王洛克菲勒曾经给他儿子写过很多信，信的内容大多是告诉儿子做人的道理以及为人处世的方法。其中有一封信中说“装傻也是一门学问”。这句话说得多好，与我们平时说的“难得糊涂”是同样的道理。装傻的另一面是“锋芒毕露”，太锋芒毕露往往会适得其反。装傻需要很大的勇气和毅力，有时还需一时的自取其辱。如此涵养与忍耐是一般人是很难做到的。

在政治风云中，有时当危险降临到自己头上时，要学会装傻充呆，以达到逃避危难、保全自身的目的。

虽然“装傻”是很辛苦和不容易的，但是到了危及生命的时候，还是一种很有效的生存技巧。

装傻表面虽傻，但内心却是非常清醒的。这算是一种高招，因为它能够更好地保全你自己。正是所谓的“大智若愚”。

其实，装傻不仅是一门艺术，更是一种境界。准确地说，装傻是聪明人所为。在形势对自己不利的时候，表面上装疯卖傻，给人以碌碌无为的印象，实际上却是隐藏自己的才能，掩盖自己的政治抱负，以免引起政敌的警觉，以等待时机，实现自己的抱负。装傻，用于政治谋略，就是韬晦之计。兵法上所讲的“明修栈道，暗度陈仓”同样也是引开敌人的注意力，而暗地开己之路。人在明处，我在暗处，说起来简单，其实很难，它需要有大智慧、大定力，从而才得以达到鬼谷子所说的“成其事而无患”的要求。

2 善用“诱饵”事半功倍

【原典】

摩之在此，符应①在彼。从而应之，事无不可。古之善摩者，如操钓而临深渊，饵而投之，必得鱼焉。故曰主事②日成而人不知，主兵③日胜而人不畏也。

【注释】

①符应：与之呼应。②主事：所主持的事情。③主兵：指挥军队。

【译文】

“摩”对方是在这个时候，而对方表现自己是在那个时候。只要我们有办法让对方顺应我们的安排行事，就没有什么事情是不可办成的。古代善于“摩意”的人，就像拿着钓钩到水潭边上去钓鱼一样。只要把带着饵食的钩投入水中，不必声张，悄悄等待，就可以钓到鱼。所以说：主办的事情一天天成功，却没有察觉；指挥的军队日益压倒敌军，却没人感到恐惧，只有做到这样才是高明的。

解读

“香饵钓鱼”在战场和商场中的运用

《鬼谷子》中说：“古之善摩者，如操钓而临深渊，饵而投之，必得鱼焉。故曰主事日成而人不知，主兵日胜而人不畏也。”大意是，古代善于运用“摩”术的人，就如同拿着钓钩到水边钓鱼一样。只要把鱼饵投下去，就一定可以钓到鱼。所以说，他主办的事情日益成功，而人们仍不知他是如何成功的；他指挥的军队日益压倒敌军，而人们仍不知战争的可怕。

战国时，齐湣王是一个恃强好战的君主。他仗着齐国兵力强大，四处征讨。三十年的征战，使齐国钝兵拙锐，国力日衰，兵弱将寡，将士离心。这时，燕昭王采取了乐毅的建议，统率燕、秦、楚、韩、赵、魏的军队一起攻齐，一举而拔城七十余座。齐湣王本人死于逃亡途中。齐湣王连年征战，导致国力衰弱，最终败亡的史实，正是对战争的危害认识不清的恶果。

能真正做到“不战而屈人之兵”，才是真正的雄才大略。这一原则的基础，就是自己的国家要强大，军事、经济实力足以压倒对方，这样才能在政治上处于主动地位，通过外交途径达到不战而胜的目的。

三国时期，蜀将关羽围困魏地樊城、襄阳时，曹操想迁都，避开关羽的锋芒。司马懿和蒋济力劝道：“刘备和孙权表面上是亲戚，其实疏远。关羽得意，是孙权不愿意看到的。可以派人劝孙权攻击关羽的后方，并答应把江南地方分给孙权，则樊城的包围自然可以解除。”曹操用了他们的计谋，关羽终于兵败麦城，被东吴俘虏。

同样的一件事情，有多种多样的解决方法。有的方法能够成功，有的方法却注定会失败。很多时候，即使多种方法都能够获得成功，其中也总有最便捷的一种。比如要想放倒一棵大树，可以有多种方法。想通过自己的力气把树推倒的人是一个愚蠢的人；用斧头一下一下把树砍倒的人也能够达到目的，但耗时费力；而使用电锯的人最聪明，最快最省力地解决了问题。世界

上的任何事情都是这样。恰当的方法常常可以起到事半功倍的效果。所以，做事情之前，思考一个最恰当的方法是十分必要的。

公元339年，东晋大将桓温举兵讨伐燕国。燕王慕容玮力量不支，于是派使臣到秦国，提出将虎牢关以西地区送给秦国，以此为条件，请求秦国出兵援助。秦王苻坚与群臣商议此事。大多数人都不同意发兵救燕，因为当初桓温攻打秦国时，燕国只是袖手旁观。但是，大臣王猛的意见与众不同，他分析说："如果我们不救燕国，桓温势必会占领燕国，那他的力量会更加强大，这对秦国极为不利。如果我们与燕国合兵一处攻打桓温，桓温必然败退而去。这样一来，燕国的力量会在战争中大大削弱，那时我们就可占领燕国。"苻坚听从了王猛的计谋，派兵两万去救燕。在燕秦联军的顽强抵抗下，桓温被迫退出燕国。在从燕国撤退之前，秦军向燕王索要虎牢关以西地区。燕王此时有意抵赖，这正中苻坚的下怀，他以燕王不守信用为由，一举吞并了燕国。苻坚先救燕后灭燕，虽然不是兵不血刃，但毕竟比直接攻打要省事许多。

在现在的市场营销中，也需要用到这一计谋。市场营销是个人和群体通过创造并通过他人交换产品和价值以满足需求和欲望的一种社会和管理过程。我们很容易就看清楚：消费者的需求和欲望在这种管理过程中起着决定性的作用。消费者是一切市场营销活动的中心和目标。

我们必须看到，每一次成功的营销活动都与更贴近消费者息息相关。几乎所有的新的成功营销都得益于"消费者至上"的营销之道。更好的产品，或者是更好的品牌形象；更好的市场定位，或者是更有效的广告；更好的促销创意，或者是更得当的公关推广，都必须从消费者的身上获得力量的源泉。脱离了消费者，一切营销企划就会变成花拳绣腿，中看不中用。脱离了消费者，再高明的营销大师都会一筹莫展。

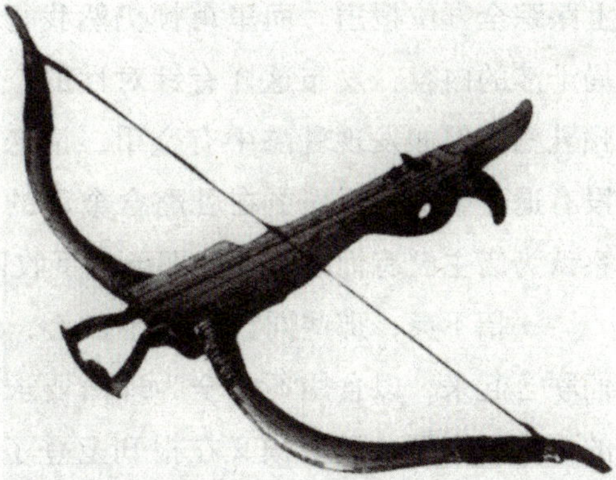

如何争取到更多的消费者，或者说如何让自己的产品受到消费者的青睐，这需要周密的谋划。因为做事情最重要的就是做事的方法，而不是事情本身，更不是其他因素。所谓做事的方法，也就是做事的策略。只有正确的策略才能保证事情更快更有效地完成。就好像钓鱼一样，只要投下鱼儿喜欢吃的诱饵，鱼儿总会上钩。

市场竞争说到底就是如何吸引更多的消费者来购买自己的产品？现在产品的同质化越来越严重，竞争越来越激烈，要想在激烈的竞争中，占有更多的市场份额，企业必须要学会谋划，将顾客吸引过来。做事前谋与不谋，效果是截然不同的。

善于谋划的企业，总是悄悄地抛下诱饵，让消费者不期然而至。要收到这样的效果，必须仔细分析消费者，以消费者为中心，针对他们的需求，发现他们的需求，有的放矢抛下诱饵，如此才能够做到事半功倍。

“世界红茶大王”——英国的里甫顿，以高明的营销才能誉满天下。

有个冬季，一位乳酪制造商请里甫顿替他在圣诞节前的商品特卖期销售乳酪。思考了一阵后，里甫顿定下了“投李索桃”的策略，准备以50∶1的比率在乳酪里装入一块金币。此前，他用气球在空中广发传单，大肆宣传：接着在蜂拥而至的人群面前当众装入金币。这50∶1的金币使整个苏格兰沸腾了。因为在欧美曾流行这样一种说法：谁若在圣诞节前后所吃的糖果中吃到了一枚六便士的金币，他将大吉终年，万事如意。当地的报纸对于这样一个奇特的消息自然大登特评，甚至有的剧团也以此为题进行表演。于是里甫顿得到一大批免费宣传员。

在金币的诱惑下，等到了销售日，凡是卖里甫顿乳酪的商店门前，都是人山人海，挤满了争购的人群。成千上万的消费者涌进店里购买乳酪，使其乳酪销售量剧增，令里甫顿的同行们嫉妒不已。于是就有人偷偷到苏格兰当局告发里甫顿，说他的经营做法有赌博嫌疑，当局派警察干涉，新闻机构马上跟踪全方位报道。而里甫顿仍然我行我素，仍是大力销售乳酪，并根据当局干涉的内容，发布这样有针对性的广告：亲爱的顾客，感谢大家喜爱里甫顿乳酪，但如发现乳酪中有金币，请您将金币送回，谢谢合作。消费者不但没有退还金币，反而更在乳酪含金币的声浪中踊跃购买，而苏格兰当局的警察认为店主已有悔改之意，即已着手收回金币，便不再加以干涉。

一招不灵，那些同行们并不灰心，继而促使他们采取进一步的行动，他们联合起来，以食用不安全为理由要求警方取缔里甫顿的危险行为。在警方的再度调查下，里甫顿又在报刊上登了一大页广告：根据警方的命令，敬请各位食用者在食用里甫顿乳酪时，一定要注意里面有个金币，不要匆忙，应十分谨慎小心，以免误吞金币造成危险。

这则表面上是应付警察和同行们的说明，而实际上又是一则更生动具体的广告，无形中又掀起了一次购买里甫顿乳酪的热潮。

据经营专家们推测，里甫顿的气球广告，当局警察的干涉，同行的抗议以及后两次广告说明，都是里甫顿在炒作。他炒得一波三折，富有戏剧性，堪称炒作之典范。

操钩而临深渊，饵而投之，必得鱼焉。里甫顿深知“钓鱼时要投入香饵”。无饵者门可罗雀，有饵者门庭若市，有无诱饵给销售带来的是天壤之别的差异。里甫顿利用金币的诱惑作用使乳酪的销量突飞猛进。牺牲了一点金币，换回的却是“日进斗金”的收益。真是“钓者露饵而藏钩，故鱼不见钩而可得”。加之同行们的围追堵截，当局警察的积极干涉，新闻机构的全方位报道，都渲染了乳酪销售的空前盛况。里甫顿阳奉阴违，游刃有余地进行大肆炒作，终使其推销的奶酪声名鹊起。

如今，“香饵钓鱼”在广告宣传中已司空见惯了。喝酒可以喝到金球，吃蜜饯可以吃到港币，一杯可乐可以使万元钞票唾手可得。恰当地使用该手段，确实可以做到“主事日成而人不知，主兵日胜而人不畏也”。

3

未雨绸缪，相机而动

【原典】

圣人谋之于阴①，故曰神；成之于阳②，故曰明。所谓主事日成者，积德也；而民安之不知其所以利③，积善也。民道之不知其所以然，而天下比之神明也。主兵日胜者，常战于不争不费，而民不知所以服，不知所以畏。而天下比之神明④。

【注释】

①谋之于阴：悄悄地谋划、策划，不让人知道。②成之于阳：公开实现目的。③其所以利：之所以有利。④比之神明：当作神奇和圣明。

【译文】

圣人谋划事情总是在暗地里进行，人们不知就里，故称之为“神”；而他所取得的成功都显现于众人眼前，所以人们称之为“明”。圣人“主事日成”，一是由于他暗中施德泽于民，使老百姓安居乐业，老百姓尚不知是如何得到这些好处的；二是由于他暗中积累善行，老百姓只知说好，却不知道为什么会这样。天下人都把这样的人比之为神明。圣人“主兵日胜”，是由于他不热衷于争城夺池，战争的消耗很小，老百姓不知道敌国为何拜服，也不知道战争有什么可怕。天下人都把这样的人比之为神明。

解读

该隐藏时则隐藏，该露相时则露相

鬼谷子所说的“圣人谋之于阴”，说的是圣人言行谨慎，做事不张扬，只有如此，才能“主事日成”、“主兵日胜”。中国人最擅长的就是韬光养晦了，因为一个人锋芒太露，很容易招致他人的嫉恨，并最终为自己带来祸患。

明朝的时候有个叫沈万三的人，号称“天下首富”，为人处世高调招摇。当初朱元璋起事的时候，他赞助了大笔的银子。由于人们搞不清此人是如何做到富可敌国的，于是便传说他手中有一个聚宝盆，可以源源不断地生聚财富。据说，明帝国首都南京城的城墙、官府衙门、街道、桥梁有一半是该人捐资修建的。这使皇帝朱元璋的心里很不舒服，心想：他有如此多的财富，以后万一反叛谁能制止得了。于是，决定除掉他。后来有一次军队胜利凯旋，沈万三为了破财免灾，讨好朱元璋，便自说自话地提出申请，说愿意再捐一大笔钱，供天子犒赏军队。于是朱元璋借题发挥说：一介平民，却要犒赏天子的部队，必是贪污犯上的乱民，其罪当诛。随即，沈万三被发配充军云南，以后沈家九族也大受株连。

古语有云：“木秀于林，风必摧之。”太过招摇了，不是什么好事情。俗话“人怕出名猪怕壮”，说得也是这个道理！深藏不露的人，表面上看来好像他们都是庸才，胸无大志，实际上只是他们不肯在言语上和行动上露锋芒而已。因为他们有所顾忌，言语露锋芒，便要得罪旁人。得罪旁人，旁人便成为阻力，成为破坏者；行动露锋芒，便要惹旁人的妒忌，旁人妒忌，也会成为阻力，成为破坏者。表现本领的机会不怕没有，只怕把握不牢，只怕做出的成绩不能使人满意。

在生活中，寒光森森的锐器往往会使人感到威胁和震慑。同样，一个人的才智过高，在人与人的交往中也会使人产生类似的感觉，会使人生出一种距离感，或产生回避、逃遁的心理意识，甚至成为你的阻力，成为你的破坏者。因为人从根本上讲是趋弱去强的。所以当人处在少壮年轻的时候，如果锋芒太露，就会丧失掉一些机会和朋友，就会延长到达成功的距离。等到你明白这种道理的时候，已经时过境迁，悔之晚矣。这正应了“盈则损，直则折”这句话。弱者有弱者的幸运，强者有强者的不幸，而人生就在幸与不幸之间。

万石君姓石，名奋，十五岁做小官吏，侍候高祖。高祖和他谈话，喜欢他的恭谦，问他说：“你还有什么人?”他回答说：“我只有母亲和一个姐姐。母亲不幸失明、家里贫苦。”高祖说：“你能跟随我吗?”他说：“愿意为您效劳。”于是高祖召他姐姐来封为美人，让石奋任中涓，把他家迁到长安城里的中戚里。他做官靠积累政绩当上了太中大夫。他虽然没有什么学识文化，但恭敬谨严没人能比。到孝景帝即位，石奋的四个儿子都因为品行端正，孝敬父母，办事谨严，做官做到了二千石。景帝称赞说：“石君和四个儿子都是二千石官员，作为臣子的尊贵光宠竟然集中在他一家。”于是，称呼石奋为万石君。

孝景帝晚年，万石君回家养老，每年定期作为大臣参加朝会。经过皇宫的门楼，万石君一定下车疾走，看见皇帝的车驾，一定俯身按着车前横木表示敬意。他的子孙做小官，回家来见他，万石君一定穿着朝服出来，不称呼其名字。子孙有错误，不是谴责，而用不坐正座，面对食案而不吃来表达他的不满情绪。然后儿子们互相责备，通过长辈的帮助说情，犯错的人光着上身坚决地请罪、认错，改正错误，他才原谅。皇上时常给他家赏赐食物，他一定跪下叩拜俯伏着吃，好像就在皇上眼前。子孙遵循他的教导，像他一样跪拜下来吃。万石君一家凭着孝敬谨严而闻名于各郡各国。

太史公说：孔子有句话“君子言语要迟钝，行动要迅速”，说的大概就是石奋吧？因此他的教化不急而成功，不苛刻而安定。这可以说是行为忠厚的君子了。

汉代贾谊，以诵诗通经闻于郡中。吴廷尉为河南太守，听说他的锦绣文采，召至门下，甚是喜欢。汉文帝初立，闻河南太守吴公政绩为天下第一，且此人原来与李斯同邑，曾从师李斯，于是征召他为廷尉。

这时贾谊才二十刚出头，在众大臣中年龄最小。每次皇帝召集大臣议事，

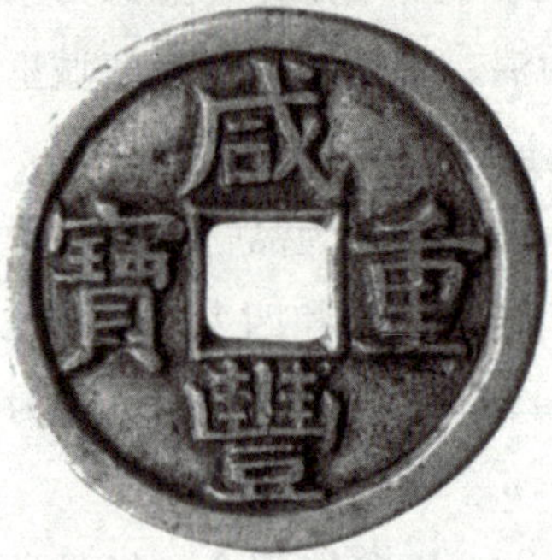

诸老先生不知道怎么表达的话语，贾谊都耐心地帮他们把话讲出来。诸生于是乃以为能力不及贾谊。汉文帝悦之，便越级提拔他，一年之内就官至太中大夫。

贾谊自以为汉朝立朝已二十多年，已达到天下大治，因而当改正朔，易服色，法制度，定官名，兴礼乐。他还自作主张，草撰了新的仪规法礼，认为汉代的颜色以黄为上，黄即土色，土在五行位第五，故数应用五。还自行设定官名，把由秦传下来的法律全部废除了，换成新的制度，虽然汉文帝刚即位，不敢一下子都按贾谊的意见去办，但却以为贾谊可以担任公卿。大臣周勃、灌婴、东阳侯张相如、御史大夫冯敬等贵族都因此而嫉恨贾谊，常常在文帝面前说贾谊的不是："年少初学，专欲擅权，纷乱诸事。"于是文帝不再重用亲近他，不再采纳他的建议，让贾谊当长沙王的陪读太傅。过了一年多，文帝召见贾谊，与贾谊长谈至夜半，但是"不问苍生问鬼神"，贾谊不能自陈政见。后又让贾谊当梁怀王太傅。贾谊数上疏谏，言诸侯或连数郡，非古之制，可稍削之。文帝不听。过了几年，梁怀王学骑，坠马而死。贾谊痛恨自己没有尽到老师的责任，哭泣岁余，亦死，年仅三十三岁。

年少才子贾谊本来学富五车，才高八斗，聪慧能干，得到皇帝的赏识本是理所当然。但是，贾谊毕竟太年轻，他锋芒毕露，不懂得自我保护，看不到身边的危险，致使自己力尽而寡助，落得少年悲哀。

当然，深藏不露的"藏"也是为了"露"，在时机成熟时，要毫不含糊地表现自己。就像当年毛遂向平原君自荐时说的："吾乃囊中之锥，未曾露锋芒，今日得出囊中，方能脱颖而出。"

战国时，秦国大军攻打赵都邯郸，赵孝成王命平原君赵胜去楚国求救。平原君打算带二十名文武兼备的人跟他同行。他手下虽有三千门客，但挑来挑去只挑中了十九人。这时，坐在末位的门客毛遂站了起来，向平原君自荐同行，平原君于是答应他同去。来到楚国，平原君跟楚王谈合纵的事，毛遂和其他十九个门客都在台阶下等着。从早晨一直到中午，平原君也没有说服楚王。毛遂于是带着宝剑快步上了台阶，说：“当年楚怀王当了秦国的俘虏，死在秦国，这是楚国最大的耻辱。秦将白起只带几万人就夺了郢都，逼得大王迁都，这些就连我们赵国人也替你们感到羞耻。今天我主人跟大王来商量合纵抗秦，既是为了赵国，也是为了楚国。”毛遂这一番话像锥子一样，句句戳在楚王的心上。于是，楚王与平原君当场歃血结盟。随后，楚王派大军奔赴赵国救援。平原君回赵后，待毛遂为上宾，并感慨地说：“毛先生一到楚国，楚王就不敢小看赵国了。”

是金子总会发光，但也不能老把金子埋在地里。把握机遇的能力也很重要，一旦机会来临，千万不要错过。真人不露相，这是千真万确的。但永远都不露相的，肯定不是真人。

3 面对不同事情，善用不同技巧

【原典】

其摩者，有以平，有以正，有以喜，有以怒，有以名，有以行，有以廉，有以信，有以利，有以卑。平者，静也；正者，宜也；喜者，悦也；怒者，动也；名者，发①也；行者，成②也；廉者，洁也；信者，期也；利者，求也；卑者，韬也③。故圣人所以独用④者，众人皆有之，然无成功者，其用之非也。

【注释】

①发：扩大名声，这里指有声誉。②成：使其成功。③卑者，韬也：所

以要谦卑，是为了韬光隐晦。④独用：单独使用。

【译文】

在实施“摩意”时，有用和平进攻的，有用正义责难的，有用娱乐讨好的，有用愤怒激励的，有用名望威吓的，有用行为逼迫的，有用廉洁感化的，有用信誉说服的，有用利益诱惑的，有用谦卑夺取的。和平就是安静，正义者，娱乐就是喜悦，愤怒就是激动，名望就是声誉，行为就是实施，廉洁就是清明，利益就是需求，谦卑就是韬晦。所以，圣人所独用的“摩意”之术，平常人也都可以具有。然而没能运用成功的，那是因为他们用错了。

解读

借力使力，利益就是需求

要想在竞争中获得胜利，一定要诉诸一定的手段。根据目标的不同，采取的手段也应各不相同。主要的问题在于，你的手段是否有效，是否能打动你想打动的人。鬼谷子在这里提出了各种不同的策略，对我们颇有借鉴意义。

东汉末年，群雄并起。时年孙策年仅十七岁，他继承父志，势力逐渐强大。公元 199 年，孙策欲向北推进，准备夺取卢江郡。但占据卢江的刘勋势力强大，孙策认为硬攻很难取胜，便派人给刘勋送去一份厚礼，并在信中把刘勋大肆吹捧了一番。孙策以弱者的身份向刘勋求救，说上缭经常派兵侵扰，我们力弱，不能远征，请求将军发兵降服上缭。刘勋见孙策极力讨好他，万分得意。上缭一带十分富庶，刘勋早想夺取，今见孙策软弱无能，免去了后顾之忧，因此决定发兵上缭。部将刘晔极力劝阻，刘勋哪里听得进去？而孙策则时刻监视着刘勋的行动，见刘勋亲率几万兵马去攻上缭，城内空虚，心中大喜，立即率领人马，水陆并进，袭击卢江，几乎没遇到抵抗，就十分顺利地控制了卢江。此时刘勋猛攻上缭，一直不能取胜。突然得报，孙策已取卢江，情知中计，但后悔已经来不及，只得灰溜溜地投奔曹操。

利益就是需求。当利益摆在你面前的时候，不要盲目地去争夺，有时候利益也是伴随着陷阱一起到来的。而掌握好利益的分寸，另辟蹊径的做法，有可能帮助你获得意想不到的成功。

人活在一个社会整体之中，个人的力量是非常薄弱的，很多时候都必须借助他人的力量来助己成事。“所谓三个臭皮匠，顶个诸葛亮”、“众人拾柴火焰高”、“人多力量大”就是这个道理。善于借助他人力量的人，前面的道路也将会更加平坦。

从前，齐国贵族公子孟尝君，门下养了食客几千人，个个都很有本事，文的能通今博古，武的能斩关夺寨，但也有少数市井无赖混在其中。孟尝君平时一向善待手下门客，即使对那些市井无赖，比如像做贼的、搞杂耍的，他也能不分贵贱，一视同仁，平等地看待他们，因此，他们对孟尝君都颇为感激，十分愿意为他效力。

后来，孟尝君作为人质到秦国去做宰相，不久之后，他想辞官回家，却被秦国扣住，不放行。此时他的食客中有一个惯偷，世上没有他偷不到的东西，为了解救孟尝君，这个小偷就在夜晚摸到秦王宫内，把一件价值连城的狐皮大衣偷到了手，然后让孟尝君把皮衣献给秦王最宠爱的姬妾，以求这个女人去向秦王说情，孟尝君这才获得释放。

不久秦王就对放走孟尝君反悔了，马上派人去把孟尝君追回来。夜间孟尝君一伙人来到城门口，城门已经紧闭，根本逃不出去。恰好食客中有一个会口技的，他学起鸡叫，惹得四周雄鸡都应声叫了起来。守关的士兵听见鸡叫，以为天将亮了，就按作息时间把城门打开，孟尝君趁机逃出秦国，脱离了危险。

如果孟尝君的手下没有这些鸡鸣狗盗之徒，孟尝君绝对逃不出秦王的掌握。孟尝君平时不分流品、平等待人的用人之策在这里大见功效。

对人要一视同仁，既要不论出身，也不要用有色眼镜和偏见去看待人，

这是因为人是多种多样的，不可因自己的喜好而顾此失彼。有人对蒋家王朝四大家族之一的孔祥熙的用人之道做过总结说："孔氏用人，善善而不能用，或虽用而仍故掣其肘，不尽其才；恶恶而不能去，或虽去而仍藕断丝连，不种仇恨。"世故圆滑，"人情"透深。用人的中庸之术，不可不学，不得不学。当今的领导者，也应注意运用这种不拘一格降人才的用人之术，它随时都可能使你大受其益。

圣人尚有欠缺，何况凡人？事必躬亲，则不可能成大事，其结果往往是事事无成。我们应该学会善于借助他人的力量，唯有善于借助他人的力量，自己才有更多的时间和精力处理更重要的事情。为人处世不能以自己的智慧代替所有人的聪明才智，要充分借助他人的力量来协助自己开展工作，针对不同的人，用不同的方法加以借助，懂得如何使用借力，从而借人之力为己之力，这才是真正高明的处世之道。

如果你把两棵植物紧挨着栽种的话，它们的根部就会互相纠缠，从而改善土质，两棵植物都比单独栽种生长得更加粗壮。而如果把两根木头捆在一块，它们所能担负的重量要大大超过各自所能承担的重量之和，整体大于各部分之和，一加一等于三，甚至更多。物犹如此，何况人呢？

伍子胥名伍员，本是贵族出身，他的先人伍举在楚庄王时即已显贵。他父亲伍奢是太子太傅，费无忌是太子少傅。楚王让他们二人共同辅佐太子建。太子建身边的这两位恰恰是一忠一奸。伍员的父亲因为忠于太子建而终致死，费无忌却因为出卖太子建而得到昏庸君王的宠幸。

楚平王要为太子建娶媳妇，可是费无忌却找寻到为自己邀功的机会。他心怀不轨，竟然将本应为太子迎娶的秦女奉献给楚平王。费无忌是十足的小人，他不仅跳槽到楚平王身边，还谗言太子建谋逆。太子太傅伍奢力劝楚平王，不要因为小人的离间而伤害了骨肉亲情。楚平王哪里听得进去？太子建被逼得逃亡到宋国，伍奢因为忠于太子而被囚。费无忌的心病仍未消除，他深知伍奢的两个儿子都很有才干，不诛杀将会危及自己的生命。昏庸的楚平王再一次听信谗言，要求伍奢将两个儿子招来一同处死。伍奢深知自己的两个儿子，伍尚为人忠义，他随父同死是没问题的；但伍员为人刚戾忍诟，终会成就大事的，不会生而就擒。果然，伍员对其兄伍尚说："不如奔他国，借力以雪父之耻。"

伍子胥为了报仇逃到了吴国。受到吴国公子光的信任，伍子胥向公子光推荐勇士专诸，为公子光刺杀了吴王僚，公子光于是自立为吴王，即为阖闾。此后伍子胥便被聘为行人（官名，掌管朝觐、聘问、出使等事务），参与国政。

由于伍子胥很有将才，因此屡次大破楚军，而在最后终于攻破楚的都城时，本来是他复仇对象的楚平王——也就是那个杀了其父兄之人，却早已埋身于坟墓之中。气愤的伍子胥就把他的尸体从墓中掘出来，并用鞭子抽打。

两人相斗，弱小者要想斗过强势的人，单打独斗无疑是以卵击石——自不量力。因此，这时就需要借助他人的力量，达到自己的目的。伍子胥正是知道当时自己根本不可能斗过楚平王，才去找更强大的吴王，借助他的力量除掉劲敌。

好风凭借力，送你上青云。天下最重要的"借"不是借钱和借物，而是借力。

“借别人的智慧为自己所用”。不论是你认识的还是不认识的，只要你会借，懂得如何来借，如何使用借力，能够使他们心甘情愿地帮你做事，做到“毕其智为己所用”，就一定能够心想事成。所以，“借力”不仅是打开财富大门的钥匙，更是每个渴望成功的人所必须学会的一种重要技巧。

古人讲：“智者，当借力而行。”意思是说聪明的人，应当借助外力寻求发展。在当今这个竞争日益激烈的快节奏社会，要想拥有属于自己的一席之地，要想在复杂的商战中永远潇洒自如，仅靠单枪匹马、赤手空拳地搏斗是行不通的。俗话说：“就算浑身是铁，又能打几颗钉？”所以，我们应该学会“借力”，并善于“借力”！

5 计谋贵在周密，游说贵在合理

【原典】

故谋莫难于周密，说莫难于悉听，事莫难于必成。此三者，唯圣人然后能任之。故谋必欲周密，必择其所与通者说也，故曰或结而无隙①也。夫事成必合于数，故曰道数与时相偶者②也。说者听必合于情，故曰情合者听。

【注释】

①无隙：紧密无间。②道数与时相偶者：规律、方法与天时三者和谐。

【译文】

设计谋略，最难的就是周到缜密；游说君主，最难的就是使其言听计从；主持事务，最难的就是确保成功。这三个问题只有圣人才能解决。凡设计谋略要想周到缜密，一定要选择与自己情意相通的人共谋，所以说：相互结合，无懈可击。凡办事要想取得成功，必须有适当的方法，所以说：方略、方法与天时互相依附。进行游说的人要让对方听信，必须使自己的说辞合于情理，所以说：合情理才有人听。

解读

合情合理才有人听

《鬼谷子》中说：设计谋略，最难的就是周到缜密；游说君主，最难的就是使其言听计从；主持事务，最难的就是确保成功。这三个问题只有圣人才能解决。凡游说的人要想让人家对自己言听计从，必须使说辞合乎情理，所以说：合情合理才有人听。

战国初年，楚国的国君楚惠王想重新恢复楚国的霸权。他扩大军队，要去攻打宋国。楚惠王重用了一个当时最有本领的工匠。他是鲁国人，名叫公输般，也就是后来人们常说的鲁班。公输般使用斧子是最灵巧的，谁要想跟他比一比使用斧子的本领，那就是不自量力。公输般被楚惠王请了去，当了楚国的大夫。他替楚王设计了一种攻城的工具，比楼车还要高，看起来简直是高得可以碰到云端似的，所以被叫做云梯。楚惠王一面叫公输般赶紧制造云梯，一面准备向宋国进攻。楚国制造云梯的消息一传扬出去，列国诸侯都有点担心。特别是宋国，听到楚国要来进攻，更加觉得将要大祸临头。楚国想进攻宋国的事，也引起了一些人的反对。反对得最厉害的是墨子。墨子名翟，是墨家学派的创始人，他反对铺张浪费，主张节约。墨子还反对为了争城夺地而使百姓遭到灾难的混战。这回他听到楚国要利用云梯去侵略宋国，就急急忙忙地亲自奔赴楚国，途中跑得脚底起了泡，出了血，就把自己的衣服撕下一块裹着脚走。这样奔走了十天十夜，到了楚国的都城郢都。他先去见公输般，劝他不要帮助楚惠王攻打宋国。公输般说：“不行呀，我已经答应楚王了。”墨子就要求公输般带他去见楚惠王，公输般答应了。在楚惠王面前，墨子很诚恳地说：“楚国土地很大，方圆五千里，地大物博；宋国土地不过五百里，土地并不好，物产也不丰富。大王为什么有了华贵的车马，还要去偷人家的破车呢？为什么要扔了自己绣花绸袍，去偷人家一件旧短褂子呢？”楚惠王虽然觉得墨子说得有道理，但是仍不肯放弃攻宋国的打算。公输般也认为用云梯攻城很有把握。墨子直截了当地说：“你能攻，我能守，你也占不了便宜。”他解下了身上系着的皮带，在地下围着当做城墙，再拿几块小木板当作攻城的工具，叫公输般来演习一下，比一比本领。公输般采用一种方法攻城，墨子就用一种方法守城。一个用云梯攻城，一个就用火箭烧云梯；一个用撞车撞城门，一个就用滚木礌石砸撞车；一个用地道，一个用烟熏。公输般用了九套攻法，把攻城的方法都使完了，可是墨子还有好些守城的高招没有使出来。公输般呆住了，但是心里还不服，说：“我想出了办法来对付你，不过现在不说。”墨子微微一笑说：“我知道你想怎样来对付我，不过我也不说。”楚惠王听两人说话像打哑谜一样，弄得莫名其妙，问墨子说：“你们究竟在说什么？”墨子说：“公输般的意思很清楚，不过是想把我杀掉，以为杀了我，宋国就没有人帮助他们守城了。其实他打错了主意。我来到楚国之前，早已派了禽滑釐等三百个徒弟守住宋城，他们每一个人都学会了我的守城办法。即使把我杀了，楚国也是占不到便宜的。”楚惠王听了墨子一番话，又亲自看到墨子守城的本领，知道要打胜宋国没有希望，只好说：“先生的话说得对，我决定不进攻宋国了。”这样，一场战争就被墨子阻止了。

还有一件事值得提一提。公元 207 年，郭嘉向曹操建议，乘着北方胡人的力量还很弱小，应该尽快征服，以扩大地盘。曹操采纳了他的建议，决定远征千里，袭击乌丸。曹操率领军队到达易县时，郭嘉说：“‘兵贵神速’。

今于千里之外去袭击敌人，笨重装备过多，难以取得胜利，况且容易暴露，敌人知道后，必然加强戒备，不如轻装昼夜兼程，出其不意。”曹操觉得很有道理，就命令部队放弃笨重物资，轻装疾进，秘密到达卢龙塞，直捣单于庭。胡人根本没有想到千里之外的魏军会突然杀来，因此毫无准备，一片惊慌，仓皇应战，不堪一击，很快被打败。曹操从此解除了北部后方的威胁，形成了对自己有利的战略布局，可以全力与孙权、刘表抗争，为统一天下投下了漂亮的一着伏棋。

以上两人的计谋缜密，游说得合情合理，难怪会取得成功，这样的例子值得我们深思。

6 “内符”“外摩”，相互呼应

【原典】

故物归类[①]：抱薪趋火[②]，燥者先燃；平地注水，湿者先濡。此物类相应[③]，于势譬犹是也。此言内符之应外摩也如是。故曰摩之以其类，焉有不相应者；乃摩之以其欲，焉有不听者。故曰独行之道。夫几者不晚[④]，成而不拘[⑤]，久而化成。

【注释】

①物归类：事物各有自己归属的类别。②抱薪趋火：抱着柴薪走近火堆。③物类相应：物以类聚，相同的事物，便会有相应的反映。④不晚：不失时机。⑤成而不拘：把事情做成也不居功。

【译文】

世上万事万物都有各自的规律，例如抱着柴薪向烈火走去，总是干燥部分先燃烧起来；往平地倒水，总是潮湿的地方先湿透。这些都是与物性相适应的，以此类推，其他事物也是如此。这就是“内符”与“外摩”相呼应的道理。所以说，按着事物的特性来施行“摩”术，岂有不响应之理？依据其人的欲望来施行“摩”术，岂有不听之理？圣人深谙其中奥妙，所以说，这是圣贤独行之道，只有他们才能施用“摩”术并确保成功。凡做事有法度者，都会把握好时机，有成绩也不居功，并且持之以恒，最后一定会成功。

解读

洞察人心，善打心理战

你说的话、做的事，怎样才能深入人心？施行鬼谷子的“摩”术，怎样才能确保成功？在鬼谷子看来，只要做到“摩之以其欲”就可以。

曹操像

用现代的话来讲，“摩之以其欲”就是要体察人性。古代著名的政治家、军事家，大都有深入体察人性的本领。三国时期，曹操领军去讨伐张绣，天气热得出奇，骄阳似火，兵士普遍口渴难耐，行军的速度十分缓慢。曹操担心贻误战机，心里很是着急。于是，他叫来向导，悄悄问他：“这附近可有水源？”向导摇摇头说：“泉水在山谷的那一边，要绕道过去还有很远的路程。”曹操想了一下说：“不行，时间来不及。”他看了看前边的树林，脑筋一转，办法来了，他一夹马肚子，快速赶到队伍前面，用马鞭指着前方说：“士兵们，我知道前面有一大片梅林，那里的梅子又大又好吃，我们快点赶路，绕过这个山丘就到梅林了！”士兵们一听，仿佛已经将梅子吃到嘴里，精神大振，行军速度一下子快了许多。

在遇到困难时，人类意志力和信念的强弱往往能起到决定性的作用。在旁人陷入困境时，帮助他树立信心，重建希望，往往比提供实质性的帮助更为重要。曹操用“酸梅林”鼓舞士兵的士气，成功地走出绝境，正是缘于他对人性有着深刻的体察。

在古代的战争中，一个优秀的将帅除了要熟悉天文、地理、阵法外，还必须洞察人的心理，善打心理战。项羽的破釜沉舟与韩信的背水一战，都是利用人在危险境地中的求生本能而取胜的例子。春秋时期的“长勺之战”，也是最早的心理战的经典战例，集中体现了《孙子兵法》中“避其锐气，击其惰归”的军事思想。

公元前684年春，齐桓公任命鲍叔牙为大将，率军攻打鲁国。两军在长勺展开决战。齐军猛击战鼓，首先发动攻击。鲁庄公正欲击鼓出战，曹刿劝止说：“齐军士气正旺，不宜出战，只可坚守阵地。”齐军再次擂鼓挑战，鲁军仍是坚守不出。鲍叔牙以为鲁军胆怯了，于是第三次擂响战鼓。曹刿这才说：“现在可以出击了。”于是，士气旺盛的鲁国军队发起反击，大败齐军。事后，鲁庄公问曹刿打败齐军的道理，曹刿说：“夫战，勇气也。一鼓作气，再而衰，三而竭，彼竭我盛，故克之。”

在战争中要打败强敌，必须要避敌锐气，攻其虚弱。当敌人处于精神放松、意志疲惫的情形时，出其不意，攻其不备，往往能获得意想不到的效果，最终取得战争的胜利。

在商战中，竞争对手之间也同样存在心理战问题，胜负除了与经济实力、竞争方法等因素相关外，还取决于心理战能力和心理素质。俗话说：“知人知面不知心。”与人打交道，一旦达到“知心”的地步，你就已经胜券在握了。

某市著名企业家王经理购得一块位置绝佳的宝地，准备建一个大商城。为了装修得豪华一些，他同本市某大理石加工厂的韩经理联系，准备购进一批大理石。韩经理是个有野心的人，在谈判时，他提出想入股王经理的企业，并将此作为销售大理石的交换条件。王经理没有同意，结果谈判不欢而散。王经理回去以后，为大理石一事发愁，因为韩经理厂生产的大理石确实物美价廉，其他厂无可比拟。正在这时，一家新成立的大理石加工厂找上门来，要以较低的价格卖给王经理大理石。王经理计上心来，他一边与这家工厂磋商，一边偷偷放出风去，故意让韩经理知道这件事。韩经理没料到王经理会和别的厂家交易，为了这笔买卖，只好立即答应一切条件，再也不提入股的事了。王经理在与韩经理的心理战中取得了胜利，买到了物美价廉的产品。

在我们的生活中，难免碰到各种矛盾和纠纷。在解决的过程中，如果善于体察人性，就能做到游刃有余。

某商业楼自出租后，房产主不断地接到房客的投诉。房客说，电梯上下速度太慢，等待时间太长，要求房主迅速更换电梯，否则他们将搬走。已经装修一新的楼房，如果再更换电梯，成本显然太高；如果不换，万一房子租不出去，更是损失惨重。房产主想出了一个好办法。几天后，房主并没有更换电梯，可有关电梯的投诉再也没有接到过，剩下的空房子也很快租出去了。为什么呢？原来，房主在每一层的电梯间外的墙上都安装了很大的穿衣镜，大家的注意力都集中到自己的仪表上，自然感觉不出电梯的上下速度是快还是慢了。

这是一种相对“消极”的解决危机的方法，但也确实称得上是高明之举。略施小技，就将大麻烦消弭于无形。其高明之处，就在于做到了“摩之以其欲”。

权篇第九

纵横家以审时度势、游说他人为己任，而鬼谷子作为先秦纵横家的开山祖师，更是精于游说之道。“权”者，是度量权衡的意思，这是游说活动的根本方法之一。在本篇中，鬼谷子全面阐释了“权”术的原则和方法。他认为，对游说对象的度量乃是游说之本。通过对方的言谈，可权衡出对方的智能、品性和欲望，找出其弱点作为游说的突破口，以实现自己的游说意图。要做到这一点并不容易，游说者不仅要耳聪目明、智慧超人，还要拥有杰出的语言表达能力。

1 从忠言逆耳中受益

【原典】

说者，说之也；说之者，资[①]之也。饰言[②]者，假之也；假之者，益损[③]也。应对者，利辞[④]也；利辞者，轻论[⑤]也。成义者，明之[⑥]也；明之者，符验也。言或反复，欲相却也。难言[⑦]者，却论[⑧]也；却论者，钓几[⑨]也。

【注释】

①资：资益的意思，也就是给人利益或贡献。②饰言：修饰性的语言，也就是很好听的话。③益损：增减的意思。④利辞：权宜之计或暂时敷衍的言论。⑤轻论：轻视好的言论。⑥成义者，明之：具有义理的语言，要阐明其真伪。⑦难言：指责对方言辞的话。⑧却论：反对论调。⑨钓几：几同机。诱出对方心中所隐藏的机微之事。

【译文】

凡游说，就是说服别人；要能说服别人，就要给人以帮助。凡是经过修饰的言辞，都是借以达到某种目的；凡是被借用的东西，都既有好处，也有害处。凡要进行应酬和答对，必须掌握伶俐的外交辞令。凡是伶俐的外交辞令，都是不实在的言论。要树立起信誉，就要光明正大；光明正大，就是为了让人检验复核。凡是难以启齿的话，都是反面的议论；凡是反面的议论，都是诱导对方说出秘密的说辞。

解读

谨防“好听之话”

有人会说，每个人都爱听好听的话。好听的话的确能够使人精神愉悦，同时又长面子。可是有些好听的话就如漂亮的罂粟花，开放时美丽，而结果却有毒。

“耳中常闻逆耳之言，心中常有拂心之事，才是进德修行的砥石。若言言悦耳，事事快心，便把此生埋在鸩毒之中也。”一个人如果常听难以入耳的忠言，常遭遇使心中不悦的难事，就能修身养性，提高自己的品德；相反，假如一直听悦耳的话，行事又很顺利，就会自然而然地松懈下来，如同中了鸩毒一般，此生再也无望了。“鸩毒”是什么呢？鸩是一种毒鸟，所谓“鸩毒”，指的是用鸩做成的毒药。

闵公元年，管仲向齐桓公进谏：“宴安鸩毒，不可杯也。”原来齐桓公爱姬甚多，常在后宫饮酒作乐，管仲见了很担心，就把酒色比作鸩毒，劝诫齐桓公勿近醇酒妇人。齐桓公毛病很多，由于有管仲辅佐治国，对管仲的批评也能接受，才使齐国成为春秋五霸之一。但到管仲去世后，就发生了变化。

管仲死前齐桓公去看望他，并问他：“仲父病成这个样子，有什么话要和寡人说吗？”管仲劝他离易牙、竖刁、常之巫这些人远点。

齐桓公说：“易牙把自己的宝贝儿子煮熟了让我尝鲜，这么忠心耿耿的人还值得怀疑吗？”

管仲说：“人之常情，谁不疼爱自己的孩子？既然他可以忍心烹杀自己的儿子，那么将来对你，还会有什么不忍心的事情不能做呢？”

桓公又问道：“竖刁把自己阉了以亲近寡人，这样的人也值得怀疑吗？”

管仲回答道：“按人之常情来看，没有不爱惜自己身体的。能下狠心把身体弄残了，那么对国君又什么下不得手的呢？”

桓公又问道：“常之巫知道人的生死，能治重病，这样的人也值得怀

疑吗?”

管仲回答道:“死生,是有一定的;疾病,是人体失常所致。主君不顺其自然,守护根本,却完全依赖于常之巫,那他将能对国君无所不为了。”

桓公又问道:“卫公子启方,侍奉寡人十五个年头了,他父亲死时都不肯离开寡人回去奔丧,这样的人也值得怀疑吗?”

管仲回答道:“按人之常情来说,没有不爱自己生身父亲的。他父亲死了都不肯回去,那对国君又将如何呢?”

管仲死后,齐桓公开始时还记着管仲的劝告,将这些人赶出了宫外,可是非常不习惯没有这些人的日子,又将他们接了回来。齐桓公将管仲的劝告置之脑后,重用易牙、竖刁等人,这些人投其所好,阿谀谄媚,齐桓公在他们的奉承下,上进心尽失,政治渐渐腐败,他自己还觉得没有不妥,说:“仲父的话是言过其实了。”齐桓公生病的时候,这几个人一同叛乱。他们在桓公寝室四周筑起一道围墙,禁止任何人入内。这时,桓公哭得鼻涕横流,感慨道:“唉!还是圣人的眼光比我们远大呀!若是死者地下有知,我还有什么脸面去见仲父呢?”说罢,自己扬起衣袖捂住脸部,气绝身亡,死在寿宫。尸首无人理睬,以致腐烂发臭,蛆虫爬出门外,上面只盖一张扇,三个月没人安葬。

从此,齐国的霸业也骤然衰落。

齐桓公的死可以说是他自己一手造成的,他的悲剧提醒人们,如果听不到批评意见,听不进难以入耳的忠言,就认识不到错误,察觉不了灾祸,无法提醒、鞭策自己，是件很危险的事。整天被赞扬的话包围，赞美之词不绝于耳，就像喝含有“鸩毒”的美酒一样，听多了就会丧失警觉，削弱自己发奋上进的精神，沉湎在自我陶醉的深渊中，最终毁了自己。

2

语言的魅力在于恰当措辞

【原典】

佞言者，谄而于忠；谀言[①]者，博而于智；平言[②]者，决而于勇；戚言[③]者，权而于信；静言[④]者，反而于胜。先意承欲者，谄也；繁称文辞者，博也；纵舍[⑤]不疑者，决也；策选进谋者，权也；他分不足而窒非[⑥]者，反也。

【注释】

①谀言：谄媚的言辞。②平言：平实可靠的言论。③戚言：面带忧色的言论；戚是忧的意思。④静言，心平气和时所说的话。⑤纵舍：进退的意思，也就是举止动作。⑥窒非：责备他人的过错。

【译文】

说奸佞话的人，由于会谄媚，反而变成“忠厚”；说阿谀话的人，由于会吹嘘，反而变成“智慧”；说平庸话的人，由于果决，反而变成了“勇敢”；说忧伤说的人，由于善权衡而变成“守信”；说平静话的人，由于习惯逆向思维，反而变成“胜利”。为实现自己的意图而迎合他人欲望的，就是谄媚；用很多美丽的词语去奉承他人，就是吹嘘；根据他人喜好而进献计谋的人，就是玩权术；即使有所牺牲也不动摇的人，就是有决心；能揭示缺陷，敢于责难过失的人，就是敢反抗。

解读

善于措辞，语气恰当

鬼谷子所说的佞言、谀言，其实就是奉承话。自古以来，对于喜欢说奉承话的谄媚之徒，人们一般都比较反感。

宋朝时，参知政事丁渭在都堂为宰相寇准擦拭胡须上的汤渍，寇准戏谑他说："参政是国家的大臣，怎能为上司拭胡子呢？"丁渭不禁羞愧万分。

然而，有一种话和奉承话相似，那就是赞美话。赞美与奉承的区别，在于奉承的话总是缺乏根据，让人一听就大倒胃口。因此，喜欢说奉承话的人往往被称为"马屁精"。赞美则缘于"有其事"，而且往往是出于善意的。赞美的语言是人际关系的润滑剂。在现代紧张枯燥的生活中，赞美的语言可以缓解一个人紧张的神经，给生活带去一份美丽；奉承话则会使人生厌。赞美话让人自信，而如何来讲，就要看自己的把握了。

罗杰斯是某皮革公司的销售经理，一次，他向客户介绍完他们的一种新产品后，微笑着问他："你认为我们公司的产品如何？""啊，我非常喜欢，但是我想它是非常贵的，在您来之前我就听说过。""请您告诉我，"罗杰斯微笑着说，"看来您是一个非常有贸易经验的人，而且懂得皮革和兽皮。您猜想它的成本是多少？"那人受到赞美，回答说他认为可能是45美分一码。"您说得对。"罗杰斯用惊奇的眼光看着他说，"我不知道您是怎样猜到的？"结果，罗杰斯以45美分一码的价格获得了他的订货单，双方对事情的结果都很满意。而罗杰斯绝不会告诉他的客户，公司最初给产品的定价是39美分一码。

在生意场上，赞美话有说不尽的妙用。在销售产品的过程中，适当地赞美别人，让别人觉得他自己很聪明，就可能做成生意。罗杰斯的故事就告诉了我们这一点。

在商业谈判的过程中该讲什么话，采用什么样的语气，都关系到谈判最终的结果。除了事先仔细斟酌外，也要注意临场的发挥。

一次，中国与突尼斯SIAP公司代表就建设化肥厂事宜进行谈判，几次磋商都很顺利，双方商定利用秦皇岛港的优越条件建址。不久，科威特方面也参加进来，联合办化肥厂。在第一次三方谈判中，科威特石油化学工业公司的董事长听了中突双方的筹备工作介绍后，断然提出反对："你们前面所做的一切工作都是没有用的，要从头开始！"谈判陷入了僵局。中突双方无法接受科威特方面的苛刻意见。但这位董事长在科威特的地位仅次于石油大臣，他还是国际化肥工业组织的主席，怎么改变这位董事长的决心，打破沉闷的气氛呢？

中方代表明白，像科威特公司董事长这样的铁腕人物，一般是吃硬不吃软的，于是他猛然站起身，义正词严地说："我代表中国地方政府声明：为了建设这个化肥厂，我们选定了一处地理位置优越的厂址。为了尊重我们的友谊，在许多合资企业表示要得到这块土地的使用权时，我们都拒绝了。如果按照董事长今天的提议，事情将要无限期地拖延下去，那我们只好把这块地方让出去！对不起，我还要处理别的事情，我宣布退出谈判。下午，我等待你们的消息！"说罢，他拎起皮包就走，回到了自己的房间。半小时后，一位谈判人员跑来了，兴奋地说："你这一炮放出来，形势急转直下，那位董事长请你赶快回去，他们强烈要求迅速征用秦皇岛的场地！"

取得这次谈判胜利的主要原因，在于中方代表能够认真分析出现僵局的症结所在，采取了正确的谈话语气来应对，获得了预计的成功。

日本古都奈良是著名的旅游城市，每年一到春夏两季，就有观光客如潮水般涌来。奈良的春天，一过四月份，就有大量燕子从南方飞来，争相在旅馆的檐下筑窝栖息，繁衍后代。可是，燕子有随便排泄的习惯，尽管服务员们不停地擦洗，但总会使旅馆留下污渍。于是，房客们纷纷抱怨此事。这时，一家旅馆的公关小姐灵机一动，她以燕子的名义给房客写了一封信，并广为张贴和宣传。这封信是这样写的：

女士们、先生们：

我们是刚从南方赶到这儿过春天的小燕子，没有征得您的同意，就在您的窗前安了家。我们的小宝贝年幼不懂事，我们的习惯也不好，经常弄脏您的玻璃窗和走廊，致使您很不愉快。我们为此很过意不去，请您多多原谅。

还有一件事恳求您的谅解。请您千万不要埋怨服务员小姐，她们是经常擦洗的，只是擦不胜擦，这完全是我们的过错。请您稍等一会儿，她们很快就会来擦洗。

您的朋友小燕子

旅馆的房客们见到这封妙趣横生的信，明白了事情的原委，心里的怨气顿时消散了。这家旅馆的公关小姐巧借小燕子的名义，以温柔的语气代旅馆向房客们道歉，收到了良好的效果，避免了一场效益危机。

在现代商业社会中，为了争取更大的利益或避免更大的损失，有时难免要有一番唇枪舌剑。善于措辞的人，无疑会占据先机。

3 保持清醒头脑不被迷惑

【原典】

故口者，机关①也，所以关闭情意也；耳目者，心之佐助②也，所以窥瞯奸邪③。故曰：参④调而应，利道⑤而动。故繁言而不乱，翱翔⑥而不迷，变易而不危者，观要得理。

【注释】

①口者，机关：嘴是表达或隐瞒意思的器官。②耳目者，心之佐助：耳目帮助心搜集情报。③奸邪：奸是恶，邪是不正。④参：指心，眼，耳三器官而言。参同三。⑤利道：关于有利的道。⑥翱翔：翱是鸟在空中飞舞的姿势，翔是鸟在空中展翅划圆飞舞的姿态。

【译文】

一般说来，“口”就是人的“政府机关”，用它来封锁、宣传信息。耳目，就是心的辅助器官，用它来侦察奸邪。所以说，只有口、耳、目三者相互呼应，才会走向成功。一般说来，虽有烦琐的语言并不纷乱，虽有翱翔之物并不迷惑人，虽有局势的变化并不危险，就是要在观物时，掌握要害。

解读

不要被得失、祸福的表面所迷惑

在鬼谷子的眼里，世间没有任何事物是绝对孤立存在的，同一个事物也都以不同的面目呈现出来，就看你用什么样的眼光去看待。天堂或许就在地狱的隔壁，苦难也可成为一笔宝贵的财富，表面上看起来是祸，没准转瞬间就成了福。

古时，塞外有一个老翁不小心丢了一匹马，邻居们都认为是件坏事，替他惋惜。塞翁却说："你们怎么知道这不是件好事呢?"众人听了之后大笑，认为塞翁丢马后急疯了。几天以后，塞翁丢的马又自己跑了回来，而且还带回来一群马。邻居们见了都非常羡慕，纷纷前来祝贺这件从天而降的大好事。塞翁却板着脸说："你们怎么知道这不是件坏事呢?"大家听了又哈哈大笑，都认为老翁是被好事乐疯了，连好事坏事都分不出来。果然不出所料，过了几天，塞翁的儿子骑新来的马去玩，一不小心把腿摔断了。众人都劝塞翁不要太难过，塞翁却笑着说："你们怎么知道这不是件好事呢?"邻居们都糊涂了，不知塞翁是什么意思。事过不久，发生战争，所有身体好的年轻人都被拉去当了兵，派到最危险的第一线去打仗，而塞翁的儿子因为腿摔断了未被征用，在家乡过着安定幸福的生活。

通过这个故事我们可以明白，即使是表面看起来很吃亏的事，也会带来意想不到的好处。生活中此类事常见，因此人们一定要擦亮眼睛，仔细分辨，小心求证，有时看似吃亏的事反而是获得更大利益的前提和资本。

生活中的聪明人善于从吃亏当中增长智慧。"吃亏是福"也是一种哲理，其前提有两个，一个是"知足"；另一个就是"安分"。"知足"则会对一切都感到满意，对所得到的一切充满感激之情；"安分"则使人从来不奢望那些根本就是不可能得到的或者根本就不存在的东西。没有妄想，也就不会有邪念。表面上看来，“吃亏是福”以及“知足”、“安分”会有不思进取之嫌，但是，这些思想确实能够教导人们，成为对自己有清醒认识的人。

人非圣贤，谁都无法抛开七情六欲，但是，要成就大业，在选择面前，就得分清轻重缓急，放眼长远，把握事物本质的发展方向。我国历史上的刘邦与项羽在称雄争霸、建立功业上就表现出了不同的态度，最终也得到了不同的结果。苏东坡在评判楚汉之争时就说，项羽之所以会败，就因为他不能忍，不愿意吃亏，白白浪费了自己百战百胜的勇猛；汉高祖刘邦之所以能胜就在于他能忍，懂得吃亏，养精蓄锐，等待时机，直攻项羽弊端，最后夺取胜利。

项羽与刘邦平日的为人处世之不同自不待说。楚汉战争中，刘邦的实力远不如项羽，当项羽听说刘邦已先入关时，怒火冲天，决心要将刘邦的兵力消灭掉。当时项羽40万兵马驻扎在鸿门，刘邦10万兵马驻扎在灞上，双方只隔40里，兵力悬殊，刘邦危在旦夕。在这种情况下，刘邦先是请张良陪同去见项羽的叔叔项伯，再三表示自己没有反对项羽的意思，并与之结成儿女亲家，请项伯在项羽面前说句好话。然后，第二天一早，又带着随从，拿着礼物，到鸿门去拜见项羽，低声下气地赔礼道歉，化解了项羽的怨气，缓和了他们之间的关系。表面上看，刘邦忍气吞声，项羽挣足了面子，实际上刘邦以小忍换来自己和军队的安全，赢得了发展和壮大力量的时间。刘邦对不利条件的隐忍，面对暂时失利的坚韧不拔，反映了他对敌斗争的谋略，也体现了他巨大的心理承受能力。

刘邦正是把眼光放远，靠着吃一些眼前亏的技巧，赢得了最后的胜利。有人说刘邦是一忍得天下，相信这种智慧不是有勇无谋的人可以修炼成的。

这就是鬼谷子的眼光，看事情不能只停留在表面。眼前的亏从另一个角度看，就是日后的福。

4 口可以食，不可以言

【原典】

故无目者，不可示以五色；无耳者，不可告以五音。故不可以往者，无所开之也；不可以来者，无所受之也。物有不通者，圣人故不事也。古人有言曰："口可以食，不可以言。"言者，有讳忌也。众口铄金①，言有曲故也。

【注释】

①众口铄金：如果有很多人都这样说，无论如何坚定的心都会动摇。比喻为人应考虑流言飞语。

【译文】

没有视力的人，没有办法向他展示五彩颜色；没有听力的人，没有办法跟他讲音乐上的感受。不该去的地方，是那里没有可以开导的对象；不该来的地方，是因为这里没有人能接受你这样的说法。"口可以用来吃饭，但不能用它讲话。"因为说了容易犯忌。"众人的口可以熔化金属"，这是因为凡是言论都有复杂的背景和原因。

解读

众口铄金，积毁销骨

《鬼谷子》中说：没有视力的人，没有办法向他展示五彩颜色；没有听力的人，没有办法跟他讲音乐上的感受。不该去的地方，是那里没有可以开导的对象；不该来的地方，是因为这里没有人能接受你这样的说法。“口可以用来吃饭，但不能用它讲话。”因为说了容易犯忌。“众人的口可以熔化金属”，这是因为凡是言论都有复杂的背景和原因。

鬼谷子认为，即便是有雄辩之才，也应该谨言慎行。有些话说出来没有效果，就没必要说。有些话说出来犯忌讳，容易伤害别人，一定不要说。

三国时期的名士杨修喜欢卖弄小聪明。他曾担任曹操的主簿。一次，工匠们建造丞相府的大门，刚架上椽子，曹操亲自前往观看，之后在门上写了个“活”字就离开了。杨修看见了，立刻命工匠把门拆了。他说：“门里加个‘活’字是‘阔’字。魏王这是嫌门太大了。”还有一次，有人送给曹操一盒酪，曹操吃了一点，就在盖子上写了一个“合”字给大家看，没人理解这是什么意思。轮到杨修看时，他便吃了一口，说：“这是曹公叫每人吃一口呀，还犹豫什么！”曹操虽嘴里称赞，心里却十分反感。后来，曹操出兵汉中攻打刘备，但军队面临很多不利，一时进退两难。一天晚上，厨子给他端来一盆炖鸡。恰好部将夏侯惇前来请示夜间用什么口令，曹操手中正好拿着一块鸡肋，随口就说：“鸡肋。”杨修得知后，立即叫兵卒为他收拾行装，别人问他这么做的缘由，杨修说：“鸡肋，食之无味，弃之可惜，看来丞相要撤兵了。”曹操闻讯大怒，立即以惑乱军心的罪名把他杀了。

其实，曹操的意思别人未必不懂，只是知道这位丞相疑心重，忌讳多，不愿开口点破而已。而杨修只道是自己聪明，恃才傲物，锋芒毕露，完全不揣摩曹操的心思，犯了忌讳，结果反误了身家性命。成杨修者，聪明也；亡杨修者，亦聪明也。

不说废话，不犯忌讳，这些全在于自己的收敛。然而，你就是管好了自己的嘴，也管不住别人的嘴。所以，还要特别防范受到别人谣言的中伤。

魏国有一个大臣叫庞恭，有一次，魏国太子要到赵国做人质，魏王派他做随从。临行之前，庞恭对魏王说：“如果有一个人说大街上有老虎，您相信吗？”魏王回答说：“当然不信啦！”庞恭又问：“如果有两个人说大街上有老虎，大王您信吗？”魏王犹豫了一下，回答说：“还是不信。”庞恭又问：“如果有三个人说大街上有老虎呢？”魏王想了想，说：“这下我相信了。”

庞恭说："实际上，大街上根本就没有老虎。因为有三个人说有，大王在没有亲眼见到的情况下也就相信了。现在，我大老远出使赵国，说我坏话的人肯定不止三个，希望大王明察。"魏王说："你放心吧，我心里有数。"于是庞恭陪太子去了赵国。后来，庞恭从赵国返回，魏王还是听信谗言，没有再重用他。庞恭在临行前专门为魏王讲了"三人成虎"的故事，可他回来之后，还是失去了魏王的信任。

"众口铄金，积毁销骨。"流言飞语多了，"是"可以被说成"非"，"白"可以被说成"黑"。一代名将岳飞不就是因为"莫须有"的罪名，惨死在奸臣秦桧手里的吗？历史上还有很多忠臣遭到奸臣的谗言，过早地结束了自己的政治生命。

"害人之言不可有，防人之心不可无"，这是我们应该切记的。

5 以己之长，攻彼之短

【原典】

人之情，出言则欲听，举事则欲成。是故智者不用其所短，而用愚人之所长；不用其所拙，而用愚人之所工，故不困也。言其有利者，从其所长也；言其有害者，避其所短也。故介虫①之捍也，必以坚厚；螫虫②之动也，必以毒螫。故禽兽知用其所长，而谈者亦知其用而用也。

【注释】

①介虫：介就是甲或盔甲，介虫是带有甲壳的昆虫。②螫虫：指能用毒针来刺人的虫子。

【译文】

人之常情是，说出话就希望别人遵从，做事情就希望成功。所以，聪明的人不用自己的短处，而宁可用愚人的长处；不用自己的笨拙，而宁可用愚人的技巧，因此才不至陷于困境。说到别人有利的地方，就要顺从其所长；说到别人的短处，就要避其所短。甲虫自卫时，一定是依靠坚硬和厚实的甲壳；螫虫攻击时，一定会用它的毒针去螫对手。所以说，连禽兽都知道用其所长，游说者也应该知道运用其所该运用的一切手段。

解读

有一种智慧叫扬长避短

与人交往的问题，鬼谷子论述的很多。在这里，他又一次提到：一个人只有善于扬长避短，才能趋利避害，获得吉祥。

有一则寓言，说狐狸和鹤交上了朋友。一天，狐狸把鹤请来吃晚饭。它仅做了一点儿肉汤，还把汤倒在一个平盘里。鹤每喝一口，汤就从它的长嘴中流出来，结果鹤什么也吃不到。鹤生气极了，可狐狸却在一旁偷着乐。鹤打算也戏弄狐狸一回，就邀请狐狸明天来家里吃饭，狐狸也答应了。第二天，鹤用一只长颈小口的瓶子来盛饭菜，鹤很容易地把嘴伸进去，吃得津津有味。狐狸一看，却傻了眼，自己的嘴比杯子还粗，怎么能吃到饭菜呢？它知道自己遭到了鹤的报复，只好红着脸溜走了。

狐狸和鹤这对朋友，都在充分发挥自己长处的同时，也抓住了对方的短处，相互戏弄了一把。这个故事谴责了不厚道的朋友，同时也告诉我们一个“扬长避短”的道理。

在古代战争中，将帅在考虑问题时，应该兼顾利害。战争中的利与害，亦虚亦实，互相依存，互相转化，是对立统一的关系，贯穿于战争的全过程。在实施作战指导时，应根据利害关系，决定策略，充分发挥我之长处，避开我之短处。

公元前204年，韩信背水一战消灭赵国后，想乘胜北击燕国，东伐齐国，乃问计于李左车。李左车说：“你一日内大破赵国军队二十万，闻名天下，这是你的长处。然而，你的军队苦战疲劳，以劳军攻坚，必然挫败，不能速决。燕国攻不下来，齐国就可以加强防御，这是你的短处。会用兵的人，不以短击长，而以长击短。现在最好一面休整军队，一面摆出要进攻燕国的样子，同时派人宣扬你的军威，去招降燕国，燕国不敢不投降。燕国一投降，齐国就不得不屈服了。”韩信权衡利害，感到此计甚妙，因此听从了李左车的建议，燕国果然投降。

韩信听从李左车的建议，在充分考虑利害关系的基础上，扬长避短，最终招降燕国，达到了不战而屈人之兵的目的。

“扬长避短”的原则在言谈论辩中也常常能发挥很大的效用。林肯当选总统后在参议院发表演说，一位参议员站起来说：“林肯先生，在你开始演讲之前，我希望你记住，你是一个鞋匠的儿子。”林肯说：“我非常感激你使我想起我的父亲，他已经过世了，我一定会永远记住你的忠告，我永远是鞋匠的儿子，我知道我做总统永远无法像我父亲做鞋匠做得那么好。”他又转头对那个参议员说，“据我所知，我父亲以前也为你的家人做鞋子，如果你的鞋子不合脚，我可以帮你改正它。虽然我不是伟大的鞋匠，但是我从小就跟随父亲学到了做鞋子的手艺。”林肯的话得到了一片掌声，那位出言不逊的参议员惭愧地低下了头。

林肯出身贫寒，在美国上层社会的一些名流眼中，这绝对是一个短处，甚至是一个污点，因此，即便林肯已贵为总统，还是难免遭到别人的嘲讽。林肯没有就出身问题与对手辩论，更没有以同样的语气回击对手。而是深情款款地回忆起了自己的父亲，以自己的气度和真情打动了所有的人，使他的反对派都为之折服，完全忽略了他出身贫寒的事实，达到了扬长避短的效果。

扬长避短是一种智慧。在生活中，人人都需要这种智慧。

6

与人交往最忌一个“怒”字

【原典】

故曰辞言[1]五：曰病、曰恐、曰忧、曰怒、曰喜。病者，感衰气而不神也；恐者，肠绝而无主也；忧者，闭塞而不泄也；怒者，妄动而不治也；喜者，宣散而无要也。此五者，精则用之，利则行之。

【注释】

①辞言：外交辞令。

【译文】

一般而言，在外交辞令中有五种言态：一是病态之言；二是惶恐之言；三是忧郁之言；四是愤怒之言；五是喜悦之言。病态之言是神气衰弱，而无精神；惶恐之言是内心不安，难抓主题；忧郁之言是情感闭塞，不能畅言；愤怒之言是气急发怒，不能自制；喜悦之言是宣泄于外，不得要领。以上这五种言态应尽力避免，但精于言说者也可一用，若用之有利，则不妨付诸实行。

解读

学会控制情绪和利用情绪

我国古人十分重视修身，修身最重要的一点就是要控制自己的情绪。在与人交往中，尤其要注意这一点。在这里，鬼谷子简单列举了病言、恐言、忧言、怒言、喜言等五种情绪化的语言，以提醒我们注意。试问，谁愿意与一个喜怒无常的人交往，谁又愿意与一个总是愁眉紧锁的人交谈？

有这样一则故事：古时候，一位大臣受国王派遣，到外国采购本国没有的物品。大臣来到一国，听到市场上有一位老者在叫卖“智慧”，感觉新奇，便将五百两银子付给老者，要买智慧，老者对他说：“长虑谛思惟，不当卒行怒，今日虽不用，会当有用时。”大臣办完公务，星夜回家，怕惊醒妻子，悄悄进屋，不料在微弱的月光下，隐约看到床边有两双鞋，心中怀疑妻子不忠，顿起杀心，一把拔出了佩刀。这时，他突然想起自己带回的智慧之言，不觉念叨起来。声音惊醒了屋中人，“儿子回来了！儿子回来了！”床上之人喊道。原来是大臣的妻子生病，母亲前来照看。明白情形的大臣，不觉大喊：“这智慧果真便宜！”试想，如果大臣没有及时克制自己的怒火，岂不要发生一场人伦惨剧？

与人交往最忌一个“怒”字，动不动就发脾气，终会害了自己。容忍心中的怒气确实不太容易，但只要遇事多思虑一下，又怎能让一时之气冲昏头脑呢？

有一次，一位老者出差到广州，在街头的小货摊买了件衣服。他付完款后又看了看别的衣服，正要离开，突然发现钱包不翼而飞了。此刻货摊上只有卖衣服的姑娘和他两个人。老者明知这事与姑娘有关，但又没凭没据。当他向姑娘提及此事时，姑娘双眉紧蹙：“噢，你凭什么说我拿了？”老者明白，他要是现在离开小摊，就没希望找回钱包了。如果和她讲理，只会越说越僵。于是，他忍住气，笑着说：“我也没说你拿了，是不是刚才一忙，混到衣服堆里去了。”这很有分寸的一句话，让姑娘显得有些心神不宁。他又低声说：“

姑娘，我大老远从外地来广州，一下子照顾了你好几十块钱的生意，你怎么能这样对我呢？我看你年纪轻轻的，一个月收入也不少，信誉要紧呐！”这话把姑娘说得低下了头，显然在进行思想斗争。老者继续说：“我也不多说了，你就帮我仔细找找吧。”姑娘经不住他的恳求、开导，就说：“我给你找找看。”老者高兴地说：“谢谢你！”果然，姑娘顺坡下驴，在衣服堆里翻了一阵子，“找”出了钱包，红着脸递给了他。

这位老者首先控制好自己的情绪，说话带恳求、开导，不仅要回了钱包，而且把一个姑娘从沦为小偷的路上拽了回来，其处理事情的方式非常值得我们学习。

现实生活中，学生、下级、晚辈犯了错，作为师长、上级、长辈的一生气，就会劈头盖脸地训斥一番，有时候也能收到一定的效果，但更多的时候只会适得其反。

辛亥革命中的著名烈士徐锡麟，早年曾担任绍兴府中学堂的副校长。有一次，一位家境富裕的学生偷了同学的东西，被人暗暗告到徐锡麟那里。徐锡麟勃然大怒，真想立即开大会公开批评他。但他很快冷静下来，先让自己把气消了，然后把这个学生叫到了办公室。徐锡麟平静地问：“你知道我为什么叫你来吗？”学生满不在乎地答道：“我不知道。”徐锡麟盯着他，说：“我要通知你，我已经抓到了一个小偷。”话音刚落，学生脸色突变，但还是故作镇静地问：“小偷在哪？”这时，徐锡麟递给他一面镜子，表情严肃地说：“看，小偷就在镜子里，你仔细照照他吧，先照照外貌，再照照灵魂。”这个学生接过镜子，羞愧万分地低下了头。徐锡麟这才开始语重心长地教育起这个学生来。最后，这位犯了错误的学生流下了悔恨的泪水，表示要改过自新。

徐锡麟用镜子来教育犯了错误的学生，收到了很好的效果。但也幸亏他及时克制了自己的怒气，才想出这么高明的办法。

在这里，鬼谷子还说到“精则用之，利则行之”，大意是，有时候为了说服人，也要善加利用自己的情绪。但是，只有在确保能控制谈话局面时才能尝试，比如陈毅市长这样的外交高手，就经常大放“怒言”，让人心服口服。

1949年9月，上海市长陈毅到北京参加政协会议，由于住房紧张，他主动搬出豪华的北京饭店，将房间让给了前国民党高级将领傅作义将军，自己则找了间小平房住了进去。他还代表上海市赠送给傅作义两辆名牌小汽车。这件事让上海部队的一些同志知道了，大家议论纷纷，说："不杀了这些大战犯就算便宜他们了，凭什么还给他们腾房子、送汽车?"陈毅听到后很生气，一次开会就训开了："同志们，我的老兄老弟们，要我陈毅怎么讲，你们才懂啊！我陈毅不住北京饭店，照样上班，照样骂人！他可不一样了！你们知道不知道，傅先生到电台讲了半小时话，长沙那边就起义两个军！为我们减少了很大伤亡！让傅先生住了北京饭店，有了小汽车，他就会感到共产党是真心要朋友的。"陈毅越讲火越大，指节咚咚地敲着桌子："我把北京饭店让给你住，再送你十部小汽车，你能起义两个军?！怎么不吭声呢?"火发完了，他又语重心长地说："我们是共产党员，要有太平洋那样宽广的胸怀和气量，不要长一副周瑜的细肚肠噢！依我看，要想把中国的事办好，还是那句老话，团结的朋友越多，就越有希望!"

参会的同志们挨了"熊"，不但没有怨气，反而都很服气，都乐呵呵地说："陈老总言之有理!"

善于控制情绪，是修身中最重要的功课；善于利用情绪，是交往中的一个重要原则。

7 与人交谈要因人而异

【原典】

故与智者言，依于博[①]；与博者言，依于辨；与辨[②]者言，依于要[③]；与贵者言，依于势；与富者言，依于高；与贫者言，依于利；与贱者言，依于谦；与勇者言，依于敢[④]；与愚者言，依于锐。此其术也，而人常反之。

【注释】

①博：博学多闻的意思。②辨："同辩"。言论，雄辩。③要：枢纽、要点。④敢：果敢进取的气质。

【译文】

因此与聪明的人谈话，就要依靠广博的知识；与知识广博的人谈话，就要依靠雄辩；与善辩的人谈话要依靠简明扼要；与地位显赫的人谈话，就要依靠宏大的气势；与富有的人谈话，就要依靠高屋建瓴；与贫穷的人谈话，就要以利益相诱惑；与卑贱的人谈话，要依靠谦卑恭敬；与勇敢的人谈话，要以果敢为原则；与上进者谈话，要以锐意进取为原则。这些都是与人谈话的原则，然而不少人却常常背道而驰。

解读

把量身打造好的话送给不同的人

鬼谷子认为，与智者、拙者、辨者、贵者、富者、贫者、贱者、勇者这些不同类型的人交谈，所使用的谈话方式应该是截然不同的。现实生活中，说话不光要看一个人的贫贱、富贵、智拙，还要根据他的生活环境、性格特征来综合考虑。

春秋时，孔子周游列国，走累了，在路上休息。他的马逃脱了束缚，吃了别人的庄稼，农民把马牵去了。子贡请求去说服那个农民，孔子同意了。子贡是当时著名的雄辩家，可他把什么话都说了，农民就是不理他那一套。有个刚刚跟随孔子学习的郊野之人，请求孔子让自己去尝试一下。他对那个农民说："您不是在东海种地，我不是在西海种地，我的马怎么可能会不吃你的庄稼呢？"那农民很开心，对他说："说话都像你这么清楚就好了，怎么能像刚才那个人那样！"说完，解开马的缰绳就给了他。

不同生活背景和文化背景的人会有不同的思维方式，对于同一领域的人来说，相互理解起来更容易，但对不同领域的人来说，沟通则相对艰难。所以，交谈之前要先了解对方，才能达到有效的沟通。

电话的发明人贝尔有一次来到他的朋友、大资本家许拜特先生的家里，希望他能够对自己的新发明投点资。但他知道许拜特脾气古怪，向来对赞助电气事业不感兴趣。怎么能让他发生兴趣，并热心于投资呢？两人见面寒暄一阵之后，贝尔并没有立刻向许拜特解释他的发明，也没有说明预算和预期利润。他坐下来，轻松地弹起了客厅里的钢琴。弹着弹着，他忽然停了下来，对许拜特说："你知道吗，如果我踏下这块脚板，向这钢琴唱一个声音，这钢琴便会跟着我学。譬如我唱一个 DO！这钢琴便会应一声 DO！你看这事有趣吗？"许拜特放下手中的书本，好奇地问："这是怎么回事？"于是，贝尔详细对他解释了一些科学原理。结果，许拜特非常乐意为贝尔提供一部分实验经费，令贝尔如愿以偿。

鬼谷子所说的"与富者言，依于高"，在贝尔对许拜特的游说过程中得到了验证。假设贝尔一上来就大谈他的发明能带来多少利润，可以想象，这很难引起许拜特的兴趣。因为成功的商人都有自己的原则，他们只投资于自己所熟悉的领域，对于自己不了解的领域，一般不会贸然投资。而贝尔巧借科学的魅力征服了许拜特，让他慷慨解囊。

18 世纪 70 年代初，北美十三个殖民地的代表在费城齐聚一堂，协商独立大计，并推举富兰克林、杰弗逊草拟《独立宣言》。杰弗逊执笔写好"宣言"后，把草稿交给委员会审查。当时的杰弗逊才华横溢，又年轻气盛，最不愿意别人对他的作品品头论足。在外面等待结果的时候，他显得极不耐烦。老成持重的富兰克林怕到时发生不愉快的事情，就想先劝一劝杰弗逊，又怕引起一场争辩，于是灵机一动，就给杰弗逊讲了一个故事：有一个人准备开一家帽店，觉得应该挂一个醒目的招牌。于是他设计了一个招牌，上面写着："约翰·汤普森帽店，制作和现金出售各式礼帽"，招牌下面则画了一顶帽子。他把这块招牌得意地给他的朋友们看。一个朋友说"帽店"与后面的"出售各式礼帽"语义重复，建议删去。另一个朋友则建议省略"制作"一词，因为顾客并不关心帽子是谁制作的，他们只关心质量和式样。第三位朋友则说，"现金"两字多余，因为顾客买帽子一般都是当场付钱的。删了几次后，只剩下了"约翰·汤普森，出售各式礼帽"字样和帽子的图画。最后，又有一个朋友建议把"出售"也删去，因为谁也不指望你白送给他。他又想了想，觉得下面已经画了一顶帽子，就把"各式礼帽"也删了。招牌挂出的时候，上面醒目地写着"约翰·汤普森"，下面画着一顶礼帽。没有人不说这块招牌做得好。听了这个故事，杰弗逊笑了，渐渐平静了下来。后来，《独立宣言》经过众人的精心推敲和修改，成为一篇举世闻名的经典文献。

富兰克林针对杰弗逊的性格特征，巧妙地借用一个寓意明显的小故事，一下子让自负的杰弗逊保持了冷静，实在是非常高明。

总之，要想成为一个优秀的雄辩家，就要注意培养"看人说话"的能力。

8

思维敏捷断是非，出言莫测巧对敌

【原典】

是故与智者言，将以此明之；与不智者言，将以此教之；而甚难为也。故言多类，事多变。故终日言不失其类，而事不乱；终日不变，而不失其主。故智贵不妄。听贵聪，智贵明，辞贵奇①。

【注释】

①奇：奇特，变化莫测。

【译文】

与聪明人谈话时，就要让他明了这些方法，与笨人谈话时，就要把这些方法教给他。然而事实上很难做到。所以说谈话有各种方法，所论事情会不断变化。掌握这些后，即使终日谈论，也不会把事情搞乱。事情不断变化，也不会失其原则。故就智者而言，重要的是要不乱不虚，听话善辨真伪，聪颖则善断是非，出言要变化莫测。

解读

在大脑的领导下，口、目、耳要积极响应

《鬼谷子》中说：人的嘴是关键，是用来打开和关闭感情和心意的。耳朵和眼睛是心灵的辅佐和助手，是用来侦察奸邪的器官。只要心、眼、耳三者协调呼应，就能沿着有利的轨道运动。使用一些烦琐的语言也不会发生混乱；自由驰骋地议论也不会迷失方向；改变论辩主题也不会发生失利的危险。这就是因为看清了事物的要领，把握了事物的规律。

一个优秀的雄辩家，不应单逞“口舌之辩”，而要将其与目视、耳听、心思三者结合起来，力争做到有理有据，从而在处事和论辩中无往而不胜。

春秋时，郑国的执政子产以贤能著称。一天，他出门巡视，走到一家门前，听到妇人的哭声，就问怎么回事。仆从告诉他这家男主人刚死了。子产略加思索，就派人去捉拿那妇人审问，原来是她杀死了自己的丈夫。后来，他的仆人问道：“先生怎么知道她是杀夫者？”子产说：“她的哭声中隐含着恐惧。所有人对于自己的亲人，开始病的时候是爱护的，临要死的时候会感到恐惧，已经死了的话就会哀伤。现在她是哭已经死了的人，不是

哀伤却是恐惧，那么就知道她心怀鬼胎啊。”

鬼谷子说“耳目者，心之佐助也”，其实是说要注意观察，积累经验，在此基础上进行分析和判断。但是，在某些特殊情况下，自己亲眼所见的事实也不一定可靠，还要依赖于对人和事的正确判断。

在细心观察的基础上进行分析，是澄清事实的必要步骤。比如林肯为一桩谋杀案件辩护的故事，便是如此。

林肯当律师时，他一个朋友的儿子小阿姆斯特朗被控谋财害命，已初步判定有罪。林肯以辩护律师的身份到法院查阅了案卷。他发现，全案的关键在于原告有一位证人福尔逊，发誓说他在10月18日的月光下目击了小阿姆斯特朗用枪击毙死者。林肯做了仔细的分析后，要求复审此案。在复审中，双方有以下一段精彩的对话。

林肯：“你发誓说看清了小阿姆斯特朗？”

福尔逊：“是的。”

林肯：“你在草堆后，小阿姆斯特朗在大树下，双方相距二三十米，你能认清吗？”

福尔逊：“月光很亮，所以看得非常清楚。”

林肯：“你不是根据衣着认出他来的吗？”

福尔逊：“不是，我确实借着月光看清了他的脸。”

林肯：“你肯定时间是在11点吗？”

福尔逊：“肯定，因为我回屋看了钟，那时是11点15分。”

林肯问到这里，转过身来，发表了一席令人震惊的话：“我不得不告诉大家，这个证人是一个彻头彻尾的骗子。他一口咬定10月18日晚上11点在月光下看清了被告的脸。请大家想一想，10月18日那天正好是上弦月，晚上11点月亮已经下山，月光从何而来？退一步说，或许他时间记得不很精确，稍有提前。但那时，月光是从西照向东，草堆在东，大树在西，如果被告的脸面对草堆，脸上是不可能有月光的！”作伪证的福尔逊顿时傻了眼。法庭上一阵沉默之后，爆发出一阵热烈的掌声和欢呼声。

细致的观察、透彻的分析，加上如簧的巧舌，这是林肯辩护成功的三大要素，也是我们应该努力追求的境界。

谋篇第十

本篇是紧承上篇“权术”而来的，是一对姊妹篇。“权”是“权衡”；“谋”是“计谋”。本篇集中讨论了计谋在游说中的实际意义及具体运用。简单地说，谋术就是动用一切手段，调动任何可加以利用的资源，以达到预期的目的。鬼谷子认为，谋术有两个重要原则，一是要立足实际，即所谓“谋生于事”，因此在设置计谋之前，必须详细掌握事情的真相和规则，并处理好“欹”与“正”的关系；二是要行事隐蔽，即所谓“圣人之道，在隐与匿”，智者用计无不追求隐而不露，只有愚人才会将所谋之事大肆张扬。

1

了解实情是为人谋事的指南

【原典】

凡谋[①]有道，必得其所因，以求其情[②]。审得其情，乃立三仪[③]。三仪者：曰上、曰中、曰下。参以立焉，以生奇[④]。奇不知其所拥，始于古之所从[⑤]。故郑人之取玉也，载司南之车[⑥]，为其不惑也。夫度材、量能、揣情者，亦事之司南也。

【注释】

①谋：策划。这里主要指谋划说服人的策略。②得其所因，以求其情：要调查对方的心理状态，就要掌握这个人的本性。因，依靠，凭借；情，实情，情形。③三仪：指天、地、人，天在上，地在下，人居中。借用天、地、人三仪，指上智、中才、下愚。④参以立焉，以生奇：三仪互相渗透，就可谋划出卓越的策略。⑤始于古之所从：自古以来就人人遵行。⑥司南之车：中国古代发明的一种装有磁石的车。常指南方，以此为基准作行军时的向导。

【译文】

凡为人谋事有一定规律，首先必须查明事情的原委，以探得实情。审慎考核实情，然后确立“三仪”，即上、中、下三种策略。此三者互相参验，通过分析论证，就能定出奇谋。这样产生的奇谋所向无阻，自古以来便是如此。据说，郑国人入山采玉，乘载带有司南针的车，为的是不迷失方向。为人谋事，一定要考量其才干、能力，揣测其实情，这是为人谋事不可或缺的指南。

解读

逆向思维方可出奇制胜

在这里，鬼谷子道出了出奇制胜的奥妙：“奇不知其所拥，始于古之所从”。正如孙子所说：“凡战者，以正合，以奇胜。故善出奇者，无穷如天地，不竭如江海。”出奇制胜，正是优秀将帅的追求。

楚汉争霸之际，韩信背水一战大破赵军。在庆祝胜利的时候，将领们问韩信：“兵法上说，列阵时应该背靠山，阵前可以临水泽，现在您让我们背靠水排阵，竟然取胜了，这是一种什么策略呢?”韩信笑着说：“这也是兵法上有的，只是你们没有注意到罢了。兵法上不是说‘陷之死地而后生，置之亡地而后存’吗?如果是有退路的地方，士兵早都逃散了，怎么能指望他们拼命呢?”

韩信精通兵法，但不囿于兵法，而是充分领会兵法之精华，将其融会贯通，最终达到出奇制胜的效果。

在毛泽东的军事生涯中，“四渡赤水”是其得意之笔。面对数十万国民党的围追堵截，毛泽东指挥红军来回穿插，忽东忽西，连战连捷。当时，红军受阻于云南的国民党军队。毛泽东出奇兵，命林彪率部袭击防备空虚的贵州。当时蒋介石正在贵州督战，在红军的猛烈攻击下，急忙调动最近的云南军队来护驾。等援兵到达后，却根本找不到红军，蒋介石方知中计。此刻，红军已借蒋介石之手调出了云南军，顺利地进入了云南省，把几十万追兵甩在身后，跳出了包围圈，渡江而去。

“四渡赤水”创造的军事奇迹，正如《孙子兵法》上所说：“水因地而制流，兵因敌而制胜。”看准对方虚弱的要害狠插一刀，远比正面硬碰硬高明多了。

在商场上，同样要追求出奇制胜，以较小的代价赢得丰厚的利润。

日本西铁城表在进入澳大利亚市场的过程中，就使出了闻所未闻的招数，并收到奇效。西铁城表质量优良，属于世界名牌，但在刚进入澳大利亚市场时却遭到了冷眼，因为澳大利亚人对西铁城表几乎一无所知。西铁城钟表商为了让澳大利亚人了解西铁城表，提高西铁城表的知名度，想出了一个绝妙的办法。他们首先在大众传媒上广泛宣传：某日将有世界上最精美的手表从天而降，谁拾到就归谁。许多人怀着好奇和侥幸的心理在这天来到指定的广场。预定的时间一到，果然有一架飞机出现在上空，不一会儿，一只只晶光闪亮的手表从天而降。广场上的人兴奋地拾起落在地上的西铁城表，发现这些表居然完好无损。从此，西铁城表在澳大利亚声名大振，一个广阔的市场就这样被打开了。

现实生活中，我们常常按照惯常的思路去想问题、办事情，由于绝大多数人都是这样做的，所以我们并不感到有变化的必要，也并不觉得这样做有什么不好。可是当遇到困难时，我们用常规的做法解决不了，而另一些人却用反常规的办法，巧妙而有效地解决了困难，这时候我们就会感到迷惑：这是为什么？

有一个年轻人梦想致富，他发现近来用作礼品的红豆很受欢迎，就开始做起了卖红豆的生意。红豆又称相思豆，和玫瑰一样，都是爱情的象征。年轻人去了一趟红豆产地，进了大量红豆，回来以后才发现这些红豆大都有瑕疵。有的带着明显的疤痕，有的表皮皱巴巴的，有的颜色不正。怎么办？难不成就这样放弃了？经过一夜的思索，年轻人想出了一个好办法。他把这些红豆分了类，把颜色偏紫红的陈旧红豆制作成“红得发紫，爱到心痛”，把皱巴巴的红豆制作成“等你等到红颜老”，把一半黑一半白的红豆制作成“天亮了，我还是不是你的女人”。结果这些价格更高的红豆一下子引发了销售热潮，让他大赚了一笔。

一个很简单的道理，世界上绝大多数人已经习惯了按部就班地生活，按部就班地思考，所以就难产生有创意的想法。其实，商场上出奇制胜的例子，往往只需要一个好点子、一句广告词就足够了，根本不需要大费周折。

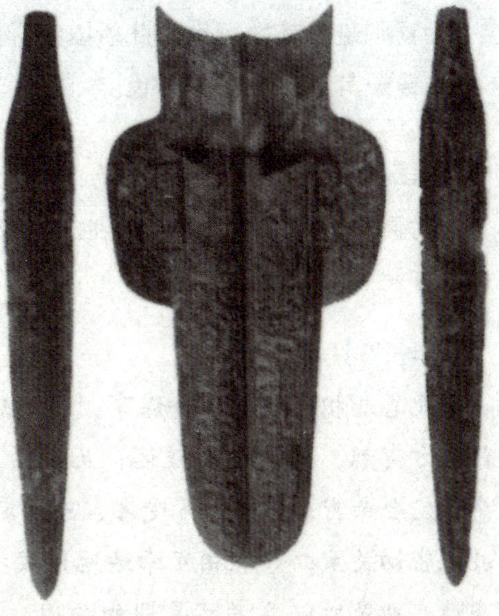

曾经有一段时间，法国男子追求美式潇洒，不时兴戴帽子。市场上男帽滞销，帽商一筹莫展。最后，帽商请出著名的服装设计大师做电视广告。他只说了一句话：“女人戴男帽，俏上加俏。”有的女郎一试戴，果然别有一番风韵。立时，一股女戴男帽风席卷法国。法国帽店因此门庭若市，不论是牛仔帽、鸭舌帽还是老式毡帽，多年的积存全部一扫而空。各时装店不得不临时增设帽子专柜，以接待潮涌而来的顾客，巴黎百货公司则干脆把男帽部并入女帽部。帽商们大发其财，抹掉一身冷汗后，喜不自禁。

在数学的推理求证中，有两种行之有效的方法，一种是“正面推理”，而另一种叫作“逆向推理”，后者往往能够起到更好的效果。在上面的两个例子中，商人把有瑕疵的红豆卖出高价，还把男人的帽子卖给了女人，把不利的生意转变成红火的生意，这正体现了不按常理出牌的逆向思维的价值。在我们的日常生活中，为什么一定要坚持惯常思维，而不愿通过逆向思维去出奇制胜呢？

2

与志趣相投的人联合谋事

【原典】

故同情而相亲者，其俱成者也；同欲而相疏者，其偏害者也。同恶而相亲者，其俱害者也；同恶而相疏者，偏害者也①。故相益则亲，相损则疏。其数行也，此所以察异同之分，其类一也。故墙坏于其隙，木毁于其节，斯盖其分也。

【注释】

①同恶而相疏者，偏害者也：假如二人有同样恶习，而关系疏远，只能是单方受害。

【译文】

凡志趣相投的人联合谋事，事成后若双方都能得利，感情定会亲密；若仅一方得利，感情定会疏远；凡有共同憎恶的人联合谋事，若是同受其害，感情定会亲密；若仅一方受害，感情定会疏远。所以，如果能互相带来利益，就能密切关系；如果相互牵连地造成损害，就会疏远关系。这都是有定数的事情，也是所以要考察异同的原因，凡是这类事情都是一样的道理。所以，墙壁通常因为有裂缝才会倒塌，树木通常因为有节疤而折毁，这都是理所当然的。

解读

道不同，不相为谋

《鬼谷子》中说：在为人谋事时，一定要考察彼此在各方面的异同，否则就会有害于双方。

一则寓言中说，青蛙爱上了老鼠，它想时时刻刻都和老鼠在一起。于是，它把老鼠的脚和自己的脚绑在了一起。刚开始，它们在地面上行走正常，还能吃到谷子。可后来，当它们来到池塘边时，青蛙一下就跳进了水里，把老鼠也拖下了水。青蛙在水里玩得高兴，而可怜的老鼠不会游泳，淹死了。最后，老鼠的尸体浮上水面，它的脚仍然和青蛙绑在一起。一只老鹰发现了老鼠，便冲向水面，抓起老鼠。而青蛙也被跟着提出水面，成了老鹰的美食。不恰当的合作，就像这则寓言中的青蛙和老鼠，只会给双方带来损失。

孔子说："道不同，不相为谋。"意即志向不同，不能一起谋划共事。每个人的道德修养既与个人后来所学有关，又必然与所处的外界环境相关。重视对朋友的选择，是我们一贯注重的问题。一个人初出茅庐，如果能够得到朋友的正确指点和帮助，会在创业的途中大为受益。

人们大都愿意与品德高尚的人结交，而品德低劣的人，却常常被人鄙视，很少有人愿与之交往。管宁不愿与华歆为伍的故事就是一个很好的例子。

管宁和华歆在年轻的时候，是一对非常要好的朋友。他俩整天形影不离，同桌吃饭、同榻读书、同床睡觉，相处得非常好。

有一次，他俩一块儿在菜地里锄草。只见管宁举起锄头，一锄下去，碰到了一个硬东西。黑黝黝的泥土中，有一个黄澄澄的东西闪闪发光。管宁定睛一看，是块金子，他就自言自语地说了句："我当是什么东西呢，原来是锭金子。"接着，他不再理会了，继续锄草。

"什么？金子！"不远处的华歆听到这话，赶紧丢下锄头奔了过来，将金块捧在手里仔细端详。

管宁见状，边干活边责备华歆说："一个有道德的人是不可以贪图不劳而获的财物的，钱财应该是靠自己的辛勤劳动去获得。"

华歆听了，口里说："这个道理我也懂。"手里却还捧着金子舍不得放下。后来，他实在被管宁的目光盯得受不了了，才不情愿地丢下金子回去干活。但他心里还在惦记金子，所以干活也没有先前努力。管宁见他这个样子，暗暗地摇了摇头，没再说什么。

又有一次，他们两人坐在一张席子上读书。正看得入神，忽然外面传来一片鼓乐之声，中间夹杂着鸣锣开道的吆喝声和人们看热闹吵吵嚷嚷的声音。于是管宁和华歆就起身走到窗前去看究竟发生了什么事。

原来是一位达官显贵乘车从这里经过。一大队人马，威风凛凛。而他的车子更是豪华：车身雕刻着精巧美丽的图案，车上蒙着的车帘是用五彩绸缎制成，四周装饰着金线，车顶还镶了一大块翡翠，显得富贵逼人。

管宁看了看，又回到原处捧起书专心致志地读起来，对外面的喧闹好像没有听到一般。华歆却不是这样，他完全被这种浩大的声势和豪华的排场吸引住了。他嫌在屋里看不清，听不明，干脆放下书跑到街上，尾随着车队细看。

管宁目睹了华歆的所作所为，再也抑制不住心中的惋惜和失望。等到华歆回来以后，管宁就拿出刀当着华歆的面把席子从中间割成两半，痛心而决绝地宣布："我们两人的志向和性情太不一样了。从今以后，我们就像这被割开的草席一样，不是朋友了。"

这就是"割席断交"的故事。这个故事告诉我们：真正的朋友，应该建立在共同的思想基础和奋斗目标上，一起追求，共同进步。如果没有内在精神的默契，只有表面上的亲热，这样的朋友是无法真正沟通和理解的，充其量算个熟人，也就失去了做朋友的意义了。

古人这么看重志向，是因为那时的社会结构比较简单，社会分工无非士农工商几种，非此即彼。现代社会是建立在劳动分工精细化的基础上的，多样化的分工给了每个人更多的人生选择，而这也使得我们交朋友的时候，对"志向"的认同更为重要。有相同的志趣，友谊的维系就不会是件苦差事。

有位心理学家曾做过这样一个实验，将十几个素不相识的人关在一间屋子里，与世隔绝。几天后他发现，有共同爱好和追求的人大都成为好朋友，而没有共同爱好和追求的人则形同陌路。

司马迁说："世上学老子的人不屑于儒学，学儒学的人也不屑于老子。道不同，不相为谋。"这是思想观念、学术主张不同，不相为谋的典型。

伯夷和叔齐相传为殷代孤竹君的两个儿子。武王灭殷，天下宗周，伯夷、叔齐义不食周粟，隐居首阳山，终于饿死。

司马迁由此而感叹说："道不同，不相为谋，真是各人追随各人的志向啊！"这是由于政治态度不同，不相为谋的典型。

"道不同，不相为谋"是择友的一个重要原则。朋友是要志同道合的，志不同、道不合就会南辕北辙，越走越远。

英国哲学家、经验主义哲学的奠基人弗朗西斯·培根说："财富非永久的朋友，朋友才是永久的财富。"

真正的朋友不会把友谊挂在嘴上，他们并不会为了友谊而相互要求，而是彼此为对方做一切能办到的事。在我们的日常生活中，看得更多的则是人们为了一点点小事而斤斤计较，各自只为自己的利益，而不会替别人考虑。

酒肉朋友，是最不可靠的朋友。有些人历来会做表面文章，在酒桌上觥筹交错，推杯换盏，似乎一个个都是铁哥们。其实是，人一走，茶就凉。

人与人之间，只有互相交流才会有真正的朋友。然而，不相信任何人和盲目相信任何人都是错的。古希腊哲学家德谟克里特说过："不要对一切人都以不信任的眼光看待，但要谨慎而坚定。"

人与人的思想不同，想法也就不同。如果一味坚持己见，可能会引起一些争执，甚至还会造成矛盾，使朋友间闹得不愉快。有时候可以退一步想，他有他的想法，你有你的想法，各自找出自己的答案，也许结果会证明双方未必都正确。如果只是认定了自己的想法不肯罢休，往往会导致朋友间关系的僵持。这时，何不先放弃和对方争执，先了解真正的原因所在，最后朋友间的意见也许会达成一致。

3 根据事态发展而定进退

【原典】

故变生事，事生谋，谋生计，计生议，议生说，说生进，进生退①，退生制。因以制于事，故百事一道，而百度一数②也。

【注释】

①进生退：进取产生于退却。②一数：一定的数。

【译文】

事物在变化中产生事件，事件中产生谋略，谋略中产生计策，计策中可分三仪，有了这些前提，说辞就产生了，有了良好的说服力，就可以进，在进的过程中谋取退路，做到了“进可攻，退可守”的程度就可以制服对方了；用这种套路可以治理一切事务。所以百事的变化都是一个规律，而各种心机谋略也只有一种法则。

解读

循序渐进是成功的重要保障

古语云：“骐骥一跃，不能十步；驽马十驾，功在不舍。”凡事都要循序渐进，持之以恒，不可急功近利，武断行事，否则就很容易忙中出错，导致功亏一篑。鬼谷子说，万事的变化都有一定规律，而各种心机谋略也有一定法则。只要遵循这一法则，就可以进。这个“进”，就是我们现在所说的“循序渐进”。

一个挤牛奶的姑娘，头上顶着一桶牛奶，从田野走回农庄。她幻想着：“这桶牛奶卖了，至少可以买回三百个鸡蛋。就算有些意外损失，那也能孵出二百五十只小鸡。等到鸡价最贵的时候，就可以把小鸡拿到市场上卖。这样到了年底，我就可以得到很多钱，足可以买一条漂亮的裙子。到了圣诞节的晚宴，我穿上那条漂亮的裙子，于是年轻的小伙子都会向我求婚，但我却摇摇头拒绝他们。”想到这里，她非常得意，竟然真的摇起头来。结果，牛奶被她摇到了地上，她的美梦也被打碎了。

在第一步还没有迈出去的时候，不要幻想最后的结果。否则美梦破灭，甚至连迈出第一步的机会都会永远丧失。

战国时期，燕国封乐毅为帅，同时纠集韩、赵、秦、魏等国军队进攻齐国，攻克齐国七十余城，消灭了齐国的主力部队，占领了齐国都城，齐国只剩下莒城和即墨两个小城。乐毅深知“穷寇勿追”的道理，只是将即墨团团围住，使其不战自乱。这时，燕王中了齐将田单的反间计，用骑劫代替乐毅为帅。骑劫改变乐毅宽大的做法，他割去齐军俘虏的鼻子，把他们放在队伍

前面，还挖去城外齐人的祖坟，以打击齐军的士气。孰料，这种残暴的做法反而激起了齐人的愤怒，使他们同仇敌忾，宁死不屈。田单见时机成熟，于是设下“火牛阵”，大败诸侯联军，杀死骑劫，并且乘胜收复了所有失地。

骑劫的失败，就在于他不明白穷寇勿追、循序渐进的道理，一味以残暴的手段激怒齐军，并想当然地以为这是打击敌人士气，结果一败涂地，前功尽弃！

为将帅者，急于求成是其大忌。三国时期，辽东太守公孙康依仗地势偏远，不肯归顺曹操。后来，袁尚和袁熙与曹操作对，带几千人马投奔了公孙康。曹操击败乌丸后，有人劝说曹操讨伐公孙康，擒拿袁尚、袁熙。曹操说：“我正要公孙康把袁尚、袁熙的首级送过来，不用麻烦出兵。”不久，公孙康竟真的斩杀了袁尚、袁熙，把首级送过来了。众将问这是为什么，曹操说：“公孙康一向防备袁尚等人，我威逼他，他们就合力回击；我不管他，他们就一定会自相残杀，这是理所当然的。”有时候，像曹操这样让自己冷静下来，静观局势的慢慢发展，反而能取得意想不到的效果。

在现代商业社会中，一个企业的发展壮大，是不可能一蹴而就的。企业领导人也应循序渐进，只有不断积累经验，持之以恒，才能迎来企业的腾飞。

富商蒙德在学生时代就读海德堡大学，在学习研究中，他发现了一种从废碱中提炼硫黄的方法。后来他移居英国，想找一家公司合作开发。但当时

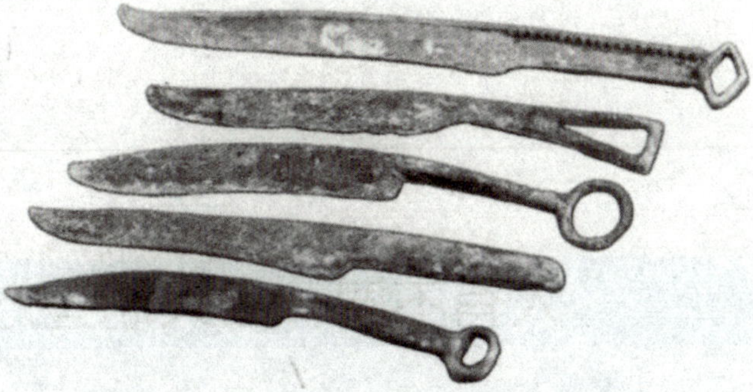

很多公司都认为这一方法没有什么实用价值。蒙德费尽周折，才找到一家愿意投资的公司。有了资金以后，蒙德开办了自己的化工企业，随后他买下了一项专利技术。但这项技术当时还很不成熟，没有人愿意去投资。蒙德就自己建立厂房，反复研究，解决了技术上的难题，终于投入生产。起初，生产情况并不理想，企业连续几年亏损。但蒙德一直不气馁，终于在六年后取得了重大突破，不仅弥补了亏损，还大赚了一笔。蒙德的企业后来成为了全世界最大的碱生产企业。

蒙德的成功，得益于他循序渐进的严谨作风，虽然他的成功之路走得比较艰辛，但只有这样的企业才能经得住大风大浪。

一种新商品，如果它在市场上知名度并不高，消费者也很少，这时将它大批量投入市场，效果肯定不会好。这时就应该采取促销的手段，循序渐进地达到目的。

国际市场上曾有一种叫“万事发”的日本香烟，销售量在世界上名列前茅。令人称奇的是，这种香烟是通过亏本经营逐渐打开销路的。为试销“万事发”香烟，这家卷烟厂首先在世界各国的大城市物色代理商，通过代理商向当地一些著名政客、作家、律师、艺人等按月寄赠香烟，并声明，如果不够的话，来函即寄。每隔一段时间，代理商还给他们寄去一份表格，征求对“万事发”香烟的意见。当然，厂家的“慷慨”是为了吊“瘾君子”的胃口。等到这些人抽“万事发”香烟上了瘾，代理商便不再寄赠。这些“瘾君子”只好自己掏腰包买“万事发”香烟。这样，“万事发”香烟很快在上流社会树立起形象，在各国的销路也都很好，获得了巨额利润。

轻易得来的东西，总是很容易失去。在功利主义泛滥的现代社会，很多人都在梦想着一夜暴富，但这不过是泡沫而已。只有坚持循序渐进的人，才能获得真正的成功。

4

人有不同，因人制宜方能成功

【原典】

夫仁人轻货①，不可诱以利，可使出费；勇士轻难，不可惧以患，可使据危；智者达于数，明于理，不可欺以不诚，可示以道理，可使立功；是三才②也。故愚者易蔽也，不肖者易惧也，贪者易诱也，是因事而裁之③。

【注释】

①夫仁人轻货：有德行的人不看财货。②三才：指仁人、勇士、智者三种人才。③因事而裁之：根据具体情况做出判断和进行巧妙的裁夺。

【译文】

一般而言，仁德的人不看重财物，不可用财物相诱惑，只可让其提供财物；勇敢的人不惧怕危难，不可用祸患相恐吓，只可使他据守险地；智慧的人知权变、明事理，不可以不诚信相欺骗，只可晓以大义，使其建功立业。这是三种人才啊，必须好好使用！由此观之，愚昧的人容易受蒙蔽，不肖的人容易被吓住，贪婪的人容易被引诱。对于这些人，要抓住其特点来控制他们。

解读

抓住个人所独有的特点去了解他

鬼谷子告诉我们，人有仁人、勇士、智者、愚者、不肖者、贪者的区分。

要亲近或利用一个人，就应首先分析他的性格特征，采取相应的办法。若采取的方法不当，就可能事与愿违，引起别人对你的反感。

东汉有个大官叫杨震。有一次，他路过昌邑县。昌邑县的县官王密，是杨震向朝廷推荐的。这次杨震来了，王密自然很热情地招待他。两人一起吃晚饭，谈得很投机。晚饭过后，杨震就回到旅馆休息。半夜的时候，王密悄悄来到杨震的住处，带了一份厚礼给他。王密说："我能当上县官，全靠大人您的提拔，这份薄礼请您收下。"杨震坚决不肯收礼物，他说："我推荐你，是因为你有才华，而不是要你报答。"王密又说："您收下吧，现在是半夜，这件事不会有人知道！"杨震生气地答道："天知，地知，你知，我知，怎么说没有人知道？"王密听了很惭愧，连忙把礼物收回去，低着头走了。

王密给杨震送礼，或许真的是出于一片感激之情，但是他不懂得"仁人轻货，不可诱以利"的道理，碰了一鼻子灰不说，还为两人原本融洽的关系蒙上了阴影，影响了自己今后的发展。

"因人制宜"四字，在政治和军事较量中有重要意义。在《三国演义》一书中，就有大量这样的例子。三国时代的所有枭雄中，袁绍的出身是最尊贵的，"四世三公"的家世与声望，在当时确实是一块响亮的招牌，相对能够获得更多人的拥戴。然而孔融和曹操都说袁绍是"冢中枯骨"。历史上的"官渡之战"，曹操就是利用了袁绍的"志大而智小，色厉而胆薄，忌克而少威"等弱点，引袁绍轻举冒进，曹军则后撤筑垒设防，集中兵力坚守要隘。结果在两军力量悬殊的情况下，对峙数月，曹操寻找到抄其后路、焚其粮草的机会，终于打败了袁军，创造了以少胜多的经典战例。而一度以贩卖草鞋为生的刘备虽暂栖他人门下，却依然是曹操眼里的"英雄"。曹操的知人，是他取得巨大成功的一个重要因素。

但是，曹操本人也有弱点，那就是生性多疑。曹操的这一弱点也曾被他的敌人利用，结果打了败仗。三国时期，蜀将黄忠在定军山一战杀死魏将夏侯渊，夺取了战略要地。曹操闻讯大怒，就亲自率领二十万大军进攻黄忠，却被前去接应的赵云打败。曹操岂能善罢甘休，他指挥大军追杀赵云。赵云杀出重围，回到了蜀营。副将张翼见赵云已退回本寨，后面追兵来势汹汹，便要关闭寨门拒守。赵云却下令大开营门，偃旗息鼓，又命令弓弩手埋伏在寨内，自己则单枪匹马在营门等候敌军。不久魏军大兵压境，战云密布。曹操见赵云寨门大开，怀疑里面隐藏着伏兵，不敢轻易进攻，便下令撤兵。赵云见曹军退兵，立刻擂起战鼓，霎时杀声震天，飞箭如雨，魏军十分恐慌，自相践踏，死伤无数。赵云趁势夺了魏军的粮草，斩杀了曹操的大批人马，得胜回营。第二天，刘备亲自来到营地犒劳军士，感慨地说："子龙一身都是胆咧！"

赵云深知曹操生性多疑，所以偃旗息鼓，诱敌深入，大获全胜。可见，两军对垒，要想取胜，首先要掌握敌方主帅的性格特征和心理状态，才能在战斗中占据主动。

三国时期的军事奇才司马懿，以“料敌如神”而著称。他平定公孙渊叛乱一事，就充分证实了这一点。当时，魏国的辽东太守公孙渊，于魏明帝景初元年（237年）自立为燕王，与曹魏分庭抗礼。景初二年春，魏明帝曹叡令司马懿领兵讨伐公孙渊。司马懿整装待发时，明帝问他如何打败公孙渊。司马懿回答说：“如果公孙渊明辨形势，就会断然割弃眼前利益，弃城出走，以此拖延时日，疲惫我军，待机而战，这是上策。可是公孙渊智浅寡断，上策难用。他必然会认为我军孤军深入，难以持久，定会依托辽河据守，一旦接战不利，就会退守襄平，这是下策。我军定能在襄平打败他。”曹叡听后，赞叹道：“看来讨伐公孙渊之战，都在将军心中了。”于是，司马懿进行了充分的准备，率军渡过黄河，穿越华北平原，直捣公孙渊阵营。结果，果然不出司马懿所料，公孙渊采取了下策，大败，公孙渊被斩。

在现代商业领域，因人制宜同样显得很重要。比如，在谈判的时候，了解你的谈判对手的性格特征，就能做到有的放矢，收到良好的效果。

5

弃其所短，用其所长

【原典】

故为强者，积于弱也；为直者，积于曲也；有余者，积于不足也。此其道术行也。故外亲而内疏者，说内；内亲而外疏者，说外。故因其疑以变之①，因其见以然之②，因其说以要之③，因其势以成之，因其恶以权之，因其患以斥之。摩而恐④之，高而动之，微⑤而证之，符⑥而应之，拥⑦而塞之，乱而惑之，是谓计谋。

【注释】

①因其疑以变之：根据对方的疑问来改变自己的游说内容。②因其见以

然之：根据对方的表现来判断其游说活动是否得法。③因其说以要之：根据对方的言辞来归纳其游说要点。④恐：受威胁的感受。⑤微：削弱。⑥符：验证，应验的意思。⑦拥："拥"通"壅"，就是用土堵，阻塞。

【译文】

强者是由不断发展的弱者形成的；直线是由许多微小的曲线形成的；富裕是由长期的节俭形成的。这就是道术反致的规律啊！若对方表面上与我亲近而内心疏远，则我要从打动其内心入手；若对方内心与我亲善而表面上疏远，则我要从改善外部关系入手。应根据对方的疑惑改变自己的说辞；根据对方的见解表示同意与否；根据对方的言辞确定说辞的要点；根据对方的情势协助其取得成功；根据对方的憎恶权衡利弊得失；根据对方的顾虑加以消除。与对方磨合后，告知以危机，引起他的恐惧；抬高对方，使之奋发向上，策划行动；针对对方的怀疑，不动声色地加以验证，打消其疑虑；凡对方的正确意见，我应积极响应；凡对方的错误要求，我应加以阻止；搅乱对方的思想，使其困惑。这些就是计谋之道。

解读

抓住主动权才能取得成功

鬼谷子强调施展谋略要得"势"，即要善于根据对方的情况，随时调整自己的策略，将主动权牢牢地抓在自己的手里。只有这样，才能控制事态的发展，令自己获得利益。

公元231年，诸葛亮五出祁山，率军到达郡县，然后进驻五丈原。司马懿率军渡渭水，背靠渭水构筑营垒防守。魏蜀两军相持了百余天。诸葛亮多次挑战，甚至送给他一些妇女的衣服羞辱他，但司马懿仍不为之所动。他认为，蜀军远道而来，粮草运输困难，不能持久作战，这是其不"利"。而魏军粮草充足，以逸待劳，这是我之"利"。只要以"利"动之，坚守不战，以守为攻，就能牢牢抓住主动权，迫使蜀军不战自退。后来，蜀军果然渐不能支，被迫撤军。

我们平时常说“形势”，“形”与“势”连用，可见二者密不可分。“形”是静态，是力量尚未散发出来之前的状态；“势”是动态，是迅速运动造成的威力。积水本来呈现静止不动的状态，看似一种极其柔弱的“形”，可是当堤防决口，或是水自高处飞激而下时，就形成威力无穷的“势”；猛禽攻击前的准备工作是“形”，一旦完成准备，奋力一击，就是“势”的运用。宋朝张齐贤守代州的战例，正是善于借势败敌的典型。

公元 986 年，辽军侵宋，与宋军相持于代州城外。知州张齐贤向潘美求救，潘美发兵驰援，但在途中又接皇帝之命撤回。张齐贤了解到辽只知潘发兵而不知其收兵，于是令 200 名士兵一人一旗，于城西 30 里外设置疑兵，又于辽军退路埋伏锐卒 2000 人。随后，辽军见火光突起，以为宋援兵已到，立时撤退。张齐贤开城出击，伏兵在路上截击，辽军大败，代州之围遂解。张齐贤利用潘美率军来援所造之势，诱使辽军退兵，然后迅速展开伏击与出击，以少胜多，力挽危局，其势险节短，可谓千钧一发。

在对立的各方之间，主动权是会不断转移的。一方运用计谋以争夺主动权，另一方看似处于被动，但若此时能够将计就计，利用对方的计谋而定计，则主动权不但不会丢失，反而能够更加牢固。明朝梅国桢将计就计开铁禁的故事，就是其中一例。

中国自汉代以来，北塞的少数民族经常南侵，他们勇猛剽悍，中原军队往往不是他们的对手。但是，塞外不会冶铁。因此，中原王朝就对向塞外供应钢铁加以限制，以防他们用来打造兵器。明王朝时，边关铁禁也同样未开。明神宗万历年间，兵部右侍郎梅国桢总督西北边塞三镇军务。塞外边族久苦明朝铁禁，想出一条诱开边关铁禁的主意。这天，边族首领来拜见梅国桢，谎称塞外已发现铁矿，特来向梅将军报喜。梅国桢一眼看穿了敌人的诡计，马上传令边关：“塞外已产铁，即日起断绝一切铁器供应。”边族首领原本是要让梅国桢做出铁禁已经失效的判断，不料连生活用铁也不供应了，不禁叫苦不迭，只好来求梅国桢。

在现代商业领域，竞争对手就如同拳击场上的拳击手一样，若双方实力相当，则主动与被动间的转化都在转瞬之间，只要没有被彻底击垮，就绝不放弃对主动权的争夺。1984 年的洛杉矶奥运会前，富士公司为了从柯达公司手中夺取更大的市场份额，花了几百万美元，获得了此届奥运会胶卷的指定产品资格。富士压根儿就没有想到柯达会采取反击行动，所以便高枕无忧地等待着奥运会的开幕。柯达发现，富士公司推出的所谓“指定产品”，仅在运动会举办的那两周时间和指定的体育场馆，在其他的时间和地点，富士并没有什么特殊的举动。于是，柯达公司将宣传的重点放在了奥运会举办前那狂热的 6 个月中。柯达公司赞助了美国田径队和奥运会田径预选赛，聘用有可能夺冠的几个热门运动员为其大力宣传，并且使整个洛杉矶充满了柯达的出版物、电视片和张贴广告。待到奥运会来临时，很多人甚至没有注意到富士公司，反以为是柯达赞助了这届奥运会。在获取奥运会指定产品资格一战中，柯达输给了富士，好在柯达能痛定思痛，抓住富士公司的薄弱点进行猛攻，最终意外地夺取了主动权，在奥运会的整体战役中战胜了对手。

凡事掌握主动，既是一种策略，也是一种精神。任何希望成功的企业和个人，都应该记住这一点。

6 结盟一定要避免矛盾的出现

【原典】

计谋之用，公不如私①，私不如结②，结而无隙者也。正不如奇③，奇流而不止者也。故说人主④者，必与之言奇；说人臣⑤者，必与之言私。其身内，其言外者，疏；其身外，其言深者，危⑥。

【注释】

①公不如私：公，公开；私，私下，暗地里。公开运用计谋，不如在暗地里运用。②私不如结：结，缔联，结文。暗地里谋划又不如二人结为死党在一起商议。③正不如奇：正攻法虽然是合理的，但是却不如乘对方之不备使用奇攻法。④人主：人君，帝王。⑤人臣：臣下，大臣。⑥危：危险。

【译文】

运用计谋，公开谋划不如私下密谋；私下密谋不如结为同盟；结为同盟就应避免矛盾。运用计谋，常规策略不如奇谋，施以奇谋则无往不胜。所以说，向人主游说时，必须先献奇谋；向人臣游说时，必须先谈私交。若你是同盟内的人，却将机要泄露给同盟外的人，就会被同盟者疏远。若你是同盟外的人，却触及同盟内的机要，同样会有危险。

解读

结而无隙，朋友间的团结最重要

鬼谷子的“结而无隙”，是说朋友之间要团结一致，防止出现不必要的隔阂，否则就可能导致事业不顺，给双方都带来危机。

战国时期，蔺相如不仅代表赵国出使秦国，完成了“完璧归赵”的壮举，又在渑池会上为国争光，立下大功，被赵王任命为上卿，职位比大将廉颇还要高。廉颇很不服气，私下对自己的门客说：“蔺相如爬到我头上来了。哼！我要给他点颜色看看。”一天，蔺相如坐车出门，瞧见廉颇的车马迎面过来，就叫车夫退到小巷里，让廉颇的车马先过去。蔺相如手下的门客气坏了，纷纷要求离开。蔺相如挽留他们，说：“你们说，秦王和廉将军谁更威风?”门客表示当然是秦王威风。蔺相如接着说：“秦王那么威风，可我都敢当面指责他，我又怎么会怕廉将军呢。我是怕我们两人不和，秦国就会来攻打我们。”廉颇听到这话后，感到十分惭愧。他光着上身，背上绑着荆条，到蔺相如家请罪。蔺相如连忙扶起廉颇，两人从此成为生死之交。

这则“将相和”的故事传颂千古。蔺相如面对不可一世的秦王，仗义执言，毫无惧色；而面对盛气凌人的廉颇，则为顾全大局，理智地选择了忍让。因为他清楚地知道，内部的不和，就会给敌人带来可乘之机，给自己招来灭亡的命运。当然，老将廉颇先矜后晦，“负荆请罪”，其胸怀之坦荡也同样令人敬仰。如果天下的同盟者都有蔺、廉二人这样的胸怀，又何愁不能同舟共济，共创一片天地？

荀子说：“蓬生麻中，不扶而直；白沙在涅，与之俱黑。”就说明了朋友的影响是十分巨大的。因此，在交朋友之前，除了自身保持中正之外，还要注意所交朋友的人品，以防止所交非人，对自身造成某些潜移默化的不良影响，进而影响到以后人生道路的选择。

选择朋友，也就是选择自己未来的人生！选择“益友”，就选择了人生路上可以用来遮蔽风雨和歇脚的驿站；选择了“损友”，就选择了人生前进路上可能在你跌倒的时候落井下石的小人。孔子说：“君子喻于义，小人喻于利。”意思就是说看重道义的是有益的朋友，只重视利益的是有害的损友。选择朋友的时候不妨以此为参考的标准，在与朋友一起处事时，注意观察，就可知道所谓的朋友是“益友”或是“损友”了。

有两个朋友一起赶路，其中一个人拾到了一把斧头。另一个人对他说：“我们拾到了一把斧子。”那人回答说：“不是‘我们拾到了’，而是‘我拾到了’。”过了一会儿，斧头的主人追上了他们，要回了斧头。拾到斧子的人对同伴说：“唉，我们完了。”另一个说：“你不要说‘我们完了’，而要说‘我完了’，因为你一开始就没有把斧子当成共同的东西呀。”可见，为了利益而不顾朋友的人，在困难的时候也会被朋友抛弃。

如果是不同的集团结成联盟，就更需要加强团结，否则就难以发挥联盟的力量。春秋时期，诸侯割据。随着秦国的日渐强大，联合抗秦成为各国唯一的选择。有一年，晋将荀偃为统帅，率领鲁、齐、卫、郑等国联军向秦进发，在棫林与秦军僵持了很长时间。荀偃见联军以众击寡却难取胜，一时情急，没有和各国将领商议，就下达了一道命令：“明天早晨鸡一叫，全军就要驾马套车，拆掉炉灶，许进不许退，唯我马首是瞻！”魏国将领栾黡听到荀偃的命令，非常反感，气愤地对手下军士说：“荀偃的命令太过专权独断，根本不把魏国放在眼里！好，他的马头向西，我偏要向东，看他能怎样？”于是，他率领魏军回国去了。其他各国将领看到这种情况，谁也不跟荀偃进攻秦国了，全军顿时混乱起来。荀偃此时虽后悔不已，但军心已经涣散，只得沮丧地下令撤兵回国。

诸国军队合在一起，浩浩荡荡，貌似强大，但却人心不齐。人心齐，泰山移。如果各怀私心，失败就成为必然。荀偃破釜沉舟的勇气值得肯定，但他忽视了收拢人心，忽视了联盟团结合作的重要性，以致最终无功而返。

“结而无隙”四字，教给我们一个交友的基本原则，应该成为我们每一个人的座右铭。

7 善于抓住机会办事情

【原典】

无以人之所不欲，而强之于人；无以人之所不知，而教之于人。人之有好也，学而顺之；人之有恶也，避而讳之，故阴道而阳取之①。故去之者从之，从之者乘之②。貌者不美，又不恶，故至情托焉。

【注释】

①阴道而阳取之：悄悄进行谋划，公开进行夺取。②去之者从之，从之者乘之：去，除掉、去掉；从，同“纵”，放纵，恣肆；乘，利用，趁机会。

【译文】

不要把人家不喜欢的东西强加给人，不要把人家不愿知道的事情强教给人。如果对方爱好某种东西，你要学着迎合他的兴趣；如果对方厌恶什么东西，你要尽量加以避讳。所以说，你是在暗中顺从对方，得到的却是公开的信任。因而，想要除掉的人，可献谋使其放纵，待他犯了错误时，你就可以抓住机会制裁他。不论面对任何事物都不立刻把毁誉形于色的人，是属于冷静而不偏激的人，这种人可以完全信赖他。

解读

投其所好才能把事情办好

孔子有一句名言“己所不欲，勿施于人”，这是处理人际关系的一项基本准则。鬼谷子也主张：“无以人之所不欲，而强之于人。”要想从他人那里获得利益，就必须投人所好，知道怎样在不丧失原则的基础上，尽力去取悦他人，以求达到自己的目的。

一个农夫的田里有一棵并不粗壮的树，只有麻雀和蝉在树上休息。农夫觉得这树没有什么大用处，便拿起斧头，准备把树砍断。那些住在树上的蝉和麻雀请求农夫不要砍树，它们将在树上为他歌唱，使他高兴。农夫没有答应，接着又砍了起来，直至树上砍出了一个洞。这时，他发现树洞里有蜂窝和蜂蜜，他尝了尝蜜后，就连忙抛下斧头，不再砍树了，而且还小心地保护这棵树。

故事里的麻雀和蝉劝阻农夫砍树算是白费口舌，因为它们根本不了解农夫的嗜好。它们的歌声只会招人厌烦，而蜂蜜让农夫尝到了甜头，才使他放

弃了砍树的行动。

要想与人相处得融洽，或者想让别人听从你的意见，一定要学会投人所好，否则就很难达到自己的目的。自古以来，只有“虚圆之士”才能建功立业，明哲保身。走路从不转弯的人，他的结局一定是头撞南墙。儒家主张内仁外和，就是要人既在内心深处坚持道德原则，绝不让步，外在又灵活机动，处世随和，这样人与人的关系才可能融洽。孔子并不是要人成为“逢人不笑不开口，一问摇头三不知”的明哲保身者，也不是让人们取媚于所有人，丧失立场原则。

元代时，有人告乃颜想要谋反，皇帝下诏令伯颜去侦察他的情况。伯颜知道自己此去凶多吉少，就做了精心的准备。伯颜发现如果要平安回来，逃回来时的交通是一个关键。于是，他就随身带上许多皮袍。到了乃颜控制的地区以后，每到一个驿站，伯颜就把这些皮袍送给管驿站的官员，一路上交了不少朋友。乃颜反心已决，对伯颜的来意也有所了解，他设下一个计谋，准备除掉伯颜。伯颜到了乃颜处，乃颜为他设宴，打算在宴会中把他抓起来。伯颜发现事态不妙，同他的随从快步逃了出来，分三条道逃走。管理驿站的官员因为得了他的皮袍，便都把健壮的快马借给他，于是他便逃脱了。

伯颜给驿站官员送皮袍，与他们交朋友，是为了最后能够顺利脱身，这是一种为保全自己而设下的计谋，并非无原则的滥交。投人所好，要有明确的目的，如果毫无原则，想让所有人都说自己好，那这个人的品德就值得怀疑。也就是说，在投人所好和阿谀谄媚之间，需要把握一个度。

唐朝的时候，不学无术、无才无德的李林甫之所以能当上宰相，靠的是钻营取巧、溜须拍马的本事。我们不得不承认李林甫确实很会耍“小聪明”：他先笼络皇宫的宦官、妃子，探明主子唐玄宗的心意，然后再有的放矢地说话、办事，所以赢得了主子的赏识和信任。但是，李林甫在历史上却留下了“口蜜腹剑”的骂名。可见，无原则的投人所好，发展到溜须拍马的程度，是令人厌恶的。

在现代社会，商品经济发达，竞争异常激烈。在产品的研发、生产和销售环节中，销售环节越来越受到重视。一个优秀的推销员，就必须懂得对客户投其所好。如若不然，又怎么赢得客户的心呢？

比如说，有一个油漆推销员为了发展客户，第一次来到一家用漆大户那里，想找老板谈一谈，希望他购买自己公司生产的油漆。可是，这个推销员一连几天登门求见，均被秘书挡驾。秘书推说老板太忙，没有时间会客。推销员没有灰心，而是设法打听老板的情况。后来，他偶然得知老板父子都是集邮迷，而这个星期六恰好是老板儿子的生日，老板正忙着为儿子收集邮票，作为生日礼物。推销员得知这一信息之后，心里有了主意。第二天，推销员又来求见老板，秘书照样不让进。推销员说：“我这次来并不是为了推销油漆，而是来送邮票的。”于是秘书就放行了。推销员进了老板办公室，把他收集到的许多珍贵邮票放在老板

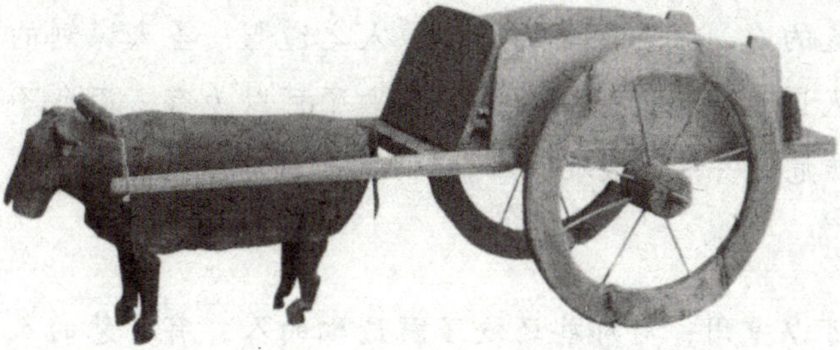

面前，老板欣喜不已，顾不待问明来人身份，便开始同推销员大谈邮票“经”，两个小时很快过去了，当推销员起身告辞时，那个老板才如梦初醒，问道：“对不起，您贵姓呀，来找我有什么事情?”等他听完推销员的简短介绍后，爽快地说：“好！谢谢您的来访，明天请带上您的合同来见我。”

当一个人最迫切的需求难以得到满足时，对他进行慷慨相助，他必定要寻求一种回报，以平衡内心受惠后的感激之情。对这个提供帮助者而言，自然也不难达到自己的目的。这就是“投其所好”的妙用。

8

学会隐藏自己的智慧

【原典】

可知者①，可用也；不可知者，谋者所不用也，故曰：事贵制人，而不贵见制于人。制人者，握权也；见制于人者；制命也。故圣人之道阴，愚人之道阳②。智者事易，而不智者事难。以此观之，亡不可以为存，而危不可以为安③。然而无为而贵智矣。智用于众人之所不能知，而能用于众人之所不能见。

【注释】

①可知者：可以了解透的人。②圣人之道阴，愚人之道阳：圣人谋划的事情，隐而不露；愚笨的人谋划事情，张扬外露。③亡不可以为存，而危不可以为安：指救亡图存和转危为安都是很难的事。

【译文】

对于了解透彻的人，可以重用；对那些还没了解透彻的人，有智慧的人是不会重用他们的。所以说，从事政治活动最重要的是掌握人，绝对不要被人家控制。控制人的人是掌握大权的统治者；被人家控制的人，是唯命是从的被统治者。所以圣人运用谋略的原则是隐而不露，而愚人运用谋略的原则是大肆张扬。有智慧的人成事容易，没有智慧的人成事困难。由此看来，一旦国家灭亡了，就很难复兴；一旦国家骚乱了，就很难安定。所以，无为和智慧是最重要的。智慧是用在众人所不知道的地方，用在众人所看不见的地方。

解读

隐藏智慧以图一鸣惊人

古代就有许多人深知隐藏实力的处世之道。楚庄王的“不鸣则已，一鸣惊人”的举动，正是由于具有了这种智慧。春秋战国时期，楚庄王即位伊始，便受到朝中内外的瞩目，因为他的祖父和父亲两代国君都很有作为。楚国上下希望他能继承遗志，开疆拓土，使楚国更加强盛。而邻近的小国则是战战兢兢，危不自安，甚至连中原的大国秦、晋也都密切注意楚国的动向。

然而出人意料的是，楚庄王即位后，根本不理国政，每日不是在宫中听音乐，饮美酒，与妃妾们寻欢作乐，便是率领卫士于深山大泽打猎，一副标准的荒淫无度的国君形象。

楚国的大臣们自然不甘心楚国前两代国君奋斗的成果就此毁灭，纷纷入宫劝谏，楚庄王却置之不理，依然我行我素。后来听得烦了，干脆在王宫外立一道牌子，上写：敢入谏者死。严令之下，楚国的大臣们大概觉得还是保命要紧，真的没人敢再劝谏了。

楚庄王日以继夜，荒淫不已，一连持续了三年。国王不理朝政，下面自然乱作一团：权臣们借机树党争权，谄谀小人们则逢迎拍马，捞取官职；贪官们更是浑水摸鱼，中饱私囊。楚国的政治一下子陷入了混乱无序的状态，而忠臣贤良只有扼腕叹息的份儿。

楚国的大夫伍举实在忍不住了。他决定入宫进谏，不过他也不愿意拿自己的头往刀刃上撞，于是想出了一个巧妙的方法。

他入宫见到楚王时，楚庄王正左搂郑姬，右拥越女，一边喝着美酒，一边听乐师们奏乐。见到伍举，楚庄王问道："大夫是想喝美酒，还是要听音乐?"

伍举笑道："臣既不想喝酒，也不想听音乐，而是听人们说大王智慧过人，所以想请大王猜个谜语。"

楚庄王知道伍举是要借机进谏，但既然伍举没明说，自己也不点破。伍举便说道："在楚国的一座高山上，停落一只大鸟，它羽毛五彩缤纷，异常华丽，可是三年来它既不鸣叫，也不飞走，臣实在不明白其中的原因。"

楚庄王沉思片刻，说道："这不是一只平凡的鸟，它三年不鸣，是在积蓄自己的力量；三年不飞，是等待看清方向。这只鸟不鸣则已，一鸣惊人；不飞则已，一飞冲天。你去吧，你的意思我都明白了。"

伍举听完楚庄王的解释后异常兴奋，他出宫后告诉自己的好友，同是楚国大夫的苏从："国君是很有头脑的人，他是在等待时机，而绝不是一个沉溺酒色的荒淫君主，看来楚国还是大有希望。"

几个月过去了，楚庄王不但没有丝毫改变，反而更加荒淫无度，苏从感到受了骗，他全无顾忌，舍身直闯王宫，直言进谏："您身为国王，不理国政，只知道享受声色犬马之乐，却不知道乐在眼前，忧在不远，不久就会民众叛于内，敌国攻于外，楚国离灭亡不远了。"

楚庄王勃然大怒，拔出长剑，指着苏从的鼻尖，厉声叱道："大夫不知道寡人的禁令吗？难道你不怕死吗?"

苏从凛然正色道："假如我的死能让君王悔悟，能让楚国富强，我的死就是值得的。"

楚庄王看了苏从半晌，忽然扔下长剑，双手抱住苏从，感慨道："我等的就是大夫这样忠于国家，不怕死的栋梁。"他挥手斥退歌男舞女，与苏从谈论起楚国的政务了。苏从这才惊异地发现：国君对国家上下了解比自己还要多。

楚庄王随后发布一系列政令，把那些权臣政客、谄谀小人、贪官和不称职的官员该杀的杀，该罢职的罢职；把那些包括伍举、苏从在内的忠于国家、有才能、刚直不阿的人提拔上来。一番洗涤振刷后，楚国的政治从贪浊混乱一下子变得清明而富有活力。

楚庄王待国内基础巩固后，不仅继续开疆拓土，平定了周围附属小国的背叛，而且挺进中原，夺得了霸主地位，成为历史上著名的“春秋五霸”之一。

楚庄王即位时，楚国的情况表面上看来不错，但实际上却有隐忧——当时，国内权臣夺利，小人充斥，群臣良莠不清，忠奸难辨。他就故意收敛住自己的锋芒，将真实的自己隐匿起来，装扮成一个荒淫君主的形象，这样不仅解除了周围国家对自己的戒心，更消除了群臣的顾忌，让他们尽情施展自己的手段，露出自己的庐山真面目。如此苦等三年，摸清了所有的情况后，楚庄王便猝然施展霹雳手段，将楚国政治振刷一新，这才是真正的大智慧。

将自己藏起来，并非是一声不响、默默无闻，而是让自己在这种不被关注的情况下，去发现那些隐藏在表面现象之中的本质问题，然后再实行具体的措施，达到“一鸣惊人”的效果。

9

抓住时机，果断出手

【原典】

既用见可，否择事而为之，所以自为也；见不可，择事而为之，所以为人也。故先王之道阴。言有之①曰：“天地之化，在高与深；圣人之制道，在隐与匿。”非独忠信仁义也，中正而已矣。道理达于此②之义，则可与语。由能得此，则可以够远近之诱。

【注释】

①言有之：古语有这种说法。②道理达于此：能认清此种道理。

【译文】

在施展智谋和才干之后，如果证明是可行的，就要选择相应的时机来实行，这是为自己；如果发现是不可行的，也要选择相应的时机来实行，这是为别人。所以古代的先王所推行的大道是属于“阴”的。古语说：“天地的造化在于高与深，圣人的治道在于隐与匿。”这并不是单纯讲求仁慈、义理、忠诚、信守，不过是在维护不偏不倚的正道而已。如果能彻底认清这种道理的真义，就可以与人交谈，假如双方谈得很投机，就可以发展长远的和目前的关系。

解读

当机立断，是立功成名的诀窍

“布衣三尺取天下”的刘邦，可谓是善于见机而动的有为之人。他本是秦朝的一个小官，但当他看到秦末山雨欲来风满楼的形势后，便带领一批人跑到大山中，密谋起事。后来，他的那支起义部队成为秦末农民起义军中的一支劲旅，最后从项羽手中夺得天下，建立了刘汉王朝。

具有雄才大略的唐太宗李世民，更善于见机而动。在取得天下之前，他不像刘邦只是一介布衣，而是出身贵族官僚家庭，父亲李渊为隋朝命官，统率太原数万军队。

在李渊还是隋朝官员，奉命镇压农民起义的时候，李世民已明白隋朝必亡的大势。他对父亲李渊说：“您受隋帝的命令讨伐贼寇，难道贼寇真的能彻底消灭吗？”在督促父亲反抗隋朝时，李世民又说：“今日破家亡国在于你，化家为国也在于你。”足见李世民的雄才大略。公元618年至公元620年，李世民打败了薛仁杲和刘武周两个强敌，平定了关中和中原地区。在公元620年7月，李世民又开始进攻王世充。这时他才不过22岁，但凭着政治家的雄才伟略，知人善任，采纳正确的意见，采取正确的策略，使他一举击败了王世充和窦建德，后来又成功镇压了刘黑闼等人的起义，最后统一了全国。李渊就是后来的唐高祖。

唐高祖李渊有四个儿子。长子李建成，次子李世民，三子李元霸（早亡，未及争位），四子李元吉。在这四个儿子中，长子李建成由于排行最长被封为

太子，为人精明能干；次子李世民被封为秦王；四子李元吉被封为齐王，也算勇武超人。不过，战功最多也最有谋略的，要数次子李世民。

太子李建成常随父亲驻守长安，帮助父亲处理军国政务，也算是一个精明强干的人。比起平庸的父亲李渊来，李建成在处理政务上已显示出了很强的才干，但与弟弟李世民相比，却还有很大的不足。李世民南征北战，为统一天下，立下了赫赫的战功，麾下聚集了一批文臣武将，在军政各界享有很高的威望。不但如此，李世民野心很大，他不甘心做一个区区秦王，希望日后能当皇帝。但按照封建宗法制度，继承皇位的只能是太子李建成，况且李建成也算功勋卓著，而且也有很强的势力。这样，一场兄弟之间的争位火并就不可避免了。

从当时形势看，太子李建成集团处于优势，首先李建成是太子，是长子，名正言顺，继承皇位是理所当然的事，社会舆论也多在他这一边；其次李建成有李渊的支持，在权力和名义上有可靠的保障；而李世民有文臣武将，私人武装比较强大，也有有利的条件，他本人威望高，群众基础好，富有作战经验，才略出众，更主要的是他手下人既精明强干又齐心合力，因而李世民的力量也是不能被忽视的。

齐王李元吉多次蓄谋除掉李世民，皆未成功。而李世民也未示弱，他随后策划了“玄武门之变”。

经过周密策划，李世民在玄武门提前设下埋伏，意图一举除掉对手。第二天，太子和齐王来到临湖殿前，忽然发现殿角有埋伏的士兵，感觉有变，

立即警觉起来，他扯了一下齐王的衣袖，飞奔下殿，上马往玄武门逃跑。这时，伏兵尽起，李世民张弓搭箭，射死了太子李建成，尉迟恭射杀了齐王李元吉。其余太子和齐王的卫士也被尽数消灭。就这样，太子李建成和齐王李元吉的多次蓄谋化为泡影，而秦王李世民则抓住时机，一举取得了胜利。

太子、齐王与秦王之间地位、实力相当，实际上谁先动手杀死对手谁便是皇权执掌者。而李世民则制造了有利的时机，并及时抓住，从而最终获得成功。

见机而动，关键是要善于看准机会。而这需要敏锐的眼光，并在有七分把握的条件下当机立断，勇于实践，否则，时机稍纵即逝，永远抓不住机会，也永远得不到功成名就的甜美果实。

机会难得，而如果有了机会，你又不能抓住，迟迟难以下决断，就很能成功。“当断不断，必有后患”，这句话在许多人竞争同一目标的情况下往往表现得最为明显。

怎样才能当机立断呢？要调动你所有的器官，去观察，去感觉，去倾听，如果有必要，去嗅，去尝。当遇到蕴含赢利可能性的情况时，要全神贯注，忘掉一切，尽快搜集各种情况，做到心中有数，然后快速做出决断，从而在竞争中占据领先优势。

当机立断，指在客观条件发生变化的情况下，做出恰当得体、有理有节的反应，才能维护自己的地位和利益。

决篇第十一

在本篇中，鬼谷子讲述了面临危机时，采取决策的重要性和如何采取决策的一些方法。这里的“决”，指的是决疑、决断、决策。“谋”能取得什么效果，都要由“决”来决定，因此将决篇置于谋篇之后。鬼谷子提出“决情定疑，万事之机”，从谋士的角度出发，论述如何帮助统帅进行决断。决的形式，或是对疑点进行分析，或是对利弊进行权衡，或是对方案进行取舍，其目的都是为了廓清思路，以展开下一步的行动。决的前提是认清事物的性质，杜绝偏见，以使决断无误。一个善于决断的人，在慎重的原则之下，应能做到当机立断，绝不拖延。

1

权衡利弊，三思而行

【原典】

凡[1]决物，必托于疑者，善其用福，恶其有患[2]。善至于诱也，终无惑[3]偏。有利焉，去其利则不受也，奇之所托[4]。若有利于善者，隐托于恶，则不受矣，致疏远[5]。故其有使失利者，有使离[6]害者，此事之失。

【注释】

①凡：凡是，表示概括。②善其用福，恶其有患：喜欢有利而厌恶灾祸。③惑：迷惑。④托：凭借。⑤致疏远：致，导致，招致；疏远。⑥离：古通“罹”。这里指遭受。

【译文】

凡是决断事情，都是受托于有疑难的人。一般说来，人们都希望遇到有利的事，不希望碰上祸患和被骗诱，希望最终能排除疑惑。在为人做决断时，如果只对一方有利，那么没有利的一方就不会接受，这是因为依托的基础不平衡。任何决断本来都应有利于决断者的，但是如果在其中隐含着不利的因素，那么决断者就不会接受，彼此之间的关系也会疏远，这样对为人决断的人就不利了，甚至还会遭到灾难，这样决断是失误的。

解读

做决定之前，须三思

当我们面前只有一条路的时候，可以毫不犹豫地走下去。然而，人生难免要走到三岔路口或十字路口，从而面临一系列新的选择，我们该何去何从？这个问题，对我们每一个人而言都是比较大的考验。但鬼谷子给我们指出一个很好的解决办法：“凡决物，必托于疑者，善其用福，恶其有患，善至于诱也，终无惑偏。”

夏天天气炎热，池塘里干得一滴水也没有了。有两只住在池塘里的青蛙不得不离开那里，寻找新的住处。它们走啊走，终于来到一口井边。它们小心地趴在井口，探着头，往井下看。井水清澈见底，清凉的气息一阵阵地涌上来。其中一只青蛙没有细想，就高兴地跳了下去，对他的伙伴说：“喂，朋友，快下来吧，这井水多好啊。我们就住这里吧。”另一只青蛙回答说：“这井这么深，如果它里面的水也干了，我们怎么样爬上来呢？”

在做出决定之前，必须权衡利弊，否则就会像第一只青蛙那样，只图一时的痛快，而换来终身的痛苦。

公元1115年，女真族首领完颜阿骨

打建立金国，辽国皇帝非常愤怒，立即亲率了70万大军前往讨伐。完颜阿骨打率领2万人前去迎战。当金军进至瓦剌时。完颜阿骨打亲自带领骑兵去侦察，却发现敌军已经撤走。为防止中计，他又进一步调查，得知辽国发生内乱，辽主迫不得已撤回军队。完颜阿骨打探知这些情况后，决定变守为攻，日夜兼程。不久，就追上了辽军。完颜阿骨打没有立即下令进攻，而是细心观察敌军阵式，看到辽军中军队伍整齐，士兵威武，从而判断出辽主必在中军。于是他断然决定调整兵力，集中力量攻击辽军所在的中军。辽军几十万大军顿时乱作一团，首尾不能相顾。就这样，完颜阿骨打以2万人马大败70万辽军，真正达到了“敌虽众，可使无斗”的境界。

在《三国演义》中，也有很多英明决断的例子。在刘备投靠荆州刘表后，刘表长子刘琦与刘备、诸葛亮相友善。当时，刘琦被后母所忌，面临危险，多次请教诸葛亮，但诸葛亮为试探其心，一直不肯为他谋划。一天，刘琦约诸葛亮到一座楼上饮酒，并暗中派人拆走了楼梯。刘琦说：“今日上不至天，下不至地，出君之口，入琦之耳，可以赐教矣。”诸葛亮见状，就以春秋时期“申生在内而亡，重耳在外而安”的典故指点刘琦。刘琦马上领会了诸葛亮的意图，立即上表父王请求派自己往江夏防守，避开了后母，从而免遭陷害。刘琦走后不久，曹操进取荆州。荆州是三国时的重要州郡，交通发达，粮产丰富，成为当时三国的必争之地。赤壁战败，曹操只好逃出荆州。赤壁胜利是孙、刘两家齐心协力的结果，刘备完全可以理直气壮地将荆州占为己有。但为了孙刘联盟，刘备采取诸葛亮的两全之策，用一个“借”字，既获得了一块根据地，又不破坏两家的联盟。刘备长期占领荆州，并以此为根据地，向西取得了西川与汉中，为在三分天下中争得一席之地开创了基础。这两次成功的决断，充分证明了诸葛亮的大智慧。

在现代的企业经营中，企业领导人也经常会遇到需要决断的事情。决断得好，就会获得良好的经济效益，赢得企业腾飞的良机；决断不好，就有可能给企业带来损失，甚至带来生存的危机，所以不可不慎重。

20世纪60年代初，日本的日立公司为了扩大企业规模，发展生产，投入了大量资金，购买了新建厂房的建筑材料，新添置了一些设备。这时，正赶上日本经济萧条时期，现有产品滞销，卖不出去，扩大企业规模的后果就可

想而知了。面对这一严峻情形，日立公司只有两条路可走：一条是继续投资；另一条就是停止投资。公司高层经过认真讨论、分析、研究，最后果断决定停止投资，实行战略目标转移，把资金投入到其他方面，积蓄财力，待机发展。实践证明，日立公司的决策是正确的。从1962年开始，日本三大电器公司中的东芝和三菱的营业额都有明显下降，但日立公司则一直到1964年仍在持续上升。进入20世纪60年代后期，一个新的经营繁荣时期到来了，蓄势已久的日立不失时机地积极投资，取得了经营上的巨大成功。

成熟的企业在做决断前，都会做一些深入的市场调查工作，以获得公众对产品接受度的第一手信息。1982年，美国第三大汽车制造商克莱斯勒公司在艾科卡的领导下，从濒临破产倒闭的低谷走出，一举扭转了连续4年亏损的局面，开始盈利。但艾科卡仍要考虑如何让克莱斯勒公司重振雄风的问题。艾科卡把“赌注”押在了敞篷汽车上。美国汽车制造业停止生产敞篷小汽车已经10年了。虽然预计敞篷小汽车的重新出现，会激起老一辈驾车人对它的怀念，也会引起年青一代驾车人的好奇，但为了保险起见，艾科卡还是决定做一番调查。

一天，艾科卡亲自驾驶一辆色彩新颖、造型奇特的敞篷小汽车，在繁华的汽车主干道上行驶，立即吸引了一长串汽车紧随其后。甚至有几辆车把艾科卡的敞篷小汽车逼停在路旁，这正是艾科卡所希望的。追随者下车来围住艾科卡，提出了一连串的问题。“这是什么牌子的?”“这车是哪家公司制造的?”“这种汽车售价多少?”艾科卡面带微笑地一一回答，心里满意极了，看来自己的预计是对的。为了进一步验证，艾科卡又把小汽车开往购物中心、超级市场和娱乐中心等地，每到一处，都吸引了一大群人的围观和咨询。不久，克莱斯勒公司正式宣布将生产男爵型敞篷汽车，美国各地都有大量的爱好者预付定金！结果，敞篷汽车第一年就销售了 23 万辆，是原来预计的 7 倍多。

艾科卡亲自驾车前去市场调查，了解市场对敞篷汽车的接受程度，确定无疑后，才正式推出产品，结果成绩显著，帮助克莱斯勒公司重新起飞。

人们在处事时多方权衡利弊，是“谋”；做出最终的决定，是“断”。谋与断相辅相成，缺一不可，都是人生的大功课。

2

行为处事，高瞻远瞩

【原典】

圣人所以能成其事者，有五：有以阳德之者，有以阴贼之①者，有以信诚之者，有以蔽匿之者，有以平素②之者。阳励于一言，阴励于二言，平素、枢机③以用。四者，微而施之。

【注释】

①以阴贼之：用阴道来惩治。②平素：即平时。③枢机：枢纽、机要。

【译文】

圣人能够取得成功，有五种途径：有的依靠公开的仁德，有的依靠暗中的计谋，有的依靠诚实信义，有的依靠谦卑隐匿，有的依靠平素积累。为人决疑，要分清是阳谋还是阴谋。为阳谋决疑贵在说一不二，为阴谋决疑贵在留有余地。为人决疑，还要善于抓住平素和关键两种时刻。将阳谋、阴谋、平素、关键四者有机结合，而后可以细致地进行决疑。

解读

以战略性的眼光来制订策略

大到一个国家，小到一个团体，都会有一些战略性的规划。在这里，鬼谷子列举的“阳德、阴贼、信诚、蔽匿、平素”，其实就代表了五种战略。在制订决策的时候，必须要服从于整体战略。用战略的眼光去看待问题，才能做出正确的决断。

一个青年向一个富翁请教成功之道，富翁拿出三块大小不一的西瓜放在青年面前，说：“如果每块西瓜代表一定程度的利益，你选哪块?”“当然是最大的那块!”青年毫不犹豫地回答。富翁一笑：“那好，请吧!”他把最大的那块西瓜递给青年，自己却拿了最小的那块。很快，富翁吃完了，随后从容地拿起桌上最后一块西瓜，得意地在青年眼前晃了晃，然后大口大口吃起来。青年马上明白了他的意思：富翁吃的西瓜虽不比自己的大，却比自己吃得多。如果每块西瓜代表一定的利益，那么富翁占的利益自然比自己占有的多。

青年所做的决定，表面看起来占了便宜，而实际上恰恰相反。他的错误在于着眼于蝇头小利，而没有用战略性的眼光来审视面前的机会。

大量的历史事实也向我们表明，在决策时能否坚持自己的既定战略，是事业成败的关键。战国末期，七雄争霸。秦国经商鞅变法后，势力发展最快。秦昭襄王图谋吞并六国，独霸中原。公元前270年，秦昭襄王准备兴兵伐齐。此时，谋士范雎向昭襄王献“远交近攻”之策，阻秦国攻齐。他说：齐国势力强大，离秦国又很远，攻打齐国，部队要经过韩、魏两国。军队派少了，难以取胜；多派军队，打胜了也无法占有齐国土地。不如先攻打邻国韩、魏，逐步推进。秦昭襄王采纳了范雎的意见，推行“远交近攻”之策，为秦国以后统一中原奠定了基础。

其后四十余年，秦始皇定下灭六国的大计。远交齐、楚，先攻下韩、魏，然后又从两翼进兵，攻破赵、燕，统一北方；随即攻破楚国，平定南方；最后把齐国也收拾了。秦始皇征战十年，终于实现了统一中国的愿望。“远交近攻”之策起到了十分重要的作用。

汉高祖刘邦平定天下后，在建都的问题上一度犹豫不决。他的大臣多是洛阳周边的人，因此倾向于建都洛阳。齐人娄敬一次路过洛阳，请求觐见汉高祖，得到召见。娄敬问高祖：“陛下建都洛阳，莫非要跟周朝比比谁更兴盛吗?”刘邦说：“是的。”娄敬说：“周朝建都洛阳，是靠德政感召人民，而放

弃了险要的地形。周朝鼎盛时期，四方归附，万民臣服，然而衰败以后就不能控制天下，不是恩德太少，而是形势太弱。”刘邦听了微微点头。娄敬接着说：“陛下自沛县起事以来，大战七十次，小战四十次，横尸遍野，与西周兴盛时的恩德不能同日而语；而秦地有高山被覆，黄河环绕，四面边塞可作坚固的防线，即使危机出现，尚有百万雄兵可备一战。借着秦国原来经营的底子，再加上肥沃的土地，可说是形势险要、物产丰饶的‘天府’之地。如果陛下进入函谷关内建都，控制秦国原有的地区，就是掐住了天下的咽喉啊。”听了娄敬的话，汉高祖觉得很有道理。后来，张良也阐明了入关建都的利处，打消了高祖的最后一点疑虑。建都关中后，高祖感慨道：“最早主张建都在秦地的是娄敬啊。”于是赐娄敬改姓刘，给他加官晋爵。

那些主张建都洛阳的大臣们，为了一己的私利，将国家的安危和兴衰放在一边。而娄敬从实际的情况出发，提出定都关中，不仅具有远见卓识，而且直言敢谏，这才是“建万世之安”的国之大计。

在现代商业活动中，大凡成功的企业家，在决策时也都会着眼于企业发展的战略目标，而不是斤斤计较于眼前利益。“犯傻”船王包玉刚就为我们树立了这方面的榜样。

1955年，包玉刚成立了环球航运公司，开始了经营船队的生涯。当时，世界航运界通行按照船只航行里程计算租金的单程包租办法，单程运费收入高，一条油轮跑一趟中东可赚500多万美元。包玉刚却不为所动，坚持他一开始就采取的租金低、合同期长的稳定经营方针，避免投机性业务。这在当时被认为是“愚蠢之举”。许多同行都劝包玉刚改跑单程，包玉刚却不以为然，因为他明白，靠高额运费收入的再投资，根本不可能迅速扩充船队。要迅速发展，必须依靠银行的低息长期贷款，而要取得这种贷款，必须使银行确信你的事业有前途，有长期可靠的利润。于是他把买到的第一条船以很低的租金长期租给一家信誉良好、财务可靠的租船户，然后凭这长期租船合同向银行申请长期低息贷款。正是靠这种稳定经营方针，包玉刚只用了20年时间，就发展成为拥有总吨位居世界之首的远洋船队，一举登上世界船王的宝座。究其成功，要归功于他当初的远见卓识。

有“股神”之称的巴菲特也以坚持自己的战略而著称，在他看来，最佳的致富定律就是：在投资方向上要善于“坚守”。他从不在意一家公司来年可赚多少，而在意未来5~10年能赚多少。也就是说，巴菲特只投资未来受益确定性高的企业。巴菲特认为，如果你拥有一只股票，期待它下个星期就上涨，是十分愚蠢的。他说：“我绝不会丢掉我熟悉的投资策略，尽管这方法现在很难在股市上赚到大钱。但我不会去采用自己不了解的投资方法，这些方法未经理论验证过，反而有可能产生巨大亏损的风险。”他批评那些对手们：“投资人总想着买进太多的股票，却不愿意耐心等待一家真正值得投资的好公司。每天抢进抢出不是聪明的方法，近乎怠惰地按兵不动，正是我成功的原因。”

俗话说：“站得高，看得远。”要想持续地获得成功，必须更上一层楼，以战略性的眼光来俯瞰社会与人生。

3

精于判断，速于决断

【原典】

于是事度之往事，验之来事①，参②之平素，可则决之。

【注释】

①验之来事：对将来的事情进行验证。②参：核对，对照、参照。

【译文】

决断时应该忖度往事，预测未来的发展，再参考平素的情况，若能做出判断，可立即决断。

解读

该果断时一定要果断

鬼谷子说："事度以往事，验之来事，参之平素，可则决之。"的确，果断是一种很重要的人格素质。一个果断的人，会让别人觉得可靠，从而愿意将事情托付给他。相反，一个优柔寡断的人，会逐渐丧失别人对他的信任。

在历史上，东汉名将班超就是依靠果断的行动，险中求胜，迈出了成功的第一步。公元前73年，东汉大将军窦固出击匈奴，派班超出使西域各国，以结成联盟关系。班超带领着一支由36人组成的使团，先到达了西域的鄯善国。鄯善国王友好地接待了他们，并表示愿同汉朝交好。可是几天后，班超发现鄯善国王开始有意疏远自己。通过观察，班超推测匈奴也派来了使团，而且鄯善国王倾向于匈奴。于是，他请来了接待自己的鄯善官员，一见面，班超就突然严厉地问道："匈奴使团来到鄯善几天了，你们把他们安排在什么地方？"这位鄯善官员一听，以为机密已经泄露，只好把详情说了出来。果然不出班超所料，鄯善国王已经准备和匈奴结成友好关系。班超闻听此言，立即召集自己的随员们商议对策。班超鼓动大家说："不入虎穴，焉得虎子。我们先下手为强，今夜就突袭匈奴使团，把他们全部杀掉。只有这样，鄯善国王才会转变态度。"众人一致同意了班超的建议。当夜，班超率领这三十多位勇士，以迅雷不及掩耳之势冲进了匈奴使团的驻地，将匈奴使团消灭得一干二净，班超一行则无一伤亡。这样，就使得鄯善和匈奴结下了仇怨，只有死心塌地地依附于汉朝了。

班超不愧是一位出色的外交家，他夜闯匈奴大营，以坚定的信念、顽强的斗志、机智的头脑实现了自己报效朝廷、建功立业的理想，也为自己赢得了千古流传的美名。

必须承认，做出有些决定是痛苦的，但是为了整体的利益，当事者必须鼓起勇气，当机立断，甚至不惜放弃局部的利益。1964 年，日本松下通信工业公司突然宣布不再研制大型电子计算机。对这项决定的发表，大家都感到震惊。松下已花 5 年时间，投下巨额费用去研究开发，眼看就要进入最后阶段，却突然全盘放弃，令人十分费解。松下幸之助之所以会这样断然地做出决定，是有其考虑的。他认为当时大型电子计算机市场竞争相当激烈，稍有不慎，将对松下通信工业公司产生不利影响，到那时再撤退，就为时已晚了，不如趁着现在一切都尚有可为时果断放弃。事实上，像西门子这样世界性的公司，都陆续从大型计算机生产上撤退了。而富士通、日立等7个公司都急着抢滩，它们都投入了巨额资金，等于赌下了整个公司的命运。在这场竞争中，松下也许会生存，也许就此溃败。于是，松下果断决定撤退，退出了激烈的争斗。事实证明，松下的这一举措是很有战略眼光的。

凡事该果断时要果断，这是我们决策时应该遵守的原则。

4

事循于理，当即立断

【原典】

王公大人之事也，危①而美名者，可则决之；不用费力而易成者，可则决之；用力犯勤苦，然不得已而为之者，可则决之；去患者，可则决之；从福者，可则决之。

【注释】

①危：崇高的意思。

【译文】

王公大人们委托决断的大事，若能为其带来美名，并且有望成功，可立即决断；无须费力而易成的事，可立即决断；虽然费力但又必须做的事，可立即决断；能为人免除祸患的事，可立即决断；能为人带来福祉的事，可立即决断。

解读

决策要讲究合理性

在这里，鬼谷子着重强调了决策的合理性。通常情况下，为达目的不择手段的做法，是遭人鄙夷的。再好的目标，再纯洁的动机，离开了手段的合理性，也难免会变质。

有一则古代寓言，说随侯之珠是一种非常珍贵的宝珠。有一个喜欢打鸟的人，却把随珠当做弹丸去射飞翔在千丈高空中的一只麻雀。人们看了，都嘲笑他。做什么事，都得讲究轻重得失。为了价值甚微的目标而付出昂贵代价，是一种愚蠢的行为。

春秋时期的齐相管仲，为齐桓公成就霸业作出巨大贡献，被尊称为“仲父”。一次，管仲为了扩大齐国的影响，建议齐桓公兴兵伐鲁，结果大获全胜，占领了鲁国的遂邑。鲁将曹沫趁鲁君和齐桓公签约时抓住齐桓公，威胁他退还占领的土地。齐桓公没办法，只得签约归还战争中夺取的土地。过后，齐桓公觉得受了侮辱，要再次率兵攻鲁，杀了曹沫。管仲立刻劝阻说："不能这样，几座鲁城，只不过是一点小利；在诸侯中树立威望，才是大利。如果诸侯知道您连被胁迫订立的盟约都不肯背弃，那就一定会立大信于天下！"果然，经过这件事情之后，各诸侯都认为齐桓公是一个信守诺言的人，都愿意尊他为霸主。不久，齐桓公就真的当了霸主，成为"春秋五霸"之一。

在现代商业社会中，人们无不希望发家致富，过上幸福的生活。但是，致富必须在准则允许的范围内进行，这是基本要求。一个不择手段去致富的人，最终无疑会失去致富的机会。

在国内女富豪榜上，曾经有一个声名显赫的人物叫吴英，然而2007年2月，她的财富之路却走到了尽头。吴英出生在东阳市的一个农村，只有初中文化水平，却敢想敢干。辍学后，在东阳市开了一家美容院。目光敏锐的她看到了中国美容市场的巨大潜力，凭借"羊胎素"赚到了第一桶金。可是，赚了钱的吴英嫌钱赚得太少、太慢，她开始以月息3分以上的高利率向社会公众借款，大量吸收公众存款，成立本色集团，名义上从事家电贸易，但是背地里却在用这些钱走私。就这样，吴英的财富迅速扩大，刚刚26岁的她就已经身家38亿元。后来，许多债权人多次讨要本息未果，终于使她非法集资的事情浮出水面。紧接着，随着调查的不断深入，吴英的财富之梦也走向了破灭。

任何人都可以凭借多种方法赚钱，或者是自己的体力，或者自己的技术，或者自己的资金，但是无论用什么手段，一个基本的前提就是要确保决策的合理合法。在今天的法制社会，这一点显得尤其重要，每一个渴求成功的人必须谨记。

5

抓住关键，以正治乱

【原典】

故夫决情定疑，万事之机①，以正乱治②，决成败，难为者。故先王乃用蓍龟③者，以自决也。

【注释】

①万事之机：万事的关键。②治乱：肃清动乱。③蓍龟：蓍，一种多年生草本植物；龟，指龟甲。两者都是占卜工具。

【译文】

决疑断难，是万事成功的关键，目的是以正治乱，决定成败，这是很难做到的事情。故古代贤君遇到疑难时，不得已而用蓍草和龟甲进行占卜，以此帮助自己决断。

解读

重大关头决断，更应沉着镇定

鬼谷子在论述有关“决断”这个话题时说，在重大关头，要做出正确决断是一件很困难的事情，以至于古代圣贤需要利用占卜来帮助决断。越是重大关头，越应该沉着镇定，控制好自身的情绪，以免让事情陷入更为复杂的境地。

东汉光武帝时，大司马吴汉奉命进入成都地区，讨伐割据一方的公孙述。结果一战下来吴汉大败，被敌军围困，而援兵也未到。一些部将要求率主力杀出重围。在这危急关头，吴汉丝毫不乱阵脚，召集各部将，要他们稳住军心。之后，吴汉关门闭户三天，坚持不再出战，同时以酒肉款待将士，喂足战马，以逸待劳。他还令人在寨中增设战旗，大放烟火以迷惑敌人，后乘敌军大意之时，夜间率精兵杀出重围，成功与援兵会合。沉着冷静、随机应变，让吴汉在险境中保存了再战的实力，最终反败为胜。

在生活中的危急时刻，我们如果也能做到如此，又何愁不能渡过"难关"呢？

其实，在面临重大选择的关口，任何人都不可避免会出现焦虑或紧张情绪，这就要看是否能够自我调节、自我克制了。淝水之战时，谢安和张玄下棋时神闲气定，其心中未必不忐忑或激动。这一点在客人告辞后他的反应中便可看出：当时的谢安抑制不住心头的喜悦，舞跃入室，把木屐底上的屐齿都碰断了。由此看来，面对危急，自我调节，才能最终走出危急。这时能保持果敢、沉着、镇定的态度，方显英雄本色。

汉景帝即位后，鉴于藩王势力太大，采用了晁错的削藩之策，削夺藩王们的封地。吴王刘濞是刘邦的侄子，一直阴谋叛乱。景帝听从晁错的建议，决定先削夺吴的会稽和豫章两郡。刘濞不愿束手就擒，联合各地诸侯王，打着"诛晁错，清君侧"的旗号，揭开了"七国之乱"的序幕。叛军声势浩大，很快占领了大片土地。这时，平日和晁错有仇怨的大臣趁机劝说景帝杀掉晁错，以保国家安全，平息叛乱。汉景帝此时也乱了方寸，他竟听信谗言，将晁错腰斩于长安东市。同时，汉景帝下诏书招降吴王刘濞，刘濞笑道："我现在已经是东方的皇帝了，谁还有资格对我下诏书？"此时，景帝才对错杀晁错悔恨不已，赶忙调派周亚夫等将领率兵平定叛乱。周亚夫采用截断叛军的粮道然后坚守不出的战略，最终击溃了叛军，仅用三个月便将叛乱彻底平定。

汉景帝是缔造了"文景之治"盛世局面的一代明君。他在位期间平定"七国之乱"，在历史上写下光辉的一笔。但他错杀晁错一事，属于决断失误，留下了永远抹杀不去的污点。

东晋的时候，大将军王敦叛乱，打了败仗，不久就病死了。王敦的哥哥

王含和儿子王应，也都跟着王敦一起谋反。王敦死后，王应想去投奔江州刺史王彬，王含不同意，他认为应该去投奔荆州刺史王舒。王含说："王彬平时总和大将军发生争执，你还想去投奔他！"王应说："这才是应该去的原因，父亲强盛的时候，王彬能够坚持己见，他才是真正的大丈夫。看到别人面临困境，他一定会表示同情。而王舒没有什么肚量，恐怕不会收留我们。"王含坚持要去投奔王舒，王应只好随他前往荆州。王舒果然把他们抓住，丢到江里去了。而王彬听说王应他们会来，已秘密准备好船只等候他们，他们竟然没能来，王彬感到非常遗憾。

在性命攸关的时刻，王应能做出如此准确的分析和判断，确实是十分难得的，可惜最后他被王含连累，不幸死于非命。

重大关头做出决断，不仅要求决断者要胆大心细，还要能准确抓住对方的心理，有的放矢。朝鲜战争后期，在停战谈判过程中，面对美方从一开始就在谈判桌上提出的无理要求，在军事上接连制造事端的行为，指导谈判工作的周恩来通观全局，精辟地分析道："美国在朝鲜问题上不能不谈判停战。由于内政外交原因，他不能不拖一下，但不能破裂，而只能破坏……目前谈成的可能性增长，但拖的可能性还存在，全面破裂的可能性不大。"正是在这种科学判断形势的前提下，周恩来提出了正确的谈判方针——"不怕破裂，也不怕拖。愿和，但也不急。"正是在这一正确决策的指导之下，谈判最终取得了成功。

可见，在重大关头，除保持冷静、恪守原则外，也要懂得变通，以灵活的方式处理问题，事情才会向有利于自己的方向发展。

符言第十二

符，本指我国古代朝廷调兵遣将所用的特殊凭证，具有很高的权威。这里的“符言”，可引申为执政者（或身居要位的人）明察秋毫、奖惩分明必须奉行的准则。这些准则共有九条：一是位，即遵循安详、从容等原则；二是明，即对事物做充分的考察；三是听，即充分听取别人的意见；四是赏，即赏罚要讲求信用和公正；五是问，即要多方询问，以免偏听偏信；六是因，即遵循天理和人情；七是周，即要周到细密；八是恭，即要借助参照物以洞察幽微；九是名，即要做到名实相符。这些准则也可为现代管理者所遵循和借鉴。

1 摆正自己的位置

【原典】

安徐①正静，柔节②先定。善静而不与，虚心平意③以待倾④损。右主位⑤。

【注释】

①徐：静。②节：节度，法度。③虚心平意：使内心很谦虚，使意念很开朗。④以待倾：以备倾覆。⑤主位：主要讲善守其位。

【译文】

作为君主，应始终保持安详、从容、正色寡言、冷静稳重，对人怀柔而有度。应善于让利于人，与世无争，并始终充满危机感。以上说的是君主摆正自己位置的原则。

解读

谦虚谨慎地运用好权力这把双刃剑

人活世间，都想拥有至高无上的权力。而对于“权力”的论述，自古以来也是仁者见仁、智者见智。但如果一旦大权在握，如何运用好权力却是个问题。关于这一点，鬼谷子的办法非常好，就是：摆正自己的位置。

权力其实是一柄双刃剑。运用得好，可以造福于人；运用得不好，不但对人无益，还可能伤及自身。

有一则寓言，说老鼠和黄鼠狼的战争，总是以老鼠的失败告终。老鼠们在一起商量，认为它们的失败是因为没有将帅，于是它们举手表决，选出了几只老鼠做将帅。为了显示自己与众不同，这些将帅便在自己的头上绑一个犄角。战争又开始了，老鼠还是输。别的老鼠钻进老鼠洞，而那些将帅因为头上有犄角，卡到洞外，钻不进去，结果全部被黄鼠狼吃掉了。

那些把你拉入泥淖的东西，往往就是当初将你推向巅峰的东西。权力就是这样一种东西，正如故事中老鼠头上的犄角。

统治者若贪得无厌、目光短浅，对民众只是一味地侵夺和剥削，民众就会起而反抗，甚至爆发起义。隋文帝深深懂得这个道理，所以当他建立隋朝后，一面躬行俭朴，一面采取了许多有利于巩固政权的措施，与民休息，给民以惠。文帝的这些做法，使社会风气得到了净化，使民众的负担得到了减轻。新建的隋王朝迅速得到了民众的拥护，很快就稳定了下来。但是，隋炀帝杨广继承皇位后，荒淫奢华，急功近利，残酷猜忌，先后三征高丽、开凿运河、赋税繁苛，频频激起民怨，百姓怨声载道。隋炀帝为一己享受，以天下民众为己私有，对其横征暴敛，使民众起来反抗他的统治，最终导致了隋朝的灭亡。

虽然权力能给人带来诸多好处，但它最让人神往之处，莫过于它给予人的那份被众人拥捧的感受。人是虚荣的动物，当条件适合时，这种劣根性往往就会暴露无遗。秦朝农民起义的领袖陈胜年轻时是个雇工，经常和伙伴一起给别人家锄地。他经常对朋友们说："苟富贵，毋相忘。"陈胜得富贵后，就开始骄横起来，逐渐丢掉了谦逊的品格。后来，一个曾经和陈胜一起给地主种田的同乡听说他做了王，特意从登封阳城老家来陈县找他，敲了半天门也没人搭理。直到陈胜外出，拦路呼喊其小名，才被召见，一起乘车回宫。因他是陈胜的故友，所以进进出出比较随便，有时也不免讲讲陈胜在家乡的一些旧事。不久有人对陈胜说："客愚无知，颛妄言，轻威。"陈胜便十分羞恼，竟然把"妄言"的伙伴杀了。当年所说的"苟富贵，毋相忘"的话早抛到了九霄云外。自此以后，"诸陈王故人皆自引去，由是无亲王者"。最后陈胜失败被杀。

可见，权力能满足人们的虚荣，让人感到幸福。但是，权力的保护伞绝不是虚荣，而是谦逊。古语云："江海之所以能成百谷之王者，以其善下。"一个居高位者比平常人更需要谦逊这种美德。穷汉在别人面前怎样摆弄自己的家具也不会有事，而一个百万富翁如果总是在广场上晾晒自己仓库里的珠宝，那就很危险。谦虚可以防止你身上的光彩刺痛名利之徒的眼睛，也就等于使你躲过了许多黑暗中的攻击。

居上位者的谦虚若发自内心，一言一行不必作修饰，就自然而然地合乎谦退之道，这是一种很高的境界。如此，不用刻意争取，其谦虚的名声也会自然地由近而闻于远，就如"兰在林中，其香自远"一般。明朝有个叫张英的人在京城做大官。有一年，在他的家乡安徽桐城，他的家人建造新房时，与邻居发生了争执。两家都说对方侵占了自家的地基，吵得不可开交。家人给张英写了封信，请他出面解决这件事。张英看完信后，大笔一挥，写了一封回信。家人拆开书信一看，只见信上写着四句诗："千里修书只为墙，让他三尺又何妨。长城万里今犹在，不见当年秦始皇。"意思很明白：张英让家人退让三尺。家人看了信以后，觉得很惭愧，于是将自家的院墙向里移了三尺。邻居本以为张家有贵人撑腰，一定会仗势欺人，没想到张家主动让步。邻居深受感动，于是也让出了三尺，三加三等于六，两家之间出现了一条六尺宽的小巷子。从此，"六尺巷"的故事在当地传为美谈。

反之，谦虚若是装出来的，而非发自内心的，必定不会坚持长久。有许多人的"美名远扬"不是从正道而来，最后一定会被人们所识破。如历史上著名的伪君子王莽，是个老奸巨猾的人。为了篡夺西汉政权，捞取政治资本，他做了不少笼络人心的事，其中之一是表现得特别谦恭下士。当他的丑恶面目未暴露之前，确实是“美名远扬”，人人传颂，俨然是一个十足的“正人君子”。当他的真实嘴脸暴露以后，人们才大吃一惊。唐代诗人白居易读了这一段历史，从伪君子王莽一度得到美名，联想到真正的君子周公被流言中伤，一度恶名远扬，写诗感叹道：“周公恐惧流言日，王莽谦恭未篡时。倘若当时身便死，一生真伪有谁知？”

以上的事例告诉我们，任何一个权力在握的人都应该明白，不要因为自己拥有一定的权力就置一切于不顾，需正义在心，谦虚谨慎，以免最后落得个身败名裂。

2 集思广益方能明察秋毫

【原典】

目贵明，耳贵聪，心贵智。以天下之目视者，则无不见；以天下之耳听者，则无不闻；以天下之心思虑者，则无不知。辐辏并进，则明不可塞。右主明①。

【注释】

①主明：主要讲察人之明。

【译文】

作为君主，眼睛要明亮，耳朵要灵敏，心灵要智慧。作为君主，若能借助全天下的眼睛去看，就没有什么看不见的；若能借助全天下的耳朵去听，就没有什么听不到的；若能借助全天下的心灵去思考，就没有什么不明白的。

作为君主，若能集思广益，就能明察秋毫，无可闭塞。以上说的是使君主明智的原则。

解读

兼听则明，偏信则暗

作为统帅，要了解集思广益的价值，不能闭目塞听，做一个孤家寡人。对此，鬼谷子说：居上位者，“目贵明，耳贵聪，心贵智”。

力拔山兮气盖世的霸王项羽，有万夫不敌之勇，最终却命丧乌江，其致命错误就是因为刚愎自用。在鸿门宴的时候，亚父范增屡屡示意项羽下决心杀掉刘邦，可项羽却认为刘邦势孤力单，不足为虑，结果就为自己的刚愎自用付出了生命的代价。

齐国大夫邹忌身材挺拔，容貌俊美。一天早晨，他穿戴整齐，照着镜子，突然问他的妻子：“我跟城北徐公比，谁美？”他妻子说：“您美呀，徐公怎么能比得上您啊！”城北的徐公，是齐国有名的美男子。邹忌不太相信，又问他的小妾：“我跟徐公哪个美？”侍妾说：“徐公哪能比得上您啊！”第二天来了一位客人，邹忌又问客人：“我跟徐公谁美？”客人说：“徐公不如您美。”过了一天，徐公来访。邹忌仔细看了看他，再照照镜子，觉得自己差得远了。晚上睡觉前，他才恍然大悟：“妻子说我美，是偏爱我；小妾说我美，是害怕我；客人说我美，是有求于我！”

邹忌因此规劝齐威王奖励进言者。没有人不愿意听到赞美之词，所以很

容易被过多的赞美所蒙蔽，看不到隐藏的真相。所以，一个富有智慧的领导者，要善于听取各方面的意见和建议。

战国时期，秦王嬴政即位以后，有些大臣向他建议说，现在有很多外来人才在秦国当官，他们会对秦国不利，请大王把这些人统统赶走。秦王接受了这个建议，下了一道逐客令：大小官员，凡不是秦国人的，都必须离开秦国。有个楚国来的李斯，给秦王上了一份奏章，说："泰山不拒绝小石头，所以才成了泰山；大海不拒绝小溪流，所以才成了大海。从前秦穆公重用百里奚、蹇叔，当了霸主；秦孝公重用商鞅，变法图强；惠文王重用张仪，拆散了六国联盟；昭襄王重用范雎，提高了朝廷的威望。这四位君主，都是依靠外来人才建立了功业。现在到大王手里，却把外来人才都赶走，这不是帮助敌国增加实力吗？"秦王觉得李斯说得很有道理，连忙派人把李斯从半路上追回来，恢复他的官职，并取消了逐客令。

李斯的这篇《谏逐客疏》，是一篇著名的政论散文，其中的名句"泰山不让土壤，故能成其大。江海不择细流，故能就其深"，至今发人深省。

唐朝初年，出现了著名的"贞观之治"。这不是偶然的，而是唐太宗李世民在认真总结隋亡经验的基础上励精图治的结果。隋朝本是一个强盛的王朝，但短短数十年就灭亡了，唐太宗李世民认为是其统治者不懂得"水可载舟，亦可覆舟"的道理所致，于是勤躬自省，为避免"偏信则暗"，他多次鼓励大臣上书指出自己的不足之处，做到了"兼听则明"。他的直谏大臣魏征曾数十次上疏直陈其过，劝太宗居安思危，察纳雅言，择善而从。后来魏征病死，太宗亲临吊唁，痛哭失声，叹息说："以铜为镜，可以正衣冠；以史为镜，可以知兴替；以人为镜，可以明得失。今魏征已死，吾亡一镜矣。”

大到一个国家，小到一个企业，在做一件事情，需要决断的时候，都必须充分发挥成员的能量，集思广益。中国的三峡工程就是一个很好的例子。三峡工程规模巨大，对于这样一个大型的工程，负责三峡工程的领导层并不是简单拍板，而是广泛地听取各方面的意见。在新中国成立之初，三峡工程就被提上议事日程，但是很多人从技术和财力等方面提出意见，认为当时国家还没有足够的财力修建这样巨大的工程，在技术上也存在着很多困难。于是，这项工程就被暂时搁置下来。20 世纪末的时候，三峡工程再次提上议事日程。虽然大部分代表都表示赞同，但是对“反对派”所提出的技术、安全等方方面面的问题，政府并不是简单地否定，而是组织专家逐一地去调查、核实、评估、论证，使设计和施工工作做得更深更细，确保了工程的顺利建设。最终三峡工程得到了顺利实施，三峡总公司技术委员会主任潘家铮在谈到三峡工程时，曾说过一句意味深长的话：“‘反对派’对三峡工程也作出了很大的贡献。”

任何时候，众人的智慧总是大于个人的智慧，这是个亘古不变的真理。

3 治国者要虚心纳谏

【原典】

德之术曰：勿坚而拒之①。许之则防守②，拒之则闭塞③。高山仰之可极，深渊度之可测。神明之位德术正静，其莫之极欤！右主德④。

【注释】

①勿坚而拒之：不能随便就拒绝。②许之则防守：听信他人之言，众人

就会归服而保卫君主，也就是能转危为安。③拒之则闭塞：拒绝采纳进言，就使自己受到封闭。④主德：德，同“听”。主要讲虚心纳谏。

【译文】

听取情况的方法是：不要随随便便就拒绝。如果能听信人言，就使自己多了一层保护，如果拒绝别人进言就使自己封闭。高山仰望可看到顶，深渊计量可测到底，而神明的心境既正派又深沉，是无法测到底的。以上说的是君主需虚心纳谏。

解读

善于倾听不同的意见

“勿坚而拒之”，这是鬼谷子所赞赏的听术，也是每一个肩负领导使命的人应该切记的。对于他人的意见，不管是否合乎自己的心意，都应该慎重对待，不能随随便便就拒绝。尤其对别人的批评，更要做到“有则改之，无则加勉”。

在《汉书·霍光传》里记载了一则“曲突徙薪”的故事：从前，有一户人家建了一栋房子，亲朋好友纷纷称赞房子造得好，主人十分高兴。这时，有一位朋友对主人说：“您家厨房上的烟囱是直的，灶膛的火很容易落到房顶上，极有可能引起火灾。您应该在灶膛与烟囱中间加一段弯曲的通道，这样就安全多了。”主人不以为然地笑了笑。朋友又说：“您在灶门前堆了很多柴草，这样也很危险，还是搬远一点好。”主人心里很不高兴，没有听从朋友的建议。过了几天，新房果然发生了火灾，邻居们奋力把火扑灭了。主人摆了酒席，感谢帮忙救火的人。这时，有人提醒主人：“您请了救火的人，怎么能忘了那位向您提忠告的朋友呢？”主人连连点头，亲自跑去把那位朋友请来了。

做事时要向有经验的人虚心请教，因为实践是检验真理的唯一标准。不听忠言，最终势必自食恶果。

春秋中期以后，周王室的实力越来越弱，但周王仍以天子自居，事事讲究排场。景王打算铸两口巨钟：无射和大休，以便享受更美妙的音乐。单穆公劝阻说："铸造巨钟，劳民伤财不说，就是这巨钟铸出来，用击柱一撞，耳朵都震聋了，哪还谈得上音乐之美呢？"景王又去征求主管音乐的伶官州鸠的意见，谁知州鸠也反对景王铸钟，他说："大王要铸巨钟，从音乐的角度来说，根本谈不上悦耳；从国家和百姓的利益来说，更是不应该的。"但景王根本不听劝谏。第二年，巨钟铸好了，有些谄媚的大臣对景王说："大王，这两口大钟的钟声浑厚和谐，好听极了！"景王听后心花怒放，命人将州鸠找来，对他说："你听，钟声不是很和谐吗？"州鸠说："这算不得和谐，如果天下的老百姓都为这事高兴，那才算得上和谐。这就是俗话所说的'众志成城，众口铄金。'"但景王根本听不进这些劝告。结果，景王很快死于心疾，而周王朝也随即爆发了长达五年之久的内乱。

至高无上的权力是人民给予的，如果失去了人民的支持，再大的权力也会化为乌有。周景王自己不能明白这个道理，手下的大臣向他指出来，他又不能听从，最终加速了自己和国家的灭亡。

"兵圣"孙武在初任吴国将领之际，看到吴王因想称霸而急于起兵，大夫伍子胥想报杀父之仇而急于战事，于是他沉痛地说："战争若感情用事则无法取胜，战争的终极目的乃在求胜，故急于无胜之战，犹如负干草入火一般自取灭亡。目前对战争之准备未尽周全，敌情也无法掌握，若只因私欲而战，岂可得胜？昔人有言'逐鹿者，迷于山'，若现在兴兵，岂不犯下极愚蠢的错误吗？"吴王阖闾接受了孙武的意见，伍子胥也打消了急于伐楚的念头。后来，正是孙武率领吴军攻破楚国的国都。吴王采纳孙武的正确建议，使吴国避免了一次鲁莽的战争行为。

现在，一些世界知名企业为了更好更快地发展，也欢迎不同的声音出现。2004 年，温家宝总理会见了前美国通用汽车公司总经理斯隆。在谈到公司决策的时候，斯隆说出了通用汽车公司的决策理念，那就是：听不到不同意见不决策。很多人都希望在做事情的时候能够有一致的意见，这样就可以顺利地实施，为什么通用汽车公司背道而驰，必须听到了不同的意见才做出决策呢？事实上，这正是通用汽车公司长期立于不败之地的一个重要原因。任何人都不可能面面俱到，尤其是在当今的时代，各种信息和技术充斥着世界，一个人不可能掌握所有的东西。那么在决策的时候就难免会出现考虑不周全，甚至错误的地方，这个时候学会从别人那里借用智慧，听取不同的意见就显得十分重要了。

善于倾听不同的意见，也就是善于从不同人那里借脑，具有采纳价值的进行必要的吸收，没有采纳价值的也不会影响最终的决策，何乐而不为呢？

4 掌握赏罚的艺术

【原典】

用赏贵信，用刑贵正。赏赐贵信，必验①耳目之所闻见，其所不闻见者，莫不暗化矣。诚畅于天下神明，而况奸者干君。右主赏②。

【注释】

①验：和证据互相对照，以便明了真相。②主赏：主要讲罚赏必信。

【译文】

凡奖赏，最重要的是守信；凡刑罚，最重要的是公正。赏必信，刑必正，必须让臣民亲身见闻，对于那些没有亲见亲闻者，也有潜移默化的作用。君主的诚信若能畅达天下，连神明也会护佑，又何惧奸邪之徒干扰君主呢？以上是君主赏罚的艺术。

解读

赏必信，罚必正

我们都知道，有功不赏，则无人思进取；有过不罚，则恶人将肆虐。赏、罚都要取信于民，如此，才能使社会形成良好的风气。所以鬼谷子认为，“信”与“正”是赏与罚的关键所在。

战国时期秦国的商鞅变法，就是从立木树信开始的。当法令已详细制订但尚未公布之时，商鞅怕百姓不信任，于是就在国都的集市南门立下一根长三丈的木杆，下令说有人能把它搬到北门去就赏给十金。百姓们感到此事很古怪，没人动手去搬。商鞅将赏金增加到五十金。于是有一个人半信半疑地将木杆扛到了北门，结果立刻获得了五十金的重赏，人们这才开始相信商鞅。这时，商鞅下令颁布变法法令。变法令颁布了一年，秦国百姓前往国都控诉新法使民不便的数以千计。这时太子也触犯了法律，商鞅说：“新法不能顺利施行，就在于上层人士带头违犯。”太子是国君的继承人，不能施以刑罚，便对他的老师公子虔处刑，在另一个老师公孙贾脸上刺字，以示惩戒。第二天，秦国人听说此事，都遵从了法令。新法施行十年，秦国出现路不拾遗、山无盗贼的太平景象，百姓勇于为国作战，不敢再行私斗，乡野城镇都得到了治理。商鞅变法使秦国成为战国七雄中最为强盛的国家，为后来秦王嬴政“扫六合、四海一”奠定了坚实的基础。

说起“赏”的艺术，其实并不像赏功那么简单。有时候，为了鼓舞士气，即便无功也要赏。

战国时期，燕昭王任乐毅为大将，联合秦、韩、魏、赵军队，合五国之力一起进攻齐国。齐湣王闻讯，急忙调兵遣将，令触子为先锋官在济水迎战。触子采取了避其锋芒的做法，坚守壁垒不战，乐毅也没有好的对策。此时，糊涂的齐湣王却帮了联军的大忙。他见触子只守不攻，觉得有损齐国的威风，命他立即出兵。触子只得被迫迎敌，结果被打得大败，触子也不知所终。幸

亏齐将达子引领残军且战且退，一直退到齐都临淄以西的一个叫秦周的地方才停下来，准备死守临淄城。达子想犒赏士卒以振奋士气，于是就去求齐湣王，希望他能发放城内国库的金币犒赏三军。齐湣王拍案大骂道："达子你打了败仗，还妄想要我的赏赐！你马上给我死战，否则提头来见！"达子一听这话，仰天长叹，心想：昏君不知审时度势，必然没有好下场，齐国没希望了。无奈之下，他只能率残部冲进敌阵，奋力拼杀，结果战死沙场。达子一死，五国联军长驱直入，杀进临淄，抢走了齐国宗庙里的重器，还将齐国的金银珠宝洗劫一空。齐湣王昏庸无道，贪小失大，结果将整个国家都拱手送给了别人。

说起"罚"的艺术，则应强调有过必罚。有些人总想用道德说服的方式来解决一些问题。但是有些事情，比如犯罪，只靠说服是解决不了问题的，此时有必要给予一定的惩罚，惩教结合，双管齐下，才能取得预期的效果。因此，执法者审讯治狱，不要一味用柔，否则就很容易优柔寡断。法律是无情的，不管面对的是谁，只要犯了法，那就没必要讲什么情面。在执法严明方面，东汉时期的"强项令"董宣为我们树立了榜样。

汉光武帝的时候，洛阳令董宣办事果断而公允。有一次，公主家的家奴仗势杀人，躲在公主府不出来。董宣派人在公主府门口守着，等凶手跟着公主出来时当场处死。公主去找光武帝，哭着说董宣欺负她，光武帝把董宣叫去，要他给公主磕头赔罪，可董宣怎么也不肯。内侍把他的脑袋往地下摁，可是董宣用两手使劲撑住地，挺着脖子，不肯低下头去。内侍知道光武帝不想治董宣的罪，而是想给光武帝台阶下，就大声说道："回陛下的话，董宣的脖子太硬，摁不下去。"光武帝一听这话就笑了，他不但没治董宣的罪，还夸奖了他。

作为执法者，对罪犯一味地柔是不行的，必须能压住他们的气焰，气势要凌于强硬的罪犯之上。现实中，最难处理的是那些居功自傲的人。他们认为自己劳苦功高，于是恣意横行。这些人不受到惩治，社会风气就会被他们败坏。所以，严明之君的原则是：功是功，过是过，今天犯的罪不能被往日的功劳所抵消。执法森严，宽猛相济，才能制服罪犯，进而达到改造、挽救他们的目的，同时也才能维护法律的肃穆与庄严。

5 把准调查询问的原则

【原典】

一曰天之，二曰地之，三曰人之。四方上下，左右前后，荧惑之处安在。右主问①。

【注释】

①主问：多方咨询。

【译文】

作为君主，一要问天时之吉凶，二要问地理之险易，三要问人情之顺逆。还要遍查四方、上下、左右、前后，看哪里有危险的迹象。以上是君主调查询问的原则。

解读

得民心者得天下，失民心者失天下

统御者只有保持与民众的接触，才能更好地了解民众的真实想法，更好地管理国家和社会。这正如鬼谷子说的“一曰天之，二曰地之，三曰人之。四方，上下，左右，前后，荧惑之处安在。右主问。”

战国时期，齐国公子孟尝君喜欢结交豪侠文采之士，家里养了很多门客。在这些人当中，有个叫冯谖的。有一次，冯谖替孟尝君到薛地讨债，临行前，他问孟尝君需要添些什么东西，孟尝君随口说：“你看我家缺什么就买些回来。”冯谖到了薛地，把欠债的百姓召集起来，叫他们把债券拿出来核对。有些老百姓因还不起债而发愁，冯谖却当众决定：还不起债的，一概免了。说完，点起一把火，把债券烧掉了。冯谖赶回临淄，把收债的情况向孟尝君汇报。孟尝君听了十分生气。冯谖不慌不忙地说：“我觉得您这儿别的不缺，就缺老百姓的情义，所以我把‘人心’买回来了。”孟尝君很不高兴，但也没再说什么。后来，孟尝君被齐王解除了相国的职位，前往薛地定居。他的车马离薛地还差一百多里，就见薛地的百姓扶老携幼，前来迎接。孟尝君看到这番情景，十分感动，他对冯谖说：“你过去给我买的‘人心’，我今天算是看到了。”

从古至今，各个王朝的建立和颠覆，无不证明了民众在历史潮流中的巨大作用和不容忽视的地位。唐太宗把民众与统治比作是水与舟的关系，称“水能载舟，亦能覆舟”。先贤孟子也曾说过：“民为贵，君为轻，社稷次之。”这些足见前人对民众力量的重视。

秦始皇吞并六国，一统海内，建立了强大的秦朝。但是他不懂得“民为贵，君为轻”的道理，残酷剥削、压榨百姓，丧失了人心。秦二世的统治更是昏庸暴虐，他害怕别人识破他与赵高的阴谋，坐不稳皇位，便问赵高该怎么办。奸诈阴险的赵高说：“必须采用严刑酷法，把那些老臣全部除掉，用新人来代替他们。”继扶苏、蒙恬之后，蒙毅、冯去疾、冯劫等大批功臣纷纷被以“莫须有”的罪名处死。与此同时，赵高与秦二世对皇室诸公子、公主也不放过，他们将十二位与自己政见不同的公子和十位公主都杀害了。因受到牵连而被杀害的人更是不计其数，弄得全国上上下下笼罩在一片恐怖气氛之中，人人自危。不但如此，因为朝廷混乱，官员都乘机营私舞弊，中饱私囊，百姓则生活在水深火热之中，生怕自己被牵连到各种各样的冤案中。不久，陈胜、吴广揭竿而起，在大泽乡举行起义。仅仅三年的时间，秦王朝就在起义军的打击下崩溃了。

司马迁在《史记》中谈到这段历史，说“群臣人人自危，欲畔者众”。在古代，如果统治者不施仁义，只用强权压制臣民，造成人人自危的局面，就会有越来越多的人铤而走险，叛乱造反。可见，冒天下之大不韪是最愚蠢的。有些人凭手中的权力和地位嚣张一时，他的结局不会很光彩。就是有权有势如君主，也并不是天下的主宰，真正的主宰是道德、是公义。

北宋时期著名政治家、军事家和文学家范仲淹曾联合富弼、欧阳修等人实行“新政”。他推行“新政”雷厉风行，对官员的考核与任命极为严格。他曾亲自取来各地官员的名册，分别地检查他们的任职情况，对于那些碌碌无为的官员毫不心慈手软。当他发现有人在其位不谋其政时，就将此人的名字从名册上一笔勾销，逐出官场，另外选拔一些比较干练的人。富弼对范仲淹素来很敬重，看到他在整肃吏治上如此不留情面，不免有些担心，便从旁劝阻说：“把一个人的名字从名册上一笔勾掉很容易，可是这样一来，被勾去名字的人就要全家痛哭了！”范仲淹斩钉截铁地回答道：“他一家人哭，总比让千家万户哭要好得多吧！”

富弼从一个人被免职想到他的全家，虽然体现了宽仁之心，但他的仁属于“小仁”；而范仲淹想到的是千家万户，天下万民，这才是“大仁大义”的体现。而这也正反映出他在《岳阳楼记》中所说的“先天下之忧而忧，后天下之乐而乐”的伟大情怀。

民众是历史前进的推动力，是国家稳定、社会和谐的基础。同样，在现代商业领域中，一个企业的管理者如果管理手段简单粗暴，不注重企业和品牌在社会公众中的形象，也会导致管理的混乱和失控，从而影响企业的生存和发展。全球规模最大的跨国食品公司——雀巢公司就曾因管理不善而遭遇信任危机。

雀巢公司至今已享誉百年，它生产的速溶咖啡风靡全球，是其拳头产品之一。然而在20世纪70年代，世界上出现了一种舆论，说雀巢食品的竞销，使发展中国家母乳哺育率下降，从而导致了婴儿死亡率上升。到了20世纪80年代，更形成了一场世界性的抵制雀巢奶粉、巧克力及其他食品的运动。面对严重的危机，雀巢公司不得不重金礼聘著名的公共关系专家帕根来商量对策，帮助雀巢公司渡过这一难关。帕根受此重托后，立即着手调查分析。他发现，造成这次危机的根源，在于雀巢公司以大企业、老品牌自居，与公众之间缺乏信息交流。据此，帕根制订出一个详细周密的公共关系计划，呈报雀巢公司。帕根把行动的重点放在了抵制最强烈的美国，虚心听取社会各界对雀巢公司的批评意见，开展大规模的游说活动，组织有权威的听证委员会，审查雀巢公司的销售行为等，使舆论逐渐改变了态度。在此基础上，帕根建议雀巢公司开拓发展中国家的市场。雀巢公司吸取了以往的教训，不再把发展中国家单纯看作雀巢产品的市场，而是从建立互利的伙伴关系着手。雀巢公司每年用60亿瑞士法郎，从发展中国家购买原料，每年拨出8万瑞士法郎，来帮助这些国家提高农产品的质量。同时，还聘请100多名专家，在第三世界国家举办各种职业培训班。这一系列的活动，使雀巢公司在发展中国家树立起良好的形象，因而销路大增。很快，雀巢公司的年营业额雄踞世界食品工业之首。

“得民心者得天下，失民心者失天下”，不懂得这个道理，再强大的政权，再庞大的企业，也会像希腊神话中的巨人英雄“安泰”一样，失去力量的源泉。

6

凡事要遵循客观规律

【原典】

心为九窍①之治，君为五官②之长。为善者，君与之赏；为非者，君与之罚。君因其所以求，因与之，则不劳。圣人用之，故能赏之。因之循理，固能久长。右主因。

【注释】

①九窍：窍是出入空气的小穴。人体上共有九个小穴，就是口、两耳、两眼，两鼻孔、二便孔等，但是通常都除掉二便孔而称为“七窍”。②五官：古代五种重要官职。即司徒、司马、司空、司土、司寇。

【译文】

心是九窍的主管，君主是五官的领袖。凡做善事者，君主应给予赏赐；凡做坏事者，君主应给予惩罚。君主要根据臣下的政绩来决定任用，斟酌情况给予适当回报，这样就不会劳神。圣贤的君主这样做了，所以受到臣民的称赞。只要能遵循客观规律，国家就能长治久安。以上讲的是君主遵规循理的原则。

解读

慧眼识人，各取所长

在所有的资源中，人才是最宝贵的一种资源。作为统御者，能做到“人尽其才”，事业才有希望。但是，人事安排是一项很困难的工作，需要花费精力去研究。如何去安排人事呢？鬼谷子给了我们答案：“君因其所以求，因与之，则不劳。圣人用之，故能赏之。”

春秋时期，伯乐是著名的相马专家。一天，伯乐受楚王的委托去买千里马。他跑了很多国家，都没有发现好马。

这一天，他无意中看到一匹骨瘦如柴的马拉着盐车，很吃力地在陡坡上前进。伯乐走到跟前，只见马突然昂起头，瞪大眼睛，大声嘶鸣。伯乐立刻从这马的声音中判断出这是一匹难得的骏马。于是，伯乐对驾车人说：“这匹马如果在战场上驰骋，没有任何马能比过它；但你用它来拉车，它却不如普通的马。你还是将它卖给我吧！”驾车人觉得自己的马不像是好马，就把马卖给了伯乐。

伯乐把马牵到楚王的宫殿，楚王一看马瘦得不成样子，便认为伯乐愚弄他，很不高兴地说：“这马连走路都困难，能上战场吗？”伯乐说：“大王，这匹马只要精心喂养，不出半月，一定会恢复它本来的样子的。”果然，这匹马后来跟随楚王征战沙场，立下很多功劳。

自古以来，人才就像千里马一样，必须有伯乐的赏识才行，有才之人不遇圣明君王也就不会发挥作用。才能不被明君赏识，这是很让人扼腕叹息的！有才之人不被任用，因而不能发挥作用，这是王之不明。实际上，有才之人一旦被任用，所发挥出的功用不止是一人之幸。君王起用人才一定要善始善终，只有这样，国家民众才能受其功益。

春秋五霸之一的齐桓公不计前嫌，任用管仲为相。管仲认为君主要创建霸业，首先要能识贤、用贤，要防止小人对君主的蛊惑。他建议齐桓公起用

隰朋、宁越等五个人，同时悬榜国门，号召各国人献计献策，招纳四方志士。在管仲的协助下，齐桓公在政治、经济、军事各方面进行了一系列的改革，因地制宜，发展农业、商业，逐渐使齐国富强起来，为称霸诸侯奠定了基础。

相反，战国有个楚怀王，起初任用屈原这样的忠臣，国家治理得很好，但他未能善始善终，后来信任奸臣，使得国家一天不如一天。正如屈原在《离骚》中说的：“初既与予成言兮，后悔遁而有他。”《史记》中司马迁感慨道：“怀王以不知忠臣之分，故内惑于郑袖，外欺于张仪，疏屈平而信上官大夫、令尹子兰，兵挫地削，亡其六郡，身客死于秦，为天下笑，此不知人之祸也。”

管仲、屈原都是旷世济时的良才，但由于遇到不同的君主，命运也有天壤之别。人处于世，免不了要和其他人接触。优秀的人懂得辨识英才，与他们接近，向他们学习，从而提升自己。作为领导者、统帅，识人辨人、因才授职的能力尤为重要。

如果领导者不能合理安排人事，事事亲临，难免分身乏术，穷于应付，这样也不利于最大限度地调动众人的积极性。诸葛亮为蜀汉政权鞠躬尽瘁，死而后已，受到后人的敬仰，但他“事必躬亲”的做事方法，也曾遭到后人

诸葛亮像

的批评。刘备托孤时，交代诸葛亮在成都辅佐刘禅，主政务，让李严屯永安拒吴并主军务。诸葛亮秉政，本应充分发挥好李严等人的作用，然而他“事无巨细，必躬亲之”，惹得李严不高兴，两人矛盾日益加深。后来诸葛亮还亲自抓起了运粮事宜，耗费了无数精力。不善授权，终将累及自身。五丈原对峙，旷日持久，士兵中有些松懈，确需整顿军纪，本应授权众将管理部属，可诸葛亮却是罚二十杖以上，皆亲自处理，忙得没日没夜。司马懿听说这些情况后，断言：“亮将死矣。”果如其言，不久，诸葛亮就累死在阵前。

领导者应该选贤任能，适当授权。以众智为己智，善取下级之智慧以临天下，这才是以智慧临下的“智临”。既不是事必躬亲，又并不脱离民众，这才是无过无不及的“中道”。汉高祖刘邦总结自己的成功经验时说：“夫运筹帷幄之中，决胜千里之外，吾不如子房；镇国家，抚百姓，给馈饷，不绝粮道，吾不如萧何；连百万之军，战必胜，攻必取，吾不如韩信。此三者，皆人杰也，吾能用之，此吾所以取天下也。”刘邦可以说是善取臣下之智以临众的“大君”了。善于任用刚健能为的大臣，辅助自己君临天下，这正是“大君”的明智之处。

一个优秀的统帅，在对人才委以重任的同时，也要适当加以控制。基于中国官文化的传统，一个人有了权力，若其道德修养较低，又缺少一定的监督管理机制，就很容易被不良环境侵蚀腐化，成为危害国家和民众的“硕鼠”。

7 通情达理是成功的一大诀窍

【原典】

人主不可不周①。人主不周，则群臣生乱，家于其无常也，内外不通，安知所开。开闭不善，不见原也②。右主周。

【注释】

①不可不周：君主必须广泛知道世间一切道理。②不见原也：不知道事物的源头。

【译文】

作为人主必须广泛了解外界事物，如不通人情道理，那么就容易发生骚乱，世间鸦雀无声是不正常的，内外没有交往，怎么能知道世界的变化。开放和封闭不适当，就无法发现事物的根源。以上讲的是君主如何变通事理、周密考虑的问题。

解读

变通事理，考虑周全

固执己见的人最大的表现是性格执拗，自己认准的事就是十头牛也拉不过来，不会轻易被人说服。但是，作为三军统帅，如果盲目地坚持己见，不变通事理，考虑问题不周密，就会给国家带来重大损失。三国时期的曹爽，就是因为自己的固执己见导致失败，还差点丧了命。三国时期，魏国大将军曹爽奉命率军讨伐蜀国。司马昭为征蜀，曹爽随同前往，穿越骆谷后，进驻于兴势山。曹爽率兵来到兴势山，见山上蜀兵千军万马，山口壁垒森严，无法过去，突然哈哈大笑道："天助我也！"司马昭诧异地问："大将军何出此言？"曹爽指着山上说："你没看西蜀今日又出了个马谡，他在山上扎寨，岂不是自绝后路？"司马昭环顾四周地形后说："大将军差矣。蜀军虽是在山上扎寨，可是此处与街亭地势不同，街亭水源在左，我军很容易截断。这里水源在山后，我军无法截断，蜀军扼住山门，我军便无法过去。时间久了，我军粮草就难以为继。"曹爽仍坚持下令进攻。顿时，山上滚木滚落，飞箭如雨，难以攻打。又见沿山蜀旗飘扬，不知道有多少人马，只好扎牢营寨，对峙于山下。过了两个月，魏军粮草供应困难，形势越来越不利。司马懿在家中并未闲着，每日有细作来报告军情。虽大军在千里之外，他却对军情了如指掌。当得知曹爽把兴势山比作街亭而受阻时，司马懿禁不住大骂曹爽不懂兵法，强自充能，非坏大事不可。当即修书一封，派精兵急送先锋营中。夏侯玄接信，赶忙来到曹爽营中。曹爽正在喝酒，见夏侯玄进来，搅了他的兴

致，便有些不悦，冷冷地道："你不在前边坚守营寨，到本大营来干什么？"夏侯玄把司马懿的信给曹爽看，并且也认为仗实在不能打下去了，应该及早退兵。早退兵，少损失；晚退兵，大损失。曹爽哪里听得进去？他把司马懿的信一扔说："太傅远在千里之外，竟还要指手画脚，岂不比纸上谈兵更可笑。其实，我心像明镜一样地清楚。他是害怕我打胜仗呀。你想，我十万大军打蜀汉三万之众，胜利岂不指日可待？我心中有数，咱们再等上三日吧，到时定有好戏让你看。"当夜，山上号炮三声，山崩地裂，西蜀将士如出笼的猛虎冲下山来。夏侯玄刚刚入睡，就被惊醒，来不及披挂，便上马指挥将士冲杀。魏国将士一个个半醒不醒，心中不备，腹中饥饿，像没头苍蝇一样乱撞。夏侯玄冲杀多时，才发现是腹背受敌，便不敢恋战，率一支人马杀出重围，直向后营驰来。

曹爽得知前方军寨被劫，大惊失色，就要亲率大军前去夺寨。正在这时，却见刘蜀大军压来，黑夜中，也辨不清蜀军有多少，曹爽只顾得自己逃命去了。谁知，跑出不远，便被蜀军拦住。曹爽拼死抵抗，幸好司马昭赶到，总算杀退蜀兵，逃回骆谷。

曹爽之败，在于其喜欢按部就班、墨守成规，不知变通，且听不进别人的劝告，因此最终被蜀军打得丢盔弃甲也就不难理解。

8 要具有洞察奸邪的能力

【原典】

一曰长目[①]，二曰飞耳[②]，三曰树明[③]。明知千里之外，隐微之中，是谓洞天下奸，莫不暗变更。右主恭。

【注释】

①长目：能看到很远的事物，犹如千里眼。②飞耳：能听到很遥远的声音，犹如顺风耳。③树明：明察一切事物的能力。

【译文】

一个叫作“长目”，一个叫作“飞耳”，一个叫作“树明”。不论是在千里之外，还是在隐隐约约、渺渺茫茫之处所发生的事情，君主都能觉察出来，这就是所谓君主能洞察一切，天下的奸邪就不得不暗中停止自己的胡作非为了。以上讲洞察奸邪。

解读

识破小人的嘴脸，才可拨乱反正

几乎所有的御人之道都要求管理者不拘小节和宽宏大量。的确，这些都是作为一名成功的管理者所必须具备的重要素质。大到一个国家，小到一个企业，任何一个组织都难免鱼龙混杂，免不了有一些宵小之辈混迹其中。如果管理者一味地宽宏大量，对小人掉以轻心，那结果只能让你在阴沟里翻船。

一般来讲，小人祸害别人的方法主要有以下几种，现列举于下，以供人们及早识破他们的险恶之处。

栽诬。即把自己的过失转嫁给他人，诬陷他人。武则天得宠于唐高宗李治，被立为昭仪，便暗结内外，潜斥皇后。皇后虽然上了年纪，但皇上还没有废除她的意思。刚好武则天生下一女，皇后怜悯她，便去看看。皇后出门后，武则天偷偷掐死女孩，再用被子盖上。皇上来看时，武昭仪满面欢笑，打开被子发现女孩已死，武昭仪装出惊恐万状，啼哭不已问左右可有人来过，左右说皇后才来过。皇上大怒说：“皇后杀死我女儿！”武昭仪乘机哭诉皇后的罪状。皇后有口难言，无以自明。皇上便有废除皇后的意思。

造怨。即假借其人怨恨，挑其与他人矛盾，假他人之手以去我之政敌。

唐高宗时，高力士得宠，王毛仲对之却十分鄙视，稍不如意，便破口大骂。高力士对他颇为不满，屡进谗言。刚好毛仲妻生一男孩，三日后，皇上命高力士代表皇上赐毛仲酒馔、金帛等物，并授予毛仲刚生的孩子五品官。高力士回来后，皇上问："毛仲喜欢吗?"高力士说："毛仲抱着儿子对我说：'我孩子能作三品官!'"皇上大怒说："过去诛杀韦民时，他就心持两端，我都没有追究，今日还拿毛孩怨我!"于是，将王毛仲贬为兖州别驾。

怵患。即伪造某人之阴谋，挑起人主的猜忌，谓其隐患而加害之。明朝初年刘基（即刘伯温）曾上书说瓯、括之间有块地叫谈洋，南与福建交界，盐盗盛行，社会混乱，要求在这里设巡检司把守，以治其乱。胡惟庸当时以左丞掌省事，他却说谈洋之地有王气，刘基想霸占作为自己的基地，但当时臣民不同意，刘基便请求设立巡检司将臣民赶走。明太祖朱元璋听信谗言，虽然没有怪罪刘基，但内心却颇存疑忌，解除了刘基的职务。之后，胡惟庸当了宰相，刘基气得生病，到家后，病得更重，最后不治而亡。

买毁。即用金钱来收买敌人，使其诋毁上级将领，然后再行反间计。战国时，秦国派王翦与端和共同率兵攻赵国。赵国派李牧和司马尚抵抗。秦国方面则派人与赵王嬖臣郭开金接触，使郭开金攻击李牧和司马尚，讲他俩的坏话，说他俩打算谋反。赵王知道后，便派赵葱和齐将颜聚去取而代之，李牧拒不听命，赵王便派人将李牧逮捕杀害，同时也废除了司马尚的职位。后来，秦国军队大破赵军，赵王也做了俘虏。

阴陷。即暗地教人写匿名信，罗列罪状，揭露当权者及其至亲，以激起当权者的愤怒，然后嫁祸于竞争对手。唐时，武三思为离间中宗与张柬之等五王关系，便暗地教人上奏皇上，诉说皇后秽行于天津桥，请皇上废黜皇后。皇上十分气愤，命御史大夫李承嘉要将此事查个水落石出。承嘉奏道："此事乃敬辉、桓彦范、张柬之、袁恕已、崔玄韦教人所为，他们虽称为黜皇后，实际上是要谋反，我建议将他们诛灭九族。"武三思还派人暗地做工作，教侍御史郑音加以宣扬。皇上命司法部门审理。最后，将敬辉、张柬之等五王长期流放边疆。为避免后患，武三思还先后派人刺杀五王。

可见，小人为了达到自己的目的都是不择手段的。所以，为了组织的利益，必须小心谨慎，处理好和"小人"的关系。

聪明的管理者想妥善处理和“小人”的关系，主要是需把握好以下几个原则：

不得罪他们。一般来说，“小人”比“君子”敏感，心里也常常比较自卑，因此你不要在言语上刺激他们，也不要在利益上得罪他们，尤其不要为了“正义”而去揭发他们，那只会伤害了你自己！自古以来，君子常常斗不过小人，让有力量的人去处理吧！

保持距离。别和小人过度亲近，保持简单的关系就可以了，但也不要太过疏远，好像不把他们放在眼里似的，否则他们会这样想：“你有什么了不起?”于是你就要倒霉了。

小心说话。说些“今天天气很好”的话就可以了。如果谈了别人的隐私，谈了某人的不是，或是发了某些牢骚不平，这些话很可能会变成他们兴风作浪和整你的把柄。

不要有利益瓜葛。小人常成群结党，霸占利益，形成势力。你如果功夫还没练到家，就千万不要想通过靠近他们来获得利益，因为你一旦得到利益，他们必会要求相当的回报，甚至黏着你不放，想脱身都不可能！

吃些小亏无妨。“小人”有时也会因无心之过而伤害了你。如果是小亏，就算了，因为你找他们不但讨不到公道，反而会结下更大的仇。所以，原谅他们吧！

忍无可忍且时机成熟时予以处置。当小人欺你太甚或者在你的组织中已经造成了恶劣的影响，而你也有实力能处置对方，并且有把握不留下后患，那就不要心慈手软了。要记住，在必要之时，你唯有正视小人，并干净利落地将之处置，方能避免阴沟里翻船的悲剧。

9 处理事情要力求名实相符

【原典】

循名而为①，实安而完。名实相生，反相为情。故曰：名当则生于实，实生于理，理生于名实之德，德生于和，和生于当。右主名②。

【注释】

①循名而为：采取符合名分的行动。②主名：名实相符。

【译文】

依照名分去考察实际，根据实际来确定名分。名分与实际互为产生的条件，反过来又互相表现。名分与实际相符就能得以治理，不相符则易产生动乱。名分产生于实际，实际产生于意愿，意愿产生于分析，分析产生于智慧，智慧则产生于适当。以上讲名实相符。

解读

要名实相符，不要沽名钓誉

按照名分去做事，按照事实来决断。名实相互助长，相辅相依。适当的名分产生于客观事物，而客观事物产生于有关道理，道理产生于决定事物的法则，法则产生于大地之间的智慧，智慧产生于万物之协调。这是鬼谷子告诉我们的。

企业形象是企业自身在消费者心目中的地位和价值的体现。良好的企业形象是企业的一项重要无形资产，也是企业在市场竞争中取胜的有力武器。名牌战略与企业形象息息相关，知名品牌往往就是企业形象良好的具体证明。

企业要创名牌，实施名牌战略，必须开发、设计出具有名牌特质的产品。这种开发设计与名牌产品必须具备两大特点：卓越的质量和完美的设计。产品质量是名牌的生命源泉，在创名牌过程中发挥着巨大的作用。优质产品能够给顾客带来更大的利益和满足，能够减少顾客的购买风险和代价。

因此，人们通常倾向于购买优质产品，使用之后感到满意，还会不断重复购买，并向亲朋好友推荐。相反，如果产品质量不过硬，消费者不但不会再购买，而且会劝阻周围人购买。因此，卓越的产品质量是敲开市场大门，顺利进入市场并不断扩大和维护市场占有率的最根本的手段。

随着科学技术和经济的发展，产品同质化的趋势越来越明显，企业单靠提高产品质量难以获得明显的竞争优势。另一方面，消费者收入水平不断提高，消费观念由产品的经济实用转向产品的美观大方和新颖别致。

在这种情况下，大多数消费者购买商品的选择就是名牌。消费者通常是跟着群众消费惯性和潮流走，说到底是跟着品牌走。而名牌实质上就是一种得到广泛认同的品牌，它是一个全优的综合概念。它要求其产品在质量、款式、价格、服务、信誉和市场占有率方面均有优异的表现。因此，谁拥有了名牌产品，就意味着拥有市场，拥有效益。由此可见，企业实施名牌战略，是提高竞争力和经济效益的主导环节和重要手段，对提高企业经济效益和市场竞争力以及塑造品牌形象具有巨大的作用。领先名牌战略而树立良好企业形象的企业数量众多，如生产“可口可乐”的可口可乐公司、生产“春兰”空调的春兰集团。

因此，企业必须做到有名有实，名实相符，才能收到良好的效果；如果名实不符，就像一座高楼没有稳健的根基一样，早晚势必倒塌。

企业必须明确，名牌产品必须是大众消费者所喜爱的产品。名牌是“民定”的，谁是名牌，谁不是名牌，谁说了算？只有广大消费者说了算。

一句话，名牌是在长期的市场竞争中，由消费者的“金钱选票”选出来的。主管机关、社会机构也会做某种“认定”的工作，但这只是在科学地、准确地反映“民意”并符合国际惯例和市场经济规律的情况下，才是有用和有益的，否则不仅无用，还会起反作用。

从根本来说，名牌不是评出来的，甚至也不是靠宣传“吹”出来的，名牌是创出来的，是企业的广大职工创出来的。凡是立得住足的名牌，都是经营管理过硬、职工素质过硬的企业创出来的。企图靠表面文章，短期行为创名牌，是不能够成功的。即使“名噪一时”，也会最终垮台。良好的企业形象建设要靠实实在在的品牌基础，只有名实相符，才能够不断提升自身的形象。

名牌战略有助于企业形象的改善，良好的企业形象也有助于名牌战略的实施，企业形象所涵盖的各个要素，都无一例外地包含于名牌战略的实施之中。二者相互促进，相互保障。海尔是我国企业中最重视品牌、实施品牌战略最有成果的企业。从20世纪80年代中期“砸冰箱”的故事，到最近提出做“世界品牌运营商”的总战略，海尔一步一步发展成为中国乃至世界著名的品牌。

细想，最初的海尔有什么优势呢？亏空147万元，技术设备是街道小厂的水平，员工素质要从不在车间里大小便的教育开始……可以说没有任何优势。那么海尔靠什么能够创造出今天的业绩呢？其超人之处，就是对品牌的重视，对名牌的打造，对名牌效应的运用。靠名牌去动员和提升员工，靠名牌去综合各种生产要素，靠名牌去打开市场，靠名牌去运营资本，靠名牌形成企业形象。如果说海尔有什么奥秘的话，那么，海尔人懂得品牌的奥秘，就是最大的奥秘。“名牌是市场竞争的法宝”，海尔深深懂得这个道理。

海尔人认为，名牌并不简单地等同于商标、商号，它是企业有形要素和无形要素的有机结合形成的企业品格和企业综合竞争力。

就企业自身而论，一个名牌至少应具备如下条件：

（1）持续而稳定的高质量的产品和高质量的服务。

（2）相当大的经济规模。

（3）现代企业制度和现代企业管理。

（4）先进的科技水平和较强的研发能力。

（5）完善的品牌体系和品牌管理。

（6）有特色的企业文化。

海尔正是按照这样的要求发展自己的企业。海尔人懂得，名牌是市场竞争的产物，最核心的是建立和消费者的“三度关系”，即拥有较高的知名度、信任度、美誉度。海尔“真诚到永远”的理念已经家喻户晓，海尔的星级服务获得众人的称赞也并非偶然。

海尔在大造名牌的过程中，始终抓住了“名实循环”这个核心。善于以实造名，又善于以名促实，贯穿在海尔 20 年的经营管理之中。众所周知的“砸冰箱”的故事，打入德国市场的故事，洗红薯洗衣机的故事，张瑞敏哈佛讲学的故事，都是海尔打造品牌实实在在的注脚。

参考文献

［1］许燕．鬼谷子与中国式管理［M］．北京：企业管理出版社，2006.

［2］郑杰文．鬼谷子人生智慧［M］．北京：清华大学出版社，2008.

［3］高颖．鬼谷子一日一谋［M］．哈尔滨：哈尔滨出版社，2007.

［4］张建国．鬼谷子实用智谋大全［M］．北京：气象出版社，2004.

［5］岳阳．国学经典丛书鬼谷子［M］．郑州：中州古籍出版社，2008.

［6］赵彦．鬼谷子的智慧［M］．呼和浩特：远方出版社，2009.

［7］刘楚仁．活解活用鬼谷子谋道［M］．北京：中国致公出版社，2006.

［8］东方暨白．纵横天下的谋权鬼谷子［M］．北京：中国纺织出版社，2006.

［9］千艺．破解鬼谷子的智慧［M］．上海：上海大学出版社，2007.

［10］张绪通．解读鬼谷子［M］．北京：东方出版社，2008.